葡萄与葡萄酒工程专业系列教材

葡萄酒庄管理

主　编　张军翔
副主编　张　旋
参　编　徐国前　张　众　仉　瑞　陶永胜
　　　　　俞惠明　莫寅斌　马海燕　张　雪
　　　　　程　喆　陈方圆

科学出版社

北　京

内 容 简 介

  本书是一本以成本管理为导向，将葡萄与葡萄酒生产技术与酒庄的生产运营紧密结合的专业书籍。本书首先阐明了酒庄的概念和功能，也形成了酒庄建设和经营的理念，以不同功能为主线，介绍并列举了酒庄葡萄园、酒堡建设、葡萄酒生产的关键技术、设备和成本，同时在各个章节中介绍一些生产管理的方法和制度，最后介绍了葡萄酒庄利润管理和营销的基本知识。本书对提升学生（读者）对专业知识综合、实际运用的能力，以及对管理理念的形成大有帮助。

  本书融会了葡萄酒专业主要课程，是一本综合性、应用性较强的专业书籍，可以作为相关专业学生或技术人员的教材，也可以帮助酒庄投资人更好地了解如何建设和管理酒庄。

图书在版编目（CIP）数据

葡萄酒庄管理/张军翔主编；张旋副主编．—北京：科学出版社，2022.8
葡萄与葡萄酒工程专业系列教材
ISBN 978-7-03-072318-5

Ⅰ．①葡…　Ⅱ．①张…　②张…　Ⅲ．①葡萄酒－酿酒－食品厂－工业企业管理－生产管理－教材　Ⅳ．① F407.82

中国版本图书馆CIP数据核字（2022）第086201号

责任编辑：席　慧　马程迪/责任校对：王萌萌
责任印制：师艳茹/封面设计：蓝正设计

科学出版社 出版
北京东黄城根北街16号
邮政编码：100717
http://www.sciencep.com

天津文林印务有限公司 印刷
科学出版社发行　各地新华书店经销
*

2022年8月第 一 版　开本：787×1092　1/16
2022年8月第一次印刷　印张：13
字数：316 000

定价：49.80元
（如有印装质量问题，我社负责调换）

前　　言

汉朝张骞出使西域，带回葡萄种子及酿酒之法，开启了中国人的葡萄酒历史。在中国古代历史中葡萄酒一直是珍贵的酒种和奢侈品的代名词。2000多年后的今天，葡萄酒早已走进普通人的生活。但随着人民生活水平的不断提高，人们对于葡萄酒品质的要求也逐步提高，"酒庄酒"逐渐成为高品质葡萄酒的代名词，葡萄酒庄的建设在中国掀起了热潮。但目前鲜有酒庄管理的相关书籍，投资者、学习者缺少专业的书籍，在这种背景下《葡萄酒庄管理》应运而生。

近些年，葡萄酒庄的概念越来越被中国消费者熟知（虽然葡萄酒的产量及销售量并没有增加），其中宁夏在这些年来建设的酒庄，无疑是全国速度最快、数量最多的。因为贺兰山东麓葡萄酒产区在国内外的知名度及葡萄产业在宁夏区域经济发展中的重要性，2013年宁夏大学成立了葡萄酒学院，并开设了葡萄与葡萄酒工程专业。在教学的过程中，我们发现虽然同学们都能很扎实地掌握一些专业知识，包括实践内容，但在谈起什么是酒庄、什么是葡萄酒企业、如何运行管理的时候，大多数同学都一脸茫然。虽然通过了四年的学习，学生可以种植葡萄、可以酿酒，但站在一个企业的角度，如何去管理葡萄种植，如何去管理酿酒，需要建立一种管理理念，并需要掌握更加全面的知识，要学会算"经济账""全局账"。

葡萄酒庄的运营管理，不仅仅是种植葡萄、酿造葡萄酒，更涵盖了酒庄产品营销、品牌建设等很多领域，想要管理好酒庄，需要了解很多综合性的知识，对于酒庄投资者和管理者虽然并不需要面面俱到的知识和技能，但首先要树立起酒庄管理的理念，明确酒庄管理的内容。

本书站在企业经营者的角度上，融会了葡萄栽培学、葡萄酒工艺、葡萄酒工程、葡萄酒文化及葡萄酒营销等知识，阐明了酒庄的概念、生产管理、成本管理的主要内容，建立了葡萄酒庄管理的基础理念，全面、综合地阐述葡萄酒生产管理主要内容。

本书第一章以历史为引，介绍了葡萄酒及酒庄的发展史。重点明确了酒庄及酒庄酒的概念和功能，以及酒庄的构成、分级等知识。第二章介绍了酒庄葡萄园高质量建园、管理的要求和方法。第三章为酒堡的规划与设计，介绍了酒堡建筑设计要求，功能区域的规划等。第四章为酒庄酒的生产，围绕着高质量酒庄酒酿造，介绍了葡萄酒酿造的工艺、酿酒设备、辅料等。第五章为酒庄运营管理，介绍了人员管理、设备管理和生产管理，制订了酒庄管理的标准化流程。第六章为酒庄成本及利润管理，介绍了酒庄建设及生产成本，以及如何提升利润。第七章为市场营销管理，介绍了葡萄酒营销的原理和案例、产品设计、定价策略等内容。

本书作为一本综合专业知识、应用技术类的书籍，可以成为葡萄与葡萄酒工程专业学生的教科书，也可以成为产业技术人员的参考书，同时本书要献给那些对葡萄酒庄充满热情的投资者，是他们给中国葡萄酒产业注入了活力，也希望本书可以帮助他们熟悉酒庄基本生产技术和管理内容，了解葡萄酒的文化，促进酒庄高质量、可持续地发展。

编　者

2022年6月8日

《葡萄酒庄管理》教学课件索取单

  凡使用本书作为教材的主讲教师，可获赠教学课件一份。欢迎通过以下两种方式之一与我们联系。本活动解释权在科学出版社。

1. 关注微信公众号"科学 EDU"索取教学课件

关注→"教学服务"→"课件申请"

2. 填写教学课件索取单拍照发送至联系人邮箱

姓名：		职称：		职务：	
学校：		院系：			
电话：		QQ：			
电子邮箱（重要）：					
所授课程 1：			学生数：		
课程对象：□研究生 □本科（＿＿年级）□其他＿＿＿＿＿			授课专业：		
所授课程 2：			学生数：		
课程对象：□研究生 □本科（＿＿年级）□其他＿＿＿＿＿			授课专业：		
使用教材名称 / 作者 / 出版社：					

扫码获取食品专业
教材最新目录

联系人：席慧 咨询电话：010-64000815 回执邮箱：xihui@mail.sciencep.com

目　　录

第一章 绪 论

大约 6500 万年前，一种名叫"葡萄"的小果子第一次出现在这个蔚蓝的星球上，凭借其酸甜可口的味道令无数动物为之钟情。葡萄果实掉落在不渗水的地方，如石洼处，酒精发酵悄然开始，葡萄就变成了葡萄酒。人类的繁衍离不开富含能量的食物，果子虽然富含能量，但不易保存。人类在实践中发现糖可以转化成酒精（乙醇），这一发现使我们的祖先懂得了可以通过发酵的方式储存能量。智慧的祖先在食物缺乏的年代通过酒精给自身提供了一定的能量。葡萄酒中富含的酒精不仅能给人带来欢愉，它的杀菌作用也解决了当时人类缺少消毒剂的难题，因此葡萄酒作为洁净的饮品被使用至今。如今，人们已经解决了食物储存、保鲜和洁净饮品的问题，但是葡萄酒却没有因此而没落，反而在当今生活中展现出更多彩的一面，特别是在餐饮、艺术、投资等多个领域备受推崇。

自从人类了解了葡萄酒，就开始了对葡萄酒的驯服，开始通过人为干预提高葡萄的产量和品质，并利用各种技术提高葡萄酒的口感，逐渐形成了葡萄栽培和葡萄酒酿造体系，葡萄酒也从人类的偶然发现逐渐演变成创造性的技术。为了帮助人们更好地完成葡萄的种植、葡萄酒的酿造、葡萄酒文化的宣传，酒庄应运而生。许多年来，酒庄成为酿造优质葡萄酒场所的代名词，酒庄酒也成为优质葡萄酒的代名词。酒庄代表了人类对优质葡萄酒酿造技艺的努力、追求与执着。

第一节　葡萄酒及酒庄的起源

扫码见本章彩图

一、葡萄酒的起源

葡萄可能出现在距今 6500 万年前的白垩纪，当时的葡萄广泛地分布在北半球，有 40 多种，酿酒所用的欧亚种就是其中之一。

人工种植葡萄和生产葡萄酒是从什么时候开始的呢？出版于公元前 1500 年左右的《圣经·创世纪》中有这样的记载：诺亚从方舟中放出动物后便开始了葡萄的种植，种植葡萄的地方处于高加索山区。如果其记录是准确的，那么葡萄种植的历史则可以追溯到公元前 2000 年那个洪水泛滥的年代，最先种植葡萄的应该是高加索居民。源于美索不达米亚平原的古巴比伦史诗《吉尔伽美什史诗》也讲述了葡萄和葡萄酒，史诗中的历史时期据推测为公元前 2700~前 2500 年，比已知最早的文学作品还要早 200~400 年，其中第十章叙述了有关葡萄酒的故事：英雄吉尔伽美什在寻找永生时，在太阳神领地发现了一座葡萄园，喝了那里酿造的酒就能够长生不老。

在埃及第五王朝（公元前 2470）的法老墓穴中，发现了葡萄酒瓶，瓶身上还雕刻了产地信息，人们认为这些酒来自与腓尼基人的贸易。有记载的关于埃及葡萄种植和葡萄酒酿造始于公元前 1450 年，在哈姆维斯陵墓中发现了一幅埃及人酿酒图（图 1-1），埃及酒神名为

图 1-1　埃及人酿酒图

"奥赛里斯"，负责植物的生长，被称为"灌溉的酒神"。

　　除此之外，古希腊巨著《荷马史诗》中也有关于葡萄酒的记载，这部书中充斥着"酒红色的海洋"，记载了奥德修斯带着自己家乡伊萨卡岛生产的葡萄酒踏上旅程等一系列与葡萄酒有关的故事。这些故事发生在公元前1550~前1100年的迈锡尼时代，此时希腊人慢慢超越了腓尼基人，并将葡萄酒带往地中海各地。

　　那个时期的人们使用陶制的双耳壶酿造和运输葡萄酒，它们由腓尼基人发明并传遍埃及、希腊及地中海各地，遗留下来的陶片为现在的人们了解葡萄酒历史留下了重要依据。科学家通过"碳-14测年法"分析这些陶片了解到：人类种植葡萄始于公元前7000~前6000年，而外高加索地区则被认为是酿酒葡萄的发源地。

　　虽然考古学家找到了作为人工种植证据的葡萄籽，但是找到酿酒的直接证据却要晚一些。在格鲁吉亚的博物馆收藏的名为"Kwevris"的陶罐（图1-2）被认为是酿酒用的容器，罐口两边还有三角形的叶子装饰，科学家认为这些陶罐距今有7000~8000年。

图 1-2　在格鲁吉亚的博物馆收藏的名为"Kwevris"的陶罐

　　有据可考的最古老的"酒庄"建于公元前4100年，位于亚美尼亚。在这个被称为"ARENI-1"的洞穴里人们发现了压榨用具、发酵用的陶罐、酒杯等物品；此外，考古学家还发现了酿酒葡萄的种子和枝条。

在此之后，葡萄酒伴随着罗马帝国的崛起与扩张迅速传遍整个欧洲，当时意大利作家加图的《农业志》（一本论述奴隶制大庄园经济的著作）中记载了葡萄酒庄园的运作模式，被认为是第一部详细记录酒庄运营的书籍。在公元前 2 世纪，伴随着人口的增长，罗马帝国处处可见葡萄园。此外，随着人们饮食习惯由燕麦粥变为面包，葡萄酒的需求量较之前也有了显著提高。当时在罗马已经出现"一级酒庄"的概念，这些葡萄园种植一种叫作"Amineum"的葡萄，人们用其酿造一种甜酒。在当时的罗马，葡萄酒不仅供本地消费，还会出口到其他地区乃至波尔多。由此可见，波尔多在 2000 年前就已经是著名的港口城市了。

在公元 1 世纪，人们已经开始了解葡萄的生长和种植特点，通过修剪葡萄枝、栽植木桩、控制产量等方法，葡萄的质量也有所提升。人们也摒弃了过去不加控制的酿造方法，开始有意将葡萄破碎（在大酒槽中踩踏），之后将葡萄醪倒入陶罐中发酵。此时期的罗马人也学会了用晚采葡萄制作甜酒，这种甜酒被称为"Passum"。但是情况在 3 世纪中叶发生了变化，西班牙、法国的葡萄酒出口到意大利，恰逢意大利本土葡萄酒价格高昂，导致意大利本土葡萄园日益减少。

公元 394 年基督教被定为罗马帝国国教，在《圣经》中多次提到了葡萄酒，耶稣被出卖的那一晚，他在门徒面前分送饼与葡萄酒，饭后更拿起酒杯说："这杯是用我的血所立的新约，为了纪念我，你们每逢喝的时候，要如此行。"从此葡萄酒融入基督徒的生活，而修道院的修士也变成了种植葡萄和酿造葡萄酒的主力（图 1-3），并伴随着全世界的传教行为把葡萄和葡萄酒传遍了全世界。

图 1-3 中世纪修士酿酒壁画（Pieter Kuiper 摄于法国）

在中世纪的欧洲，人们对葡萄酒有了更深入的了解，不但广泛使用橡木桶，而且学会了使用二氧化硫防止葡萄酒腐败。除此之外，人们还认识到葡萄酒的医疗功能。在德维拉诺所著的 *Liber de Vinis* 中甚至记载了如何对气味不好、色泽不佳的酒进行补救，最重要的是他认为在酒中加入迷迭香可以促进食欲、振奋精神、美容养颜、滋生毛发、抵抗老化、美白牙齿。在此时期，现今全球有名的产区都已逐步建立，如波尔多和勃艮第等。到了 14 世纪，为了保护酒商的利益，波尔多还制定了用于管理波尔多地区的葡萄酒贸易的一套规范（*Police des Vins*），这一举措也成为波尔多葡萄酒的品质保证。但当时顶级的酒依然属于教会和主教。

文艺复兴时期，西班牙、葡萄牙的殖民者开启了大航海时代，动辄数年的环球航行需要充足的补给，葡萄酒因无法承受长途运输、湿热等因素造成的氧化，纷纷变质。人们想到往酒中添加白兰地制成雪利酒和波特酒，此法大大提升了葡萄酒的储存潜力。据说当时麦哲伦采购雪利酒的费用比军费还高。白兰地是葡萄酒经蒸馏以后得到的高度酒，在法国被称为"生命之水"。这种蒸馏技术是阿拉伯人发明的，之后传往欧洲。

文艺复兴时期，人们开始修建人工水道，干净水的出现让人们不再像之前时期那样需要喝葡萄酒止渴，而且由于当时局势动荡、各种战争不断、税收增高，葡萄种植及葡萄酒酿造面临一系列的挑战。啤酒、咖啡和茶叶的陆续出现也逐渐影响了葡萄酒的地位。

二、酒庄起源及发展

酒庄这一概念无疑是来源于欧洲，来源于葡萄酒生产历史悠久的国家。当我们提到葡萄酒时，人们总会想到成片的葡萄园和雄伟的城堡，有种置身于世外桃源的感觉，那么这些酒庄都是何时建成的呢？中世纪时期，虽然欧洲广泛种植葡萄并酿造葡萄酒，可当时的人们还没有酒庄的概念。葡萄种植者及葡萄酒生产者被称为"酒农"，酒农酿酒后出售给酒商，酒商再将酒贩卖至各地，喝酒的人们也不会在乎葡萄酒的产地。

很多修道院掌握了大片土地用于种植葡萄及酿酒，这些酒大多被他们自己饮用或提供给医院，从拥有葡萄园和自己酿造这个概念上讲，这应该是实际意义上最早的酒庄。

直到 17 世纪，英国一直是波尔多葡萄酒的主要消费地区，波尔多的葡萄酒以橡木桶为容器直接出口到英国，虽然品质不俗但鲜有品牌。1660 年，阿尔诺·波塔克以家族姓氏作为品牌推出了自己品牌的葡萄酒；此外，他们的家族酒庄侯伯王酒庄（Haut Brion，图 1-4）在同年也开始用自己的名称销售。这是酒庄酒第一次出现在历史舞台上，就连当时的法国国王也用 Haut Brion 酒招待宾客。这种品牌策略大获全胜，Haut Brion 酒的价格是同时期其他优质酒的 3 倍以上，深受欧洲贵族的喜爱，是奢华的代名词。

图 1-4　侯伯王酒庄正门（作者摄于波尔多）

1705 年，玛歌酒庄（Margaux）的产品首次出现在伦敦的拍卖会上，与 Haut Brion 酒同时以 60 英镑一桶的高价被卖出。其他的两家酒庄——拉图酒庄（Château Latour）和拉菲酒庄（Lafite）在 1707 年也开始效仿此法出现在伦敦的市场上。由于波尔多在葡萄酒贸易中获取了大量利润，因此庄主们想尽办法在梅多克开辟新的葡萄园。虽然自 16 世纪以来，法国已经有大量的酒庄，但是此时的波尔多才真正迎来酒庄建设的高潮，还有一个专有名词形容这些人——"fureur de planter"（疯狂栽种者）。种植区甚至延伸到了多尔多涅河和加龙河之间的区域，这些区域被称为"Entre-Deux-Mers"（两海之间），一直是荷兰人的据点。不同于英国人对红葡萄酒的钟情，荷兰人更喜欢白葡萄酒，如苏玳（Sauternes）产区生产的贵腐葡萄酒（图 1-5）从 17 世纪中期就开始出口荷兰。

图 1-5　贵腐葡萄酒
（作者摄于伊甘酒庄）

波尔多的另外两个优秀产区圣埃美隆（St-Emillion）和波美侯（Pomerol）也在 18 世纪中后期迅速发展，一片片石头包围的葡萄园矗立在山坡上，包括现在非常有名的酒庄宝雅（Bel Air）、卡农（Canon）、欧颂（Ausone）、康赛扬（Conseillante）和嘉仙（Gazin）等。

18 世纪是波尔多的极盛时期，当时美国驻法大使杰斐逊（美国第三任总统）很喜欢美酒。他在波尔多记录了当时的 4 个"一级酒庄"、12 个"二级酒庄"与数个"三级酒庄"，并且极其推崇格拉夫的干白葡萄酒，如本笃会的卡波尼修道院［现如今的卡尔邦女（Château Carbonnieux 酒庄，图 1-6）］；此外，苏玳产区的白葡萄酒也是他的最爱。他说："其中最好

图 1-6　如今的卡尔邦女酒庄（作者摄于波尔多）

的就是伊甘先生的酒［现今的伊甘（Château d′ Yquem 酒庄）］。"

19 世纪是波尔多的黄金时代，随着酿酒技术的提升，葡萄园遍布整个波尔多地区，现今的主流葡萄品种开始被广泛种植。最重要的变化是酒商（negociant）开始介入酒庄的经营，使传统的自产自销模式改变为酒庄专心酿酒，酒商负责产品销售及推广。酒商与酒庄之间的合作保证了酒庄的利润，使得酒庄经营模式不断提高，当然酒商在酒庄的营销方面有很大的话语权，其至可以控制酒庄的经营管理。

法国 1855 年确立的《葡萄酒分级制度》是一个划时代的创举，这开创了酒庄列级制度，其意义影响至今。其实在分级制度创立前的很长一段时间里，酒商就根据酒的价格确立了酒庄的分级：一级酒庄的价格是二级酒庄的 2 倍、三级酒庄的 3 倍等。那时的分级制度还是民间自发组织的商业行为，直至 1855 年，因为要举办巴黎世界博览会（简称世博会），拿破仑三世要求波尔多商业协会制定分级准则，协会根据早先英国作家科克斯编写的《波尔多与其美酒》中的分级名单确立了《葡萄酒分级制度》。值得注意的是，当时名单上的酒庄（庄园主）共有 79 家，但是真正拥有或曾经拥有酒堡的其实只有 5 家而已。那时不是所有酒庄都有宏伟的酒堡，即使是《葡萄酒分级制度》中的列级酒庄也不是都拥有宏伟的建筑，当时入榜的 79 家准确地说应该是葡萄园，其中 58 家生产红葡萄酒，21 家生产白葡萄酒。这个分级榜文列出了各家庄园的名称、庄主姓名和所处村庄。在这个黄金的年代，庄主们不断扩大葡萄园种植面积，并开始为自己修建豪华的建筑。

对酒标上是否可以标注 "Château"（酒庄）字样及对葡萄酒质量的定义，引发了人们对酒庄定义的思考。酒庄定义直到 1942 年才第一次被提及且被沿用至今：一座长期为人所知且名副其实的，并具有特色的葡萄园。这句话具有双重含义：一是必须拥有自己的葡萄园；二是葡萄酒的质量要稳定。事实上，宏伟的建筑（酒堡）并不是酒庄的必需条件，即使是现在酒标上有 "Château" 字样的酒庄，其实也不一定拥有宏伟的酒堡。波尔多人习惯了用 "Château" 来称呼拥有葡萄园的葡萄酒生产商，但实际情况却复杂得多：很多酒商也可以使用 "Château" 为前缀的酒标，只要这个名称被注册过。要想区分真正的酒庄酒和酒商酒，需要看生产商是酒庄还是酒商。其实在 1924 年之前，酒庄都会把酒出售给酒商，通过酒商灌装后卖往全球各地。1924 年，木桐酒庄率先做出了改变，酒庄选择自己在酒庄灌装，并标注上了 "Mis en Bouteille au Château"（酒庄内灌装）的标识。对于消费者而言，酒庄内灌装代表了酒庄对于产品品质的追求，也代表着更高的品质保障。在那之后，波尔多酒庄纷纷开始效仿。至此，酒庄酒时代拉开帷幕，其影响延续至今。

三、新世界国家葡萄酒及酒庄的发展

葡萄酒新世界国家，是指除传统葡萄酒国家产区（欧洲与中东）之外的葡萄酒生产国，主要包括美国、阿根廷、澳大利亚、智利、新西兰、南非等。这个名称是用来区别葡萄酒生产历史悠久的旧世界国家，如法国、意大利、德国、西班牙、葡萄牙等。

伴随着殖民者踏入新大陆，葡萄苗和葡萄酒也随之而来。其实在新大陆被发现前，美洲原住民已经知道如何使用玉米、马铃薯和草莓酿制酒精饮品，直到西班牙殖民者为了保持他们在欧洲的饮食习惯，带来了大量的动植物及用具。起初，葡萄酒也是他们带往美洲的必备品之一，可是当时灌装工艺不够完善导致葡萄酒因为长途运输而酸败。所以说，当时的殖民者是为了满足自己的私欲才开始在美洲种植葡萄和酿酒。

到了 16 世纪，葡萄园开始在墨西哥建立，之后推广到美国加利福尼亚州（简称加州，后面会单独提及），再通过秘鲁进入智利和阿根廷。据考证，当时最常见的品种为'弥生'葡萄（'Misión'，原产西班牙）。到了 16 世纪后期，西班牙殖民者已经很少从本土进口葡萄酒了，而是主要从秘鲁、智利和阿根廷进口。1595 年，西班牙王室禁止在美洲建立新的葡萄园，但这个命令并没有受到殖民者的重视。这项禁令试图保护伊比利亚半岛上的葡萄酒免受南美洲特别是秘鲁葡萄酒的竞争，但因为管理混乱，所以没有起到应有的效果。之后，随着矿业大发展，人口的激增使得葡萄酒需求量增大，甚至在波托西地区，葡萄酒可以用来代替工资。直到 1687 年，大地震摧毁了整个秘鲁葡萄酒产业。

　　秘鲁葡萄酒行业的衰落使人们将目光转向智利。智利在 1851 年从法国引进'赤霞珠'（'Cabernet Sauvignon'）、'黑比诺'（'Pinot Noir'）、'马尔贝克'（'Malbec'）、'梅鹿辄'（'Merlot'）、'赛美蓉'（'Semillon'）、'雷司令'（'Riesling'）等品种，标志着现代葡萄酒工业的开始。到了 19 世纪 70 年代，葡萄酒业已经成为智利发展最好的产业。智利的'佳美娜'（'Carmenere'）酿造的葡萄酒具有颜色浓、糖分高、酸度较低、单宁柔和、酒体较为丰满等特点；如果成熟度好，品尝起来酒体圆润柔顺，带有红色浆果、黑巧克力和胡椒的风味。'佳美娜'原先一直在法国波尔多广泛种植，用于酿造顶级葡萄酒。19 世纪初，根瘤蚜肆虐欧洲，所有葡萄品种都难以幸免，'佳美娜'更是几乎绝迹。所幸在此之前，智利人已经引进了该品种，安第斯山脉和太平洋庇护着这片神奇的土地（图 1-7），使它至今免于根瘤蚜侵害。不过，'佳美娜'在智利一直被误认为是'梅鹿辄'，直到 1991 年，通过 DNA 鉴定才得以正名。这一发现简直是上天给予智利葡萄酒产业的恩赐，现如今'佳美娜'被认为是智利的代表品种。

图 1-7　安第斯山脚下的葡萄园（Fsanchez 摄于智利）

　　智利邻国阿根廷的葡萄酒产业也是一片欣欣向荣，门多萨产区经历了 19 世纪至 20 世纪早期的葡萄酒大发展，让这里成为世界第五大、拉丁美洲最大的葡萄酒生产国。在 1885 年完工的铁路联结了布宜诺斯艾利斯与门多萨，结束了马车运输的时代，不仅提高了运输效率，更是降低了运输成本。此外，从南欧来到拉普拉塔河的大量移民也带动了阿根廷葡萄酒业的发展。门多萨的葡萄种植面积从 1830 年的 1000 公顷增长到 1910 年的 45 000 公顷，阿根廷一举超越了智利，成为拉丁美洲最大葡萄酒生产国。1910 年，约 80% 的阿根廷葡萄园都种植法国品种，主要是'马尔贝克'。

1788 年，好望角的葡萄藤被带往澳大利亚，经过殖民者的多次尝试终于在 1820 年成功酿出第一批澳大利亚葡萄酒。1833 年，James Busby 从法国和西班牙带回经过精挑细选的多个葡萄品种，包括经典的法国品种和用来生产加强酒的品种。早期的澳大利亚葡萄酒庄面临许多困难，尤其是葡萄难以适应澳大利亚的气候。然而，通过殖民者的不断努力，最终获得了很大的成功。1873 年的维也纳世博会，法国评审盲品时赞扬了一些葡萄酒，但当评委揭开酒标，发现这些酒来自澳大利亚后，他们反悔并撤销了这些酒的奖项，他们认为品质这样好的酒必定是用法国酒假冒的。之后，澳大利亚葡萄酒陆续在法国比赛中获奖，维多利亚的西拉（Syrah）葡萄酒参加了 1878 年的巴黎世博会，被比作澳大利亚的玛歌酒庄葡萄酒，且被誉为"风味达到了三位一体的完美"。一款澳大利亚葡萄酒在 1882 年波尔多国际展览赢得"一级"金牌；而另一款在 1889 年的巴黎世博会赢得了"世界级"金牌。

不同于旧世界国家，新世界国家乐于在酒瓶上标示品种名，因为这些国家并没有产区与风格的历史联结，甚至酒庄可以从别的葡萄园购买葡萄来酿酒。因此在 1960～1970 年，像 Robert Mondavi 这样的庄主，都会在酒标上注明葡萄品种。例如，"Grange"，其酒款特意忽略葡萄的来源，而将目光集中于如何酿造统一标准的风味。除此之外，新世界的酒庄乐于打破常规，将不同的葡萄品种进行混酿，如'西拉'＋'赤霞珠'、'赛美蓉'＋'长相思'（'Sauvignon Blanc'）、'歌海娜'（'Grenache'）＋'西拉'＋'慕合怀特'（'Mourvedre'）等。

虽然新西兰的葡萄在 19 世纪末期由克罗地亚移民开始种植，但直到 20 世纪 70 年代才开始兴盛。因为 1973 年，英国加入欧洲经济共同体，结束了英国—新西兰的农业贸易优惠，同时新西兰人因国内酒类法规修改而提高了酿酒品质，并且航空旅游低廉的价格使他们广泛接触到各种文化。早期新西兰尝试了许多品种，但都品质平平。直到 20 世纪 80 年代，新西兰酿造出具有独特风格的长相思葡萄酒，成为其主要特产。此后，'霞多丽'（'Chardonnay'）和'黑比诺'（'Pinot Noir'）移植到更南边、更凉爽的葡萄园中种植，获得相当大的成功。近些年，新西兰的'琼瑶浆'（'Traminer'）也备受消费者喜爱。

南非葡萄酒首先是由开普敦的创建人于 1659 年开始酿造。18 世纪后期，由小粒麝香葡萄酿造的 Constantia（康斯坦提亚天然甜酒）在欧洲皇室中流行。然而之后，葡萄园被根瘤蚜摧毁。葡萄种植者协会（KWV）自 1918 年以来控制着葡萄酒产业，但并不重视生产优质葡萄酒，直至种族隔离制度被废除后，开始了一系列对葡萄园的投资与创新。虽然仍种植着大片的普通品种，如'鸽笼白'（'Colombard'），但在斯泰伦博斯与帕阿尔产区还是酿造出了具有世界水准的葡萄酒。如今南非最有名的品种就是'皮诺塔吉'（'Pinotag'），它是'黑比诺'和'神索'（'Cinsault'）葡萄杂交的品种。南非白色葡萄的主要栽培品种是'白诗南'（'Chenin Blanc'），因此南非被称为'白诗南'的第二个家，'白诗南'在南非曾被称为'施特恩'（'Steen'）；小粒麝香葡萄在当地被叫作"Muscadel"，有红白两色，被用来酿造康斯坦提亚天然甜酒。

前文提到的加利福尼亚州，那里的葡萄是西班牙殖民者从墨西哥带来的，也是美国发展葡萄种植和葡萄酒酿造最早的区域，葡萄酒产量占美国总产量的 90%。北美是有原生葡萄品种（美洲种）的，然而其独特气味不是人人都可接受的。1769 年，由西班牙传教士开拓了最早的葡萄园，接下来的波尔多与意大利移民带来了家乡的品种。很快，葡萄酒业开始蓬勃发展，尤其是在纳帕谷地。然而，加州也和许多其他产区一样遭遇了相同的事情——葡萄酒产业因根瘤蚜病害而被迫中断；1920～1933 年的禁酒令更是让葡萄酒业元气大伤。总的来说，禁酒令对葡萄酒工业有毁灭性的打击，直到 20 世纪 60 年代末至 70 年代，在大型酒厂如 Ernest、Julio Gallo、Robert Mondavi 等的带领下，葡萄酒业才开始复苏。20 世纪 70 年代，American Viticultural Areas（AVA）即原产地保护体系建立，市场对传统欧洲葡萄品种的接纳度增加，葡萄酒品质显著提升，并于 1976 年在巴黎取得惊人的成就。尽管加州葡萄酒以'赤霞珠'、'仙粉黛'（'Zinfandel'）和'霞多丽'闻名，但这里的葡萄酒产量之大，种类之多，几乎每个葡萄品种都有所涉及。葡萄酒产业衍生出的旅游活动的数量在过去数十年来快速增长，常见的旅游活动包括前往葡萄酒庄园品尝葡萄酒、徒步登山、骑马、品尝美食、热气球体验等。仅纳帕一地，就至少有 475 个葡萄酒庄园向游客和会员开放。然而，实际运营的葡萄酒生产商数量更多。庄园也是举办婚礼和宴会的理想场地，除了葡萄酒庄园，当地的古迹及几乎没有被污染过的海岸线也受到游客欢迎。

新世界葡萄酒发展总给人以大规模、大酒厂、现代化的印象，但其实欧洲传统酒庄从没放弃过来新大陆"淘金"，他们通过合作、合资的方式迅速占领了这些新兴产区，如 20 世纪 80 年代创立的美国酒王作品一号（Opus one），就是由木桐酒庄和蒙大维共同建立的；1999 年在阿根廷，法国白马酒庄（Château Cheval Blanc）和当地的安第斯台阶酒庄（Terrazas de los Andes）联合创立安第斯白马酒庄（Cheval des Andes）。类似的合作模式在新世界不断开展，传统的酿造模式配合新世界的风土，酒庄也不再是传统意义上的古堡酿酒。艺术的融合、现代与传统的碰撞，给葡萄酒这种古老的饮品融入了新的活力！

四、中国葡萄酒及酒庄发展

> 葡萄美酒夜光杯，欲饮琵琶马上催。
> 醉卧沙场君莫笑，古来征战几人回？
>
> ——王翰《凉州词》

这首脍炙人口的唐诗在一定程度上可以说是国产葡萄酒的时代代言，每当我们提起葡萄酒时，很多人总会说出这首诗，但其实我国葡萄酒的历史远早于唐代。

20 世纪 60 年代初，在我国河南省舞阳县贾湖村发现了一处新石器时代的遗址，通过"碳 -14 测年法"了解到：该遗址距今已有 7500～9000 年。贾湖遗址出土了众多重要文物，其中不仅有能将人类音乐史向前推进 3000 年的骨笛，我国和美国的科学家还发现了带有酒石酸痕迹的陶片和野生葡萄籽。这一重大发现是否可以证明我国才是最早开始酿造葡萄酒的国家呢？前面我们曾提到过葡萄出现在约公元前 6500 万年的白垩纪时代，当时在我国的土地上应该也存在着大量的野生葡萄，贾湖遗址出土的陶片确实可以证明我国存在葡萄，但是这些容器到底是用来盛放葡萄酒，还是用来储存葡萄的呢？这一点不得而知，并且也没有相关的文字和图片证明这一结论，直到 2004 年，科学家才将谜团解开。美国专家通过分析贾湖陶罐了解到：陶器上的残留物除了酒石酸以外，还有一些是经过人工混合的稻米、野果和蜂蜜。这一时期远超夏、商朝，是我国酿酒最直接的证据。虽然贾湖遗址证明了我国确实有很早的酿酒历史，但却很难被认定为是最早进行葡萄酒酿造的国家。在这一时期，我国应该广泛分布着多种野生葡萄，这些葡萄不仅可以用来食用以补充能量，还可以用于酒类的酿造。

我国最早关于葡萄的记载源于《诗经》。《国风·周南·樛木》："南有樛木，葛藟累之；乐只君子，福履绥之。"《国风·王风·葛藟》："绵绵葛藟，在河之浒。终远兄弟，谓他人父。谓他人父，亦莫我顾。"《国风·豳风·七月》："六月食郁及薁，七月亨葵及菽。八月剥

枣，十月获稻，为此春酒，以介眉寿。"里面的"薁"即蘡薁葡萄，"葛藟"就是野葡萄。需要注意的是，这些植物都是葡萄科葡萄属众多"种"中的一种，但是并不是我们现在吃的"葡萄"，也不是酿酒用的欧亚种葡萄。

那么现在广泛种植的葡萄到底是什么时候出现在我国的呢？我们把历史回溯到汉武帝时期：当时汉武帝希望联合大月氏抗击匈奴，于公元前 139 年派遣张骞出使西域。此次历经 13 年最终返回，虽然未达成原有目的，但是却让那时的人们对于西域的地理、物产、风俗习惯有了比较详细的了解，为其第二次出使奠定了基础。公元前 119 年，张骞第二次出使西域，前后途经大宛、康居、月氏、大夏等国，并于公元前 115 年返回。虽然张骞起初是以联合大月氏为目的前往西域，但是却开通了举世闻名的"丝绸之路"，不仅加强了中亚各国的联系，还带回了核桃、石榴、蚕豆、苜蓿等多种农作物，更重要的是带回了葡萄及酿酒技术。这些被详细记载于《史记·大宛列传》中。至此，我国开启了葡萄酒酿造历史。葡萄栽培及酿酒技术从西域经新疆传至甘肃河西走廊再到陕西。《汉武帝内传》曰："西王母尝下，帝设蒲萄酒。"《太平广记》曰："至七月七日，乃修除宫掖，设坐大殿，以紫罗荐地，燔百和之香，张云锦之帏，燃九光之灯，列玉门之枣，酌蒲萄之醴。"但由于技术和环境的限制，葡萄及葡萄酒在汉朝及之后的三国时期都还是只能被皇室贵族享用的奢侈品，甚至出现了用一斛葡萄酒换取凉州刺史的"以酒换官"之奇闻，足见当时葡萄酒的珍贵。

直到公元 640 年，唐太宗攻打高昌国，缴获了马乳葡萄及酿酒法。高昌的葡萄酒酿造工序始于葡萄破碎——用手或木板捣碎葡萄之后加入酒曲，并储存于一种称之为"瓷"的缸中，缸口还会用封泥将之密封。伴随着葡萄酒在唐朝流行，李世民甚至亲自参与酿酒，出现了大量描绘葡萄酒的诗词，包括开头我们提到的《凉州词》。凉州就是现在的甘肃武威，自古就是葡萄酒的主要产区之一。葡萄酒不仅受到王室的热爱，在寻常百姓家也发现了众多酒具，证明当时葡萄酒已经在普通百姓间普及开来。外国使节每年也会进贡葡萄酒给唐王室。

不难看出，西域少数民族很大程度上影响了葡萄酒的兴衰。所以到了宋代，因为战乱，我国葡萄酒质量下降，酿酒方法失传（准确地说是葡萄种植数量大大减少）。但据说从西域运来的葡萄酒依然有很高的品质。有记载说："大食人绞蒲桃浆，封而埋之，未几成酒，愈久愈佳，有藏至千斛者。"其中所说的大食国就是现在的阿拉伯。当时有一本叫作《北山酒经》的著作，里面收集了多种酿酒方式和制曲方式，在其下卷中也记载了"葡萄酒法"，但这不是我们现在喝的葡萄酒，而是用葡萄混合米浆、杏仁制作的米酒。

宋代制造的琉璃葡萄（图 1-8），现存于定州博物馆中，其长 16 cm，于 1969 年在定县静志寺塔基地宫出土。当时的葡萄是作为高级水果用来供奉佛祖的奇珍异品。该琉璃葡萄粒呈不透明的紫黑色或紫红色，以金属丝缀连成串，鲜活逼真、造型工整、内部中空、外表有螺旋纹理，为有模吹制成型的国产玻璃制品。

随着元朝的建立，西域的酿酒方法再次传入我国，这种酿酒方法已经很接近现代的酿酒方法：通过搅拌、踏碎、自然发酵可以制作醇厚的葡萄酒。在《析津志辑佚·物产·异土产贡》一书中记录了当时葡萄酒的酿造工艺："酝之时，取葡萄带青者。其酝也，在三五间砖石砌干净地上，作甃甆缺嵌入地中，欲其低凹以聚，其瓮可容数石者。然后取青葡萄，不以数计，堆积如山，铺开，用人以足揉践之使平，却以大木压之，覆以羊皮并毡毯之类。欲其重厚，别无曲药。压后出闭其门，十日半月后窥见原压低下，此其验也。方入室，众力搣下毡木，搬开而观，则酒已盈瓮矣。"此时葡萄酒不仅作为皇室专用酒用于招待贵宾和祭祀，

图 1-8 琉璃葡萄图·宋（作者摄于定州博物馆）

而且成为居民设宴聚会、迎宾馈礼及日常品饮中不可缺少的饮品。政府对葡萄酒的税率也仅有粮食酒的 1/4，这证明政府通过鼓励葡萄酒酿造，来达到节约粮食的战略目的。元朝时期，新疆、宁夏、甘肃、山西、河南均大范围种植葡萄和酿造葡萄酒。《马可·波罗游记》中也提到了葡萄园和葡萄酒。直至明朝，人们不仅能够酿造葡萄酒，而且能够广泛应用从阿拉伯传来的蒸馏技术，葡萄酒经过蒸馏得到的高度酒（白兰地）也开始出现。明朝医学家李时珍在其著作《本草纲目》中对葡萄酒有大量描述："葡萄久贮，亦自成酒，芳甘酷烈，此真葡萄酒也。"除此之外，更是详细记载了葡萄酒的功效，有"暖腰肾、驻颜色、耐寒"的评价，还对葡萄酒的酿造做了说明——"烧者取葡萄数十斤同大曲酿酢，取入甑蒸之，以器承其滴露，红色可爱。古者西域造之，唐时破高昌，始得其法。"从中我们了解到古人不但利用高温杀灭杂菌，并通过控制温度更好地控制发酵。除此之外，还了解到通过加温能够更好地浸提颜色和增强结构感，与我们现代的热浸渍工艺有异曲同工之妙。明代著作《农政全书》中还记载了不同的葡萄品种。

清朝时，葡萄酒因不被满族人喜爱，逐渐失去了主导地位，但是随着清朝中后期国门被迫打开，国外的葡萄酒随之进入我国。《清稗类钞》中有提及："葡萄酒为葡萄汁所制，外国输入甚多，有数种，不去皮者色赤，为赤葡萄酒，能除肠中障害。去皮者色白微黄，为白葡萄酒，能助肠之运动。"直到 1892 年，张弼士在烟台建立了张裕葡萄酿酒公司，从西方引进了优良的酿酒葡萄品种，采用了较为先进的工艺；橡木桶也首次出现在我国的葡萄酒酿造中。在此之后，青岛、北京、清徐、通化、丹凤相继建立了葡萄酒庄，这些酒庄的建立很大程度上跟教会的传播有关。但因为当时政局不稳，战乱频发，这些酒庄并未发展壮大。因为葡萄种植对气候有一定要求，且不如谷物便于保存，每年只能酿造一季，所以在江浙地区未获得推广。

直到新中国成立后，国家轻工业部组织了葡萄酒行业的扩改建工程。1954 年的北京东郊葡萄酒厂、烟台张裕葡萄酒公司、青岛葡萄酒厂、北京葡萄酒厂、吉林通化葡萄酒厂、陕西丹凤葡萄酒厂、山西清徐露酒厂、河北沙城葡萄酒厂等纷纷改制建立。我国还从苏联、保加利亚、匈牙利引进酿酒品种建立酿酒葡萄基地；并修建了民权葡萄酒厂、兰考葡萄酒厂、郑州葡萄酒厂、安徽萧县葡萄酒厂等多个酒厂，专门用于生产葡萄酒。到了 20 世纪 80 年代

初，宁夏玉泉营、新疆吐鲁番、湖北枣阳、广西永福、云南开源等地又修建一批酒厂，此时全国县以上葡萄酒厂增加到100家以上。在当时的计划经济体制下，虽然葡萄酒厂作为工业企业在全国可谓"全面开花"，但是葡萄酒的标准还未与国际标准接轨。

改革开放后，为了满足外事工作需求，各大酒庄在政府部门的主导下开始了干型酒的研发，并在1983年按照新工艺生产出符合国际标准的葡萄酒。但由于我国实际情况的限制，我国市场中绝大部分酒还是半汁葡萄酒。1994年，我国推出了第一部葡萄酒酿造标准——《葡萄酒》（GB/T 15037—1994），标志着我国葡萄酒开始迈向国际化。20世纪90年代末期，随着人民生活水平的不断提高，再加上港台影视剧的影响，葡萄酒迅速火爆起来，葡萄酒企业增至500家以上，酿酒葡萄基地总面积增加到40多万亩[①]。

随着我国加入世界贸易组织（WTO），有着越来越多的机会能够参与国际贸易，进口葡萄酒的关税也逐步降低至14%，因此大批量的进口葡萄酒进入中国，国外的葡萄酒迅速占领了高端市场，只剩下低端市场留给国产酒。直至20世纪90年代，国内企业家开始意识到这一点，怡园酒庄、朗格斯酒庄、中法庄园、张裕卡斯特、中粮君顶酒庄等酒庄如雨后春笋般涌现。其中有对葡萄酒痴迷的企业家，也有跨国公司；有政府合作的项目，也有传统酒企的转型。通过这次改变，不难看出我国葡萄酒已经逐步走向高端化，酒庄酒成为市场主流。

但这些酒庄坚持到最后的却屈指可数，国产酒又迎来了新的难题：重资产的负担、缺乏营销手段、国产酒价格较高等，中国的酒庄发展陷入低谷。2010年，宁夏的贺兰晴雪酒庄的产品获得了我国历史上第一个葡萄酒国际大奖，给宁夏及我国酒庄酒的发展增强了信心。在这之后，中国出现了大量精品酒庄，这些酒庄酒也在国际上获得了越来越高的评价。随着国际知名度的提高，外国资本家纷纷进入我国建立酒庄。其中法国罗斯柴尔德家族在山东建立了瓏岱酒庄；法国酩悦轩尼诗集团在宁夏建设了夏桐酒庄，其是我国首个使用"传统法"酿造起泡酒（高泡葡萄酒）的酒庄；国际烈酒巨头保乐力加也在宁夏建立"贺兰山"酒庄。

在政府的支持和鼓励下，越来越多的资本注入葡萄酒领域，在全国各地建立酒庄。不同区域根据自己的气候特点合理选择栽培品种，使得我国葡萄酒产业长足进步。从南到北，从东到西，从起泡酒到平静酒，从干型酒到甜型酒乃至冰酒，随处可见各种葡萄酒的身影。据统计，2019年中国酿酒葡萄种植面积超过230万亩，葡萄种植面积（包含酿酒、鲜食、制干）仅次于西班牙和法国，位居世界第三。葡萄酒总产量超过70万吨，位列全球第十位。共有1000家以上的生产企业，其中酒庄占比80%以上。葡萄酒饮用量（含进口葡萄酒）达到了17亿升，位居世界第五位。不仅如此，中国葡萄种植及葡萄酒酿造的质量也突飞猛进，产品屡获国际大奖。中国葡萄酒正在不断改变着世界葡萄酒的版图。

第二节　酒庄的概念

葡萄酒的历史虽然很悠久，但是真正的酒庄概念也是20世纪开始逐渐形成、不断规范，并逐渐清晰。本节对葡萄酒庄进行了定义，就葡萄酒中的一些基础的名词进行了规范。

---

① 1亩≈666.67 m²

一、原产地命名保护产品

原产地命名保护产品，是指利用产自特定区域的原材料，按照特定工艺在特定区域内生产的产品。这类产品的质量、特色或声誉取决于其原产地域特征，并且产品以原产地域名称命名。原产地命名保护产品是酒庄酒的基础。

原产地命名控制（Appellation d'Origine Controlée，AOC）的来源可以追溯至15世纪。1410年，查理六世给罗克福奶酪颁发了特殊的证书。第一个现代的法令是于1919年3月6日通过的"原产地保护法令"，政府为了反对假酒和虚假宣传不得不采取措施在各地推出"当地使用"法则，勃艮第、香槟和波尔多产区纷纷做出回应，推出了产区的划分细则和要求。1935年，法国法定产区委员会成立，对各地提出的分级制度要求和产区进行审核。第二次世界大战后，该机构改名为国家原产地命名管理局（Institut National des Appellations d'Origine，INAO），负责法国的产区分级审批。分级的要求涵盖了葡萄园的位置、产量、种植密度、种植方式、品种，甚至连施肥、浇水、采摘时间都有严格要求，并且规定了酿造方式、陈酿时间等。这一举措大大提高了法国葡萄酒的整体水平，并且能够帮助消费者更好地区分优劣，但也有批评者说这一举动限制了生产者的自由和创新。之后意大利、西班牙、美国、中国等多个国家都建立了类似的原产地保护制度。20世纪50~70年代，AOC印章开始使用。

INAO对于AOC的审查极其严格，在参考当地种植历史和酿造习惯的情况下会制定严格的标准。首先对于区域的划分通常根据气候、土壤类型或者行政区域，也会考虑使用河流、山川作为边界，所划定的区域都应该是优质葡萄生产区。大的区域中通常还会划分小的区域，如波尔多大区级AOC中包含了AOC波亚克村、AOC玛歌村，这是一种更细的划分。不同AOC对于种植的要求包含很多内容，包括了种植品种、种植密度、修剪方式、灌溉情况、产量、采收日期、采摘方式等；AOC对于酿造方式也有严格要求，包括是否能加糖、橡木片的使用、陈酿时间等；AOC还会限制该产区的葡萄酒类型，如AOC苏玳只能生产贵腐甜白，只有满足要求和标准的才能拿到AOC认证。

原产地命名控制标志保障农产品（葡萄酒、苹果酒、水果、蔬菜、奶酪、黄油、奶制品等）的产地、品质、特性和生产者的制作工艺。后在2013年转用欧盟原产地名称保护（Appellation d'Origine Protégée，AOP）标签，仅法国葡萄酒继续使用AOC标签。意大利、西班牙、葡萄牙等地建立的类似标识则主要应用于葡萄酒上。

法国葡萄酒原产地保护分级由高到低分为原产地命名保护葡萄酒、地理标志保护（Indication Geographique Protegee，IGP）葡萄酒、法国餐酒（Vin de France，VDF）、欧盟餐酒（Vin de la Communaute Europeenne，VCE）。IGP是欧盟用来保护相关农产品口碑和质量的认证体系，只有在地理保护区域内生产的或种植的农产品才能使用该标识。与AOP不同的是，IGP只限定区域，而不限定生产商工艺与技术。VDF不同于上面的两种保护，此类酒可以说是最基础的餐酒，只要是法国产的葡萄酿造的葡萄酒都可以叫作VDF，在欧盟成立前法国产酒被称为餐酒；VCE比法国餐酒要求更低，只要是在欧盟种植的葡萄酿造的葡萄酒都可以被称为VCE。VDF、VCE对于工艺、葡萄亩产都没有要求。

我国原产地域保护产品规则自1999年实施，涉及白酒、葡萄酒、黄酒、茶叶、水果、花卉、工艺品、调味品、中药材、水产品、肉制品及其他加工食品等多个领域，产地范围遍布全国，2005 年改名为"地理标志保护产品"。2020 年 9 月 14 日，中国与欧盟正式签署了《中华人民共和国政府与欧洲联盟地理标志保护与合作协定》（简称《协定》），将为双方的地理标志提供高水平的保护，有效阻止假冒地理标志产品。《协定》附录共纳入双方各 275 个地理标志产品，涉及酒类、茶叶、农产品、食品等。例如，中国的绍兴黄酒、六安瓜片、贺兰山东麓葡萄酒；法国的香槟、帕尔玛火腿、马吉那山脉橄榄油等。《协定》提供的高水平待遇将有利于中国相关产品获得欧盟消费者的认可，进一步推动相关产品的对欧出口；同时，也为有效阻止对地理标志产品的假冒和伪造提供了法律保障。

原产地命名保护产品主要目的是鼓励适地适种、适地适产、规范原料及产品的生产，提高产品的质量和风格。从长远看，要想成为知名葡萄酒庄，必须在地理标志保护区域内建设。

二、酒庄的定义

酒庄酒的定义于 1942 年在法国第一次被提及，主要的内容有两点：①必须拥有自己的葡萄园；②葡萄酒质量稳定，这是一个框架性的概念。根据法国 1949 年 9 月 30 日颁布的法令，酒庄酒必须符合三方面要求：①必须是原产地命名控制（AOC）葡萄酒；②葡萄酒质量取决于其自有葡萄园和葡萄酒厂；③酒庄酒只适用于符合酒庄葡萄酒标准的酒。在 1973 年 12 月更是对 AOC 葡萄酒提出了更高的规定：只有当葡萄园属于酒庄并且葡萄酒在庄园内酿造，且符合上述要求的葡萄酒才能叫作酒庄葡萄酒。

简单地说，酒庄酒需要满足以下几个条件：种植、酿造、陈酿、灌装都由酒庄完成；葡萄及葡萄酒标准符合当地的法律法规要求。酒庄酒的意义在于酒庄需要把控葡萄酒生产的全过程，从而稳定产品质量。这一要求是从生产角度上讲的，这跟其是否拥有宏伟的建筑、健全的销售体系并无关系。

目前我国对酒庄并没有明文定义。2014 年，中国酒业协会推出"葡萄酒庄酒"证明商标，这是由协会在国家工商行政管理总局注册的用于证明酒庄酒的标识。申请使用"葡萄酒庄酒"证明商标必须具备以下 9 项条件：①有归属于酒庄并且能百分百控制的葡萄园；②葡萄种植、酿造到灌装的全过程都是在酒庄内完成；③葡萄定植后第三年方可出产，并实行限产，亩产在 1000 kg 以下；④酒庄酒的产量应与酒庄葡萄种植面积及单产相对应，酒庄酒年生产能力应不低于 75 000 L；⑤有常年在 20℃以下的地下室或有温湿度相对稳定的储酒车间；⑥拥有橡木桶的数量要与所生产的产品类型及数量相对应；⑦从事酿酒技术人员均须取得酿造技术相关专业毕业证书或酿酒师国家职业资格证书；⑧葡萄园与发酵车间之间的距离合理，且能保证采收后当天入罐；⑨酒庄酒的标签标注内容应与瓶内容物相符。

使用"葡萄酒庄酒"标识的产品还应具备 3 项条件：①葡萄种植、酿酒到灌装的全过程都在酒庄完成；②酿造过程应符合《酒庄酒生产规范》；③产品质量应符合国家标准《葡萄酒》（GB/T 15037），经感官鉴评专家组品评鉴定，感官质量需符合国家标准《葡萄酒》附录 A"葡萄酒感官分级评价描述"的优良品以上级别。

经过中国酒业协会对酒庄的实地考察、葡萄园的走访、酿酒设备工艺的考核、产品的品鉴后方可为酒庄出具相应的"葡萄酒庄酒"商标。虽然这一标准还不完善，也缺少相应的监管，但这一举措为丰富中国酒庄酒的概念，也为消费者选择葡萄酒提供了一定的帮助。

三、酒庄的相关名词

1. 酒庄 指总的场所，包括葡萄园、酒堡等所有功能区。

2. 酒堡 主要指酒庄的固定建筑区域，是葡萄酒生产和销售的主要场所，泛指除葡萄园以外的酒庄所有功能区。主要有葡萄酒生产和服务功能等，包括发酵车间、陈酿车间、销售接待、住宿区等。

3. 酒窖 指葡萄酒陈酿的场所。具备完全符合葡萄酒陈酿条件的车间，由于此车间通常建于地下，所以被称为"酒窖"，属于酒堡的一部分。

第三节 酒庄的功能构成

从酒庄发展的历史来看，酒庄的主要目的无疑是生产出更好的葡萄酒，所以主要的功能是优质葡萄的种植与葡萄酒的生产。酒庄负责生产，通过酒商进行销售可以很好地提高葡萄酒的销量，这种模式在小产量、小规模情况下可以在地区内达到产销平衡，但当产量提高，整体区域产量超过消费量时就出现了供需不平衡。因此酒庄庄主们在思考提高酒庄产品质量的同时，也在考虑提高销量、品牌知名度和利润。传统的以生产为主的庄园开始进行调整，在扩大葡萄园的面积、改善生产场所的同时，越来越多的宏伟建筑出现在庄园中，以提高葡萄酒的品质和酒庄的影响力；有些酒庄更是脱离酒商，单独进行销售，或者逐渐掌握了销售的主动权。酒庄的功能也在逐渐发生变化，为了进一步吸引消费者，体验式的葡萄酒庄旅游业开始出现，并蓬勃发展。葡萄酒也从一个单纯的饮品衍生出更多的属性。现代酒庄的主要功能由葡萄生产、酿造、销售和旅游接待等部分组成。

一、酒庄的主要功能

（一）葡萄生产

酒庄要求有自有的葡萄园，葡萄的生产在葡萄园中完成。生产好酒的前提条件是有好原料，所以优质原料的生产是酒庄的重中之重。葡萄原料品质需要"天、地、人"完美结合，首先酒庄要有好的风土，并能根据风土条件确定适合的种植品种和葡萄酒产品类型，形成酒庄的产品特色；当然更加重要的是要加强葡萄的栽培管理，一个酒庄管理的好坏从其对于葡萄园的种植水平就可窥见端倪，所以酒庄葡萄园也被称为"酒庄的后花园"。认真做好葡萄园的管理、葡萄的生产，是葡萄酒庄重要的功能之一。一些知名酒庄更多的宣传来自自有著名的葡萄园。对于酒庄而言，需要对葡萄的质量进行严格把控，以最终形成产品的品质和风格。葡萄的生产主要包括品种的选择、葡萄园的建立、葡萄栽培管理、葡萄采收等重要的环节。酒庄葡萄的生产要遵循"地域化品种种植、优质化葡萄生产"的原则。

（二）酿造

葡萄酒的生产需要经过前处理（分选、除梗、破碎、压榨等）、酒精发酵、苹果酸-乳酸发酵、陈酿、稳定性处理、灌装、瓶储、贴标装箱等十几个步骤。为保证产品的质量，酒庄酒要求主要酿造过程必须由酒庄完成，所以葡萄酒的酿造是酒庄重要的功能之一。酒庄葡萄酒的生产可能会采取不同的酿造工艺，但无论制订什么样的工艺，在酿造过程的每个步骤都要严格按照工艺要求执行，执行的质量决定了葡萄酒质量的高低，也会逐渐形成酒庄自己的产品风格。酒庄葡萄酒的生产不是一种天马行空的创作，而是根据原料特点进行的一种精细化酿造的过程。酒庄葡萄酒的生产应该遵循"精细化葡萄酒酿造、风格化产品体现"的原则。

（三）销售

1. 酒商销售　　大部分酒庄的销售以酒商为主。酒商销售即酒庄将产品销售给经销商，通过经销商再将产品卖给消费者。此为最传统的销售方式，可以借用经销商的资源，降低酒庄销售成本，提升酒庄的渗透率，酒庄也可以集中力量进行产品的生产，但缺点是酒庄的利润率较低，渠道被酒商控制，产品零售价格较高等。

2. 酒庄直销　　大部分酒庄有足够的场所，可以直接面对消费者开展葡萄酒销售，这称为葡萄酒的酒庄直销。很多酒庄因为具有优美的环境和一定特色的建筑，更利于开展葡萄酒旅游和酒庄直销。酒庄直销往往不同于酒商销售，酒商销售直接面对市场，参与市场的竞争，建立市场渠道，会有更大的销售成本，当然也一定要获取更大的规模利润；酒庄葡萄酒直销，相对于酒商销售，其会有更大的利润空间，但销量一般是很有限的。酒庄应尽可能地利用酒庄自身的条件和特点，营造优美专业的环境，如宏伟的建筑、整洁的葡萄园、专业的酿酒车间和酒窖，吸引旅游者前来体验酒庄的产品，扩大直接销售，并进一步提升酒庄的影响力和品牌的知名度。酒庄是否能吸引来旅游者，与地理位置、周边环境条件等有很大关系，要根据自身的情况确定销售方式。酒庄葡萄酒的销售应该遵循"特色化产品和品牌营销"的原则。

（四）旅游接待

葡萄酒庄的旅游接待是非常综合的功能，主要包括酒庄文化及葡萄酒文化的传播、专业品鉴、专业侍酒服务、观光旅游、休闲度假等。旅游接待又与葡萄酒的酒庄直销直接相关。

旅游接待最重要的是展示出酒庄专业的一面，此外对于消费者而言，亲身体验非常关键，如能否感受到酒庄的专业热情和服务，是否能在短时间内了解葡萄酒文化和葡萄酒知识，能否对葡萄酒产生兴趣。好的葡萄酒旅游接待及让人流连忘返的酒堡参观和葡萄酒品鉴，对于酒庄品牌的提升至关重要。

酒庄的旅游接待通常会配合酒庄产品直销一起进行，通过对酒庄产品的体验，让消费者认可产品质量，且没有中间商环节，价格更加便宜。因此，酒庄旅游的成功开展必定会促进酒庄直销业务。

酒庄游作为独特的旅游模式具有很强的体验感。对于普通消费者而言，为了让他们更快地了解葡萄酒并喜欢上葡萄酒，酒庄除了传统的接待外，也可以开展餐饮服务、葡萄酒主题住宿、葡萄酒品尝培训、酒窖音乐会、酒庄马拉松等多种形式的活动提升酒庄品牌形象。通过这些活动，可以让消费者更好地了解酒庄葡萄园、葡萄酒，从而为提升品牌价值、增加销量奠定基础。

二、酒庄的结构

根据酒庄的功能,形成了酒庄的结构。葡萄酒庄主要的功能见图 1-9,主要有葡萄园、酿造区和服务区等功能区。图 1-10 给出了典型酒堡的功能结构示意图,其中包括了发酵车间、灌装车间、酒窖、接待区等。

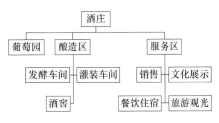

图 1-9 葡萄酒庄主要的功能

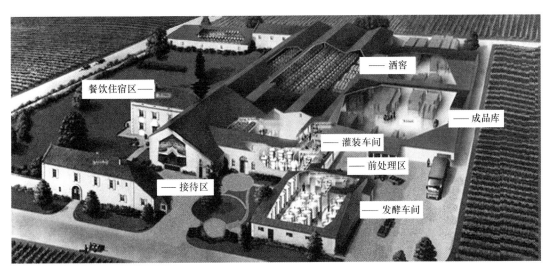

图 1-10 典型酒堡的功能结构示意图

（一）葡萄园

酒庄葡萄园承担葡萄原料的生产,是酒庄的灵魂,也是旅游、文化展示的重要区域,被称为"酒庄的后花园"。葡萄园的面积和产量也决定了酒庄的产能,并决定酒堡的建筑面积。一般酒庄葡萄园与酒堡相连或者环抱酒堡。

（二）葡萄酒酿造

1. 前处理区 对原料进行发酵前的机械处理,可以在室内,也可以在室外进行,但需要遵守当地有关环保的法规。

2. 发酵车间 酿造场所的主要功能区域,与前处理区相连,用于葡萄酒的发酵。

3. 储酒车间 与发酵车间相连,用于葡萄酒的稳定、（罐内）陈酿。

4. 灌装车间 用于葡萄酒的灌装。葡萄酒属于需要陈酿后才能饮用的产品,一般酒庄酒灌装后,需要一定时间的瓶内陈酿才能贴标出厂。

5. 酒窖 酒窖是葡萄酒（橡木桶）陈酿、瓶储的场所,往往也是酒堡可以参观、进行文化展示的地方。

6. 仓库等 主要仓库有成品库、包材库等,为了保持酿造场所的整洁美观,可以设置辅料库、设备库、包材库等。另外,酒庄的化验室、冷冻、消防等都属于酿造场所。

（三）服务区

1. 品鉴销售区　包括葡萄酒的销售、文化的展示（图 1-11）、产品品鉴（图 1-12）、专业侍酒服务等，这个区域是重要的酒庄服务区域。

图 1-11　橡木桶的制作工具（作者摄于勃艮第）

图 1-12　酒庄品鉴区（作者摄于勃艮第）

2. 餐饮住宿区　为了进一步吸引消费者，提升酒庄的感受度，有些中大型酒庄会建设餐饮和住宿的场所。餐饮和住宿一定要体现出酒庄的特色。

第四节　酒庄（葡萄园）分级

一、酒庄分级

在举办 1855 年巴黎世博会前，拿破仑三世为了向全世界展示法国葡萄酒，要求制定一份优质葡萄酒的名单。波尔多商业协会收到信时离世博会开始只有一个月的时间了，他们委托波尔多葡萄酒商会对波尔多的干红和甜白进行分级。当时的酒商根据价格将葡萄酒分成不同级别，其中干红有 1～5 级，共 5 个级别，58 家酒庄，除了侯伯王酒庄来自格拉夫（佩萨克村）外，其他的酒庄全部位于梅多克地区，其中一级 4 家，二级 12 家，三级 14 家，四级 11 家，五级 16 家；甜白葡萄酒有超一级、一级和二级，共 21 家，分别来自苏玳和巴萨克，其中超一级 1 家，一级 9 家，二级 11 家。法国 1855 年确立的《葡萄酒分级制度》（图 1-13）是最成功也是影响力最大的酒庄分级制度。从其确立至今只有过两次改变，分别是 1856 年新增一家五级酒庄，1973 年法国政府批准木桐酒庄从二级酒庄升级为一级酒庄。

在这之后有些酒庄因为分家及易主等原因也有变化，现如今 1855 列级酒庄共有 61 家（其中一级 5 家、二级 14 家、三级 14 家、四级 10 家、五级 18 家）干红、27 家（超一级 1 家、一级 11 家、二级 15 家）甜白。

1953 年，参照 1855 分级制度，经由 INAO 评审格拉夫地区的干红、干白葡萄酒，最终根据葡萄酒质量评定出 16 家干红、3 家干白、3 家既有干白又有干红，最终经过法国农业部批准格拉夫产区推出了自己的列级制度，如今这些酒庄都归属于佩萨科 - 雷奥良（Pessac-

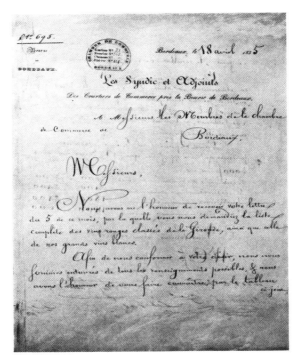

图 1-13 1855 分级原件（作者摄于法国波尔多葡萄酒博物馆）

Léognan）产区。

两年后，圣埃美隆产区也推出了自己的分级制度，分级由 INAO 评定，评审团通过对葡萄酒品尝和现场走访对葡萄园车间管理等进行审核。为了保证审核的公平和公正，评审团没有聘请波尔多和圣埃美隆本地评委，所有评委全部从其他产区，如勃艮第、隆河谷、香槟等产区邀请。评审会从酒庄产品的价格、市场口碑、葡萄园风土、葡萄酒质量等几个方面对酒庄打分，20 分为满分。评审会对酒庄近 20 个年份的产品进行品尝和评判，葡萄酒质量占评分的 30%；之后评委会考察葡萄园，葡萄园风土及管理占比为 30%；酒庄口碑、价格占比为 35%；最后还有 5% 考察酒庄日常操作。圣埃美隆列级共分为：特一级 A（Premier Grand Cru Classé A）、特一级 B（Premier Grand Cru Classé B）和特级（Grand Cru Classé）。与 1855 分级和格拉夫分级不同的是，圣埃美隆分级每 10 年重新评定一次，最新的一次修订是在 2012 年，共有 18 家一级（4 家 A 级，14 家 B 级）酒庄、64 家特级酒庄。需要注意的是，在圣埃美隆还有 200 多家特级酒庄，这些酒庄的产品远不及特级，要注意区分。

上面的分级都是法国农业部同 INAO 所制定的官方分级，此外还有一些民间组织推出的各种各样的分级，这些分级多用于商业。部分组织历史悠久，具有一定含金量，也被消费者广泛认同，如波尔多中级庄联盟（Cru Bourgeois Classification）最新的评定是在 2020 年，共有 249 家酒庄入选。

通常只有官方推出的分级才最为成功，也最具权威性。成功的分级制度会为酒庄带来巨大的名誉和利益，推动当地葡萄酒产业的发展。但是也出现了分歧，最早分级是依靠酒的价格和质量，但这之后却存在了因经营不善而导致的酒价与酒质不符的情况。此外，葡萄酒的主要品质及特征来源于葡萄园的风土条件，酒庄分级会导致很多列级酒庄扩张土地，拥有多

片葡萄园，虽是同一村庄但地块众多，也难免存在差异。

二、葡萄园分级

还有一种常见的以葡萄园为依据的分级制度，如前面提到的勃艮第分级。勃艮第的第一个 AOC 是 1936 年由 INAO 颁发的，如今勃艮第共有 84 个原产地保护，其中包含 6 个大区级，45 个村庄级（其中 562 个一级园），更有 33 个特级园。这些都是以葡萄园所在区域来划分的。即使葡萄园面积很小，也被划入原产地保护，严格控制种植方式——亩产、栽植密度、修建方式，甚至是采摘时间都有明确规定。只要是这片葡萄园所产葡萄且按照原产地保护条例酿造的酒都是特级或一级。其中一级园占比为 10%，特级园占比为 1.5%。主要种植'黑比诺'和'霞多丽'。勃艮第的分级起源于西多会（建于 1098 年），西多会修士从勃艮第公爵手中得到了第一座葡萄园，随后的数年间，他们在夏布利、墨索、金丘、夜丘等地相继建立葡萄庄园，他们在庄园周围围起石头墙，甚至用嘴去品尝土壤的不同，他们潜心研究葡萄栽培，专心酿酒。通过对土壤的区别，对不同地块使用石头围起来形成地块，这些被围起来的地块就是如今一级园和特级园的前身。

这种分级更看重葡萄园的气候、风土条件，认为葡萄才是葡萄酒品质的关键。但此分级也有弊端，虽然葡萄的质量相对一致，但酒庄酿酒水平的差异也会导致葡萄酒质量参差不齐。

此外，阿尔萨斯也有类似的分级，被叫作 Grand Cru d'Alsace，其始于 1975 年，特级园面积共约 800 公顷，占总面积的 5.4%。阿尔萨斯特级园要求葡萄产量不能高于 5 吨 / 公顷，干型酒酒度含量不能低于 12.5%；用于酿造晚采甜型酒的葡萄含糖量不能低于 243 g/L。用于酿造贵腐甜型酒的葡萄含糖量不能低于 279 g/L。

香槟也有类似的一级和特级园，并且根据制度对葡萄出汁率有严格要求，对产品和工艺也采用了按照头道汁（自流汁）、轻压汁、重压汁进行分级，酿制具有不同质量和特色的产品。

三、宁夏贺兰山东麓酒庄分级制度

2013 年，宁夏贺兰山东麓葡萄与葡萄酒国际联合会推出的《宁夏贺兰山东麓列级酒庄评定办法》（简称《办法》）正式颁布实施，并开启了中国酒庄分级制度，逐步实现列级管理。《办法》规定：贺兰山东麓列级酒庄实行"五级制"，五级为最低级别，一级为最高级别。酒庄级别的评定由宁夏贺兰山东麓产区产业协会组织，由葡萄酒相关专家进行评定。列级酒庄评定的主要条件有：位于宁夏贺兰山东麓葡萄酒产区内；酒庄酒原料全部来源于自有种植基地，葡萄树龄在 5 年及以上；葡萄园的品种纯正、管理规范；对葡萄产量进行以生产优质葡萄为目的的控产，产量及质量稳定，并具有可追溯性；酒庄酒品质稳定，典型性明显，在国内外有一定的品牌影响力，具有相关产品认证，抽检时质量合格；主体建筑具有特色，并有一定的旅游休闲功能。宁夏贺兰山东麓酒庄分级也采取非固定制，已评定的列级酒庄条件如果在后期无法达到相应的列级评定质量标准，列级称号将会被撤销；如出现重大质量安全责任事故或涉及制造假冒伪劣葡萄酒产品，撤销称号，并在 10 年内不得参与列级酒庄评定。

宁夏首推的中国列级酒庄评选，致力于酒庄酒的发展，促进国产葡萄酒向高端迈进，行业辐射巨大。截至 2019 年，宁夏已有共计 37 家酒庄成为贺兰山东麓葡萄酒产区列级酒庄。

参 考 文 献

荷马．1979．荷马史诗［M］．上海：上海译文出版社．

李从嘉．2015.舌尖上的战争：食物、战争、历史的奇妙联系［M］．长春：吉林文史出版社．

李时珍．2016．本草纲目清文渊阁四库全书本［M］．北京：人民出版社．

孙志军．2005．葡萄酒的历史［J］．酒·饮料技术装备，（2）：83-85．

熊梦祥．1983．析津志辑佚［M］．北京：北京古籍出版社．

休·约翰逊．2005.葡萄酒的故事［M］．北京：中信出版集团有限公司．

朱肱．2016．北山酒经［M］．上海：上海书店出版社．

Barnard H, Dooley A N, Areshian G. 2011. Chemical evidence for wine production around 4000 BCE in the Late Chalcolithic Near Eastern highlands [J]. Journal of Archaeological Science, 38(5): 977-984.

Hartley C. 2002. The Australian Wine Guide [M]. Putney: Hospitality Books.

MacNeil K. 2001. The Wine Bible [M]. New York: Workman Publishing: 751.

Roderick P. 2000. A Short History of Wine [M]. London: Allen Lane: 265.

第二章　酒庄葡萄园建设及管理

俗话说："三分工艺，七分原料。"酿酒葡萄的优劣能够直接影响葡萄酒的质量，而相同的品种在不同的产区也表现出不同的风味特点，因此酒庄葡萄园对于酒庄来说是十分重要的组成部分。

扫码见本章彩图

第一节　葡萄园的选址

一、风土

风土（terroir）一词源于法国，广义上包括了地质、土壤、气候、品种、文化、生产方式等众多内容，更科学地解释为葡萄生长环境的总和，特别是对特定产区内葡萄及葡萄酒质量和风格产生重要影响的固有地形、土壤和气候环境。风土通过调节葡萄根系对养分和水分吸收、葡萄生理代谢过程、果实发育进程等，影响果实糖、酸及与葡萄酒风格特征相关的颜色、香气、口感等风味物质的形成和积累。有些研究认为栽培因素也是风土的重要组成，不同产区在长期实践过程中形成了独特的品种结构、架形、密度、土肥水管理和叶幕管理等葡萄栽培模式和技术，从这个角度讲，栽培是人为调控葡萄适应固有生长环境而形成的生产方式集合。风土赋予葡萄及产品典型性，而葡萄酒风格正是其风土的产物。

（一）气候

气候直接决定葡萄种植区域，同时也影响葡萄的生理过程，从而影响葡萄生产。气候对栽培模式的影响主要表现在对葡萄栽培密度、架形、整形方式等方面。

根据地域范围不同，将气候又分为大气候、局地气候和微气候。

1. 大气候　　大气候又叫地区气候，是范围较大的一个地区的平均气候。对于农业来讲，在高差变化较大的地区，大气候的作用很有局限，而对于平原地区，同一大气候可影响广大区域。大气候决定葡萄种植适宜性，可以分为优质区、适宜区和适生区，主要由光照、温度、降水量等气象因素影响。

（1）光照　　　光照影响植物的光合作用。阳光是植物光合作用必不可少的能源条件，同时太阳的辐射使土壤和植物加热，也是热量的来源。良好的光照保证了葡萄的花芽分化，促进了果实着色和风味物质的积累。

光照分为光照强度和日照时数（时长）。在一定的光强范围内，植物的光合速率随光照强度的上升而提高，当光照强度上升到某一数值之后，光合速率不再继续提高（光饱和点），并可能会降低。在夏季较热的地区，光线的直射使葡萄叶面温度升高，当叶面温度超过42℃时，叶片容易变黄；红色果实在直射的情况下可以升高15℃，所以转色期的果实因为有较深的颜色，加之较强的光照更加容易产生"日灼"。日照时数用于反映该地区日照情况，光能资源是否丰富。一个地区的日照时数越长，在相同条件下葡萄合成的有机物也越多，葡萄生长也就越旺盛、积累的有机产物就会越多，葡萄成熟度也越高。日照时数是一个重要的气象指标，一般越长越好，宁夏贺兰山东麓产区年日照时间可以达到近 3000 h。日光充足地区与日光不足地区的整形和修剪方式也会有所不同。

（2）温度　　温度是影响葡萄生长最重要的气候因素。葡萄是喜温植物，对热量要求高，充足的热量可以确保葡萄良好的成熟度，衡量一个产区的葡萄成熟特性可以用全年≥10℃的活动积温来衡量，一般认为全年≥10℃的活动积温要高于 2100 d·℃才能种植葡萄。不同葡萄品种从萌芽开始到果实充分成熟所需的活动积温是不同的，并依据此分为不同成熟期的品种：极早熟品种 2100～2500 d·℃，早熟品种 2500～2900 d·℃，中熟品种 2900～3300 d·℃，晚熟品种 3300～3700 d·℃，极晚熟品种 3700 d·℃以上。

低温对葡萄也有很大的影响。目前世界上主要的酿酒葡萄品种为欧亚种，欧亚种成熟枝芽一般只能忍耐约−15℃的低温，根系只能抗−6℃左右；美洲种或欧美杂交品种的枝条和根系，分别能忍耐−20℃及以下和−7～−6℃的低温；而原产于我国的山葡萄及山葡萄杂交种，可以忍耐更低的低温。中国北部栽培葡萄在绝对温度低于−15℃的地方必须进行程度不等的覆土，方能安全越冬。当然葡萄的安全越冬，不限于绝对低温一个因素的影响，还有干旱的问题。低温和干旱共同作用，导致葡萄枝条的抽条，第二年部分或全部芽眼不萌发，严重影响到安全越冬。

昼夜温差是指白天最高温度和夜晚最低温度的差值。昼夜温差会影响植物的成熟度，白天植物在光照适宜、温度适宜时，光合作用效率大于呼吸作用，积累能量；晚上呼吸作用消耗能量，此时较低的温度能使呼吸作用速率减慢，进而减少能量消耗，所以适宜的昼夜温差有利于植物积累糖分和其他物质。但昼夜温差并非越大越好，过大的昼夜温差导致葡萄中的糖分积累过快，而酸度较低，在葡萄采收时，有些风味物质不能得到充分的积累，葡萄的品质往往不是最好的。

温度对葡萄光合强度的影响：在 10～20℃，葡萄的光合强度随光照强度的增加而缓慢提高；当在 20～30℃，葡萄的光合强度随光照强度的提高而迅速提高；在 30～35℃，葡萄的光合强度降至 10～15℃时的光合强度；在超过 35℃时，高温会引起叶片干旱，阻碍光合作用。

（3）降水量　　葡萄是比较耐旱的果树，因为它有强大的根系，但品种间也有差异。一般认为在温和的气候条件下，年降水量在 600～800 mm 是可以满足葡萄生长发育的。中国北部的大多数葡萄产区为季风气候，虽然部分地区从年降水量的总数看是适合的，但一年中降水的分布不均匀，一般春季干旱，7～9 月雨水集中，所以仍然需要灌溉。过度降水也会导致病虫害泛滥，特别是成熟期降水，会产生更为严重的果实病害。此外，葡萄成熟期的过度降水也会导致葡萄糖分稀释，风味寡淡，在采收前的大量降雨，会提高葡萄的产量，是因为葡萄吸水而增加了果实重量，采收前的降水或灌溉可以提高葡萄产量 10% 以上。即便降水量不是导致严重病虫害最重要的因素，但降水量在一些地区是葡萄酒不同的质量年份形成的关键气候因素，在波尔多，往往降水少的年份是好年份。但这种标准不能一概而论，在一些干旱的产区，如贺兰山东麓，夏季的降水不但可以补充葡萄生产水分的不足，而且可以降低温度，促进光合作用，很可能提高葡萄酒的产量或质量。

从葡萄的生理需水角度上讲，对水分需求最多的时期是在生长初期，花期需水量少，以后又逐渐增多，在浆果成熟初期又达到高峰，以后又降低。但从追求品质的角度上讲，为生产高品质的葡萄,生产前期充足的水分可以促进枝条的生长;后期一定的干旱会提高葡萄的含糖量,但会一定程度地减少产量。多数研究结果也表明:在葡萄成熟期适当的水分胁迫,有利于提高葡萄的品质。优质酿酒葡萄的生产对水分的需求"前促后控"。

（4）无霜期　　无霜期也称为无霜冻期,即春季最后一次霜冻至秋季第一次霜冻的天数。一般来说,无霜期越长,植物生长期越长,植物遭受霜冻害的概率及程度就越低。葡萄的生长期通常需要至少 150 d 的无霜期。无霜期与积温相互作用,积温一定的情况下,无霜期越长,葡萄的成熟期就会越长,葡萄的品质就会越好。

2. 局地气候　　局地气候又叫当地气候,可以认为是一种特殊的大气候,也是我们通常说的"小区域气候"。它可以是因不同的地理（坡度、坡向、海拔等）、土壤等因素形成的小气候类型。

（1）纬度和海拔　　世界上大部分葡萄园分布在北纬 20° 至北纬 52° 及南纬 30° 至南纬 45°。海拔一般在 400～600 m。我国葡萄多在北纬 30°～北纬 43°。纬度决定了葡萄是否生长和结果,但纬度不是决定出产优质葡萄的主要因素。葡萄种植的海拔范围较大,为 0～3000 m,海拔决定了种植区的温度和光照,海拔每上升 100 m,年平均气温降低 0.6℃,也会相应提高光照强度。

（2）坡向和坡度　　通常以南向（包括正南向、西南向和东南向）坡地受光受热较多,日平均气温较高,特别是植物组织受辐射增温明显;而北向（包括正北向、西北向和东北向）坡地一般因日照不足而较为冷凉。因此,在生长季热量不足的北部地区,应注意利用南向坡地。南向坡地的蒸发量大,土壤湿度较小;因葡萄萌芽较早,较易受霜害,故在配置品种时应注意。因此,如果热量不足可以选择阳坡,但如果光线过强,可以选择坡度不大的阴坡。坡地增温的效应与其坡度密切相关。种植葡萄时应优先考虑坡度在 20°～25° 的土地地区。目前,我国葡萄大多种植在平原地区,葡萄园坡度不大,对树形和整形修剪没有太多影响。

（3）土壤的影响　　湿润的土壤地表温度比干燥土壤的地表温度低;一定湿度会提高土壤的导热性,色深的土壤地表温度比色浅的土壤地表温度高;含有很多砾石土壤的葡萄园,因为砾石反射阳光、吸收热量,葡萄园的积温和光照好于没有砾石的葡萄园,在阳光和积温不足的地区在这种土壤种植的葡萄会获得更好的成熟度;但如果在光照充足,积温较高的地区,在这种土壤种植葡萄往往成熟过快。在积温高、光照强的地区,则应提高架面,或者在葡萄园生草以防止近地高温、强光反射带来的危害;相反,积温低的地方应该降低架面,加大土壤的光热反射;越接近地面,温度的日较差（昼夜温差）越大,在地表面,温度的日较差最大。

（4）水面的影响　　海洋、湖泊、江河、水库等大的水域,由于吸收的太阳辐射能量较多,热容量较大,白天和夏季的温度比陆地低,而夜间和冬季的温度比陆地高,昼夜温差较小。因此邻近水域沿岸的气候比较温和,无霜期较长,在昼夜温差大的地区,会营造很好的小区域气候;同时邻近大水面的葡萄园由于深水反射出大量蓝紫光和紫外线,浆果着色和品质较好。

（5）灾害性气候的影响　　在葡萄园选址时,除了要考虑葡萄对适宜气候条件的要求外,还必须注意避免和防护灾害性气候,如久旱、洪涝,严重的霜冻、酷寒,以及大风、冰雹等。生长季的大风常吹折新梢、刮掉果穗,甚至吹毁葡萄架;冬季的大风会吹跑沙土、刮去积雪,加深土壤冻结深度;夏季的冰雹则常常破坏枝叶、果穗,严重影响葡萄产量和品质。在建园时要考虑到某项灾害因素出现的频率和强度，合理选择园地，确定适宜的行向，营造防护林带，并有其他相应的防护措施。

3. 微气候　微气候是实际面积很小的区域的气候，又称为葡萄园气候，对于葡萄主要是叶幕（葡萄叶片群体的总称）气候，与植物的生长关系最为密切，它是自然环境和栽培措施的综合表现。

栽植方式（栽植密度及平面几何形状，包括株行间距和行向）、架式、冬季修剪和生长季叶幕管理的整个体系都会影响葡萄园气候，并且葡萄园土、肥、水管理措施也会通过营养生长势（叶面积系数）影响叶幕结构，从而影响葡萄园气候。

（1）栽培密度　合理的密度有利于单位土地面积上的光能截留和光能在叶幕中的合理分配，从而有利于葡萄的产量和品质的形成。在葡萄埋土防寒产区，葡萄的埋压需要从行间取土，必须适当增大行间距，从而降低栽培密度。但这种情况下可以提高叶幕的高度，以弥补密度减小造成产量的损失。

（2）行向　就篱架栽培而言，在北半球大部分纬度上，南北或西南行向有利于光能的截留。另外，要考虑葡萄园的地形地势来设计行向。

（3）叶幕　叶幕高度与行间距应该有一个适当的比例（图 2-1），叶幕高度应随行间距的增大而增加；温带地区葡萄园篱架的高度与行间距之比应为 0.8～1.0，这样有利于利用光热资源，过大会遮光，过小降低了土地的利用率。

图 2-1　葡萄园树形参数示意图

（二）土壤

葡萄可以在各种各样的土壤上生长，许多不大宜于种大田作物的土地，如沙荒、河滩、盐碱地、砾石地、坡地等，都能成功地种植葡萄。这主要是由于葡萄有发达深广且吸收力很强的根系。然而，土壤条件对葡萄的生长和结果也有重要影响。

1. 成土母岩及心土　在石灰岩生成的土壤或心土富含石灰质的土壤上，葡萄根系发育强大，糖分积累和芳香物质发育较多，土壤的钙质对葡萄酒的品质有良好的影响。世界上一些名酒产区，正是在这种土壤上，如法国的香槟地区和科涅克地区等。母岩疏松或为半风化的岩石，对葡萄根系生长有利，而紧实的母岩或心土则极有害。在山谷的扇形冲积地上，

土层较薄且其下常有成片的砾石层，这样的土壤漏水漏肥，葡萄易受旱害。有的砾石层呈分散的薄层，并混有细土层，经过深翻改良，葡萄可以良好生长。

2. 土层厚度和质地 土层厚度越大，则葡萄根系吸收养分的体积越大，土壤积累水分的能力越强。葡萄园的土层厚度一般以 80～100 cm 及以上为宜，在一些土层瘠薄的山坡地，可以通过修筑梯田和客土，创造较好的根系生长环境。土壤的质地影响土壤的结构和水、气、热状况。沙质土壤的通透性强，土壤热容量小，导热性差，夏季辐射强，土壤温差大，葡萄的含糖量较高，风味好；但此类土壤有机质缺乏，保水保肥力差，葡萄产量低。黏土的通透性差，易板结，葡萄根系浅，生长弱，结果差，有时产量虽高但品质较差，一般应避免在重黏土地上种植葡萄。在砾石土壤上可以种植优质的葡萄，如贺兰山东麓土壤，经过改良后，葡萄生长很好。在通透性较好的沙质土壤中，土壤中的沙粒混合在土壤中，增加了土壤的透水能力，这让土壤变得干燥，迫使葡萄树向下扎根去寻找水源，同时可以吸收土壤深处的矿物质元素，往往可以酿造出风味愈加浓郁的葡萄酒。

3. 地下水位 在湿润的土壤上葡萄生长和结果良好。地下水位高低对土壤湿度有影响，地下水位很低的土壤会比较干燥，如果有灌溉条件，可以对土壤的湿度进行有效的控制；地下水位很高，离地面很近的土壤，不适合种植葡萄；比较适宜的地下水位应在 1.5～2 m 及以上；在排水良好的情况下，在地下水位离地面 0.7～1 m 的土壤上，葡萄也能良好生长和结果。

4. 土壤化学成分 在 pH 为 6～6.5 的微酸性环境中，葡萄生长结果较好。酸性过大（pH 接近 5）的土壤中，生长显著不良；较强的碱性土壤（pH 为 8.5～9），会导致葡萄出现黄叶病；酸碱度过大或过小的土壤需经过改良后才能种植葡萄。土壤中的矿物质，主要是氮、磷、钾、钙、镁、铁、硼、锌、锰等，均是葡萄的重要营养元素，这些元素以无机盐的形态存在于土壤溶液中时才能为根系吸收利用。土壤溶液中一些对植物有害的盐分的积累决定土壤盐碱化程度。葡萄属于较抗盐的植物，在苹果、梨等果树不能生长的地方，葡萄能生长良好，因此在我国的许多盐碱土壤地区，都先后建成了大规模的葡萄园，生长、结果良好。

酿酒葡萄适宜在干燥、较贫瘠且通透性好的土壤中生存，不同土壤特性对不同葡萄品质有不同的影响。土壤中的成土母岩、土壤厚度与质地、葡萄园所在的地下水位、含有的矿质元素等，都会影响葡萄的品质，也是葡萄园选址考虑的重要因素。在旧世界国家一些成熟的产区，大气候因素早已固定，对葡萄园的分级主要是根据土壤和小气候进行，土壤不但成为葡萄园选址的关键，也成为一个酒庄的文化基础。

二、政策与环境因素的考虑

（一）法规政策

政府会通过制定产业发展战略和政策来扶持或限制某些产业的发展，对产业结构的调整施以引导或强制实施。应该在鼓励发展这个行业的地区创办企业，特别是该地区的主产业，会获得更多政策支持，会得到长期的扶持。例如，在贺兰山东麓产区，葡萄酒产业得到历届政府的支持，作为产区的主导产业、支柱产业进行发展，为此出台系统的产业发展战略、规划、法规和政策，以鼓励、规范产业的发展。

（二）环境因素

在酒庄选址一定要考虑酒庄周围的环境，应无有害气体、沙尘、烟雾、不良气味等污染源。对空气质量、灌溉水质量、土壤环境质量的要求要符合《葡萄产地环境技术条件》（NY/T 857）的规定。

要达到上述要求，葡萄园址不但应远离造纸厂、制碱厂、电镀厂、洗染纺织厂、化工厂、医院等单位，而且应检查水源是否存在污染状况。如果采用河水灌溉，应检查上游的工厂排放污水情况；如采用地下水灌溉，应注意调查工厂是否用渗坑、渗井、管道、明渠、暗渠等形式排放有害污水，污染地下水源的问题。另外，工厂堆放的废渣垃圾也易扬散、流失、渗漏地下，造成地下水污染。对含汞、镉、铅、砷等可溶性剧毒的废渣，绝不能采用掩埋方式或排入地面水中。

三、市场与经济因素

市场与经济因素是指酒庄的选址，对酒庄建设成本、旅游、销售、品牌建设的影响的因素。

（一）小产区的土地价格

在一产区不同小区的土地价格不同，有时候会相差很大。土地价格主要包括建设用地价格和种植用地（租赁、流转）价格。酒庄一般建设得比较偏远，建设用地价格在一定的区域相对固定，但种植用地价格相差很大，这与不同小产区的交通、土地政策、小产区知名度等有关。

在对葡萄酒庄进行选址时，很难做到完全的称心如意、十全十美，这就需要考虑投资的目的，如想做规模大的、以葡萄酒生产为主要功能的酒庄，可以选择较为偏远、土地价格便宜的地方；相反，想要做旅游酒庄，就要选择交通便利的地址。选址需要符合投资回报的要求。

（二）小产区交通

选择酒庄所在的位置，无疑交通情况是我们必须考虑的。酒庄便利的交通、处在城市的周边，会给酒庄带来更多的旅游资源、更多的客户体验，对开展酒庄的文化旅游也会非常便利，便利的交通也会容易吸引人才。

（三）小产区知名程度及影响力

在选择的时候要注意酒庄所在的小产区是否有一定的知名度和影响力。知名的小产区对于将来酒庄品牌建立产品的销售无疑具有一定的帮助，当然知名的小产区付出的成本肯定会高一些，特别是土地成本。对于新建的产区，小产区没有形成一定的积淀，主要应该考虑选择具有酒庄集群的小产区。

（四）其他成本考虑的因素

酒庄选址必然会多方面考虑建设的成本因素，在考虑上面的主要成本因素后，还要考虑

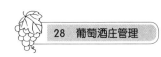

其他一些因素影响葡萄酒庄未来的成本，如土地开垦成本、人力资源成本、水利成本等。

1. 土地开垦成本　　土质及不同理化特性，会有不同的土地开垦成本。在砾石较多的土壤中开垦难度比较大；风沙土瘠薄，需要对土壤进行改良，也会投入更大的成本。

2. 人力资源成本　　在一些产区种植葡萄、酿造葡萄酒，需要较多的人工。这时候就要考虑周边的劳动力及公共服务情况，劳动力资源缺乏往往会导致劳动力成本的增加，甚至会直接影响酒庄的建设和运营。另外，酒庄建在离城市较远的地区，就很难吸引管理和技术人员，即便能招聘到，也会因为较高的工资待遇、交通等因素产生比较大的成本。

3. 水利成本　　在需要灌溉的产区，水利成本不得不考虑。政府部门一般会修建公共的水利设施，但水费也会因为水利设施建设及运营的成本有所不同。在不同小产区，水费的成本会相差 10 倍之多。

第二节　葡萄园建立

葡萄园是酒庄的灵魂，也是人们对酒庄的第一印象。酒庄葡萄园不仅要产出优质的原料，还要给人以美好的视觉感受。而葡萄质量的好坏，除取决于产区土壤、气候等风土条件外，品种（包括砧木品种）选择、葡萄园规划等更是葡萄质量的决定因素。

一、品种选择

在葡萄适宜种植区内，品种的自身遗传因素起到了决定作用，在良种化的前提下，选用合适的品种，才能提供优良的葡萄原料。

（一）选择依据

新建葡萄园选择什么品种，主要考虑葡萄品种对气候和土壤的适应性，也要考虑市场的需要，最好选择经过当地及近似产区长期考验过的品种，有时为了应对不同的土壤条件或病虫害，还应选择与品种有较高亲和性的砧木品种。

1. 适地适种　　选择品种时，把品种的生物学特性和当地的气候条件相结合，最大程度上发挥优良品种的优势。一个地区，由于立地条件的不同和小气候条件的影响，品种的成熟期也有所改变，随着海拔升高物候期逐渐向后推移。种植何种品种，最稳妥的是就地繁殖和推广当地已试种成功，有一定栽培历史，且经济性状较佳的品种。

在选择引入新品种前，首先查阅资料并分析当地气候是否能满足品种对积温需求，考虑拟引入品种的生物学特性和工艺特性是否与当地的自然环境条件和生产方向相一致。其次引入后对引进的品种进行检疫，在引种园中观察生物学、栽培学特性，并进行工艺特性研究（如单品种酿酒试验）。最后进行综合评价，推广那些适应当地自然条件，优质（果实或加工产品）、丰产的品种。需要注意的是，在引种研究时，为对各个品种的特性，特别是酿酒学特性进行准确研究，引入的每一品种都应有一定的数量，以保证酿成一定量的葡萄酒。

对于酒庄而言，可选的品种有很多，但如何突出酒庄的产品特点，需要认真考虑品种的选择。

2. 生产葡萄酒种类　　在一个地区，适合栽培的品种可能很多，新建葡萄园应根据生产方向要求，选择那些经过当地及近似条件的地区长期考验过的，适应当地自然条件和生产方向的优质、高产品种，避免栽培那些酿酒品质不高的品种。另外，不同的品种具有不同的加工特性，如酒度、酸度的高低，多酚类物质含量的多少，颜色的深浅等，因此选择种植什么品种，取决于生产葡萄酒的种类，不同种类葡萄酒需要葡萄的含糖量、酸度、多酚含量、香味、色泽是不同的。根据酒庄产品的要求，品种的选择一般都不会是一种，往往选择两种以上，不同的品种可以生产不同类型的产品，而可以使用两种或以上的品种通过勾兑，生产出品质或特色更加突出的产品。

3. 酒厂（庄）规模适当配置　　能够适应一个产区的优良品种很多，对于一个酒厂（庄）而言，不可能种植很多品种，只能根据自身规模选择栽培一些典型的品种，为避免同质化现象，同一个地区的酒厂（庄）可以种植不同的品种。对于一个大型的酒厂来说，可能种植较多的品种，做到早、中、晚熟品种适当配置，利用品种成熟期不同，加之与一定小气候条件的结合，使成熟期分开，这样不仅避免集中出土、采收和发酵，方便管理，也提高了工效，而且缓解集中用工可能导致的人工短缺和葡萄酒厂发酵能力的压力，防止果实采后放置时间太长影响葡萄酒质量。

（二）苗木选择

苗木根据是否有砧木分为嫁接苗和自根苗两种。品种嫁接在砧木上形成的苗木称为嫁接苗；无砧木，由葡萄自身组织发根的苗木称为自根苗。不同的产区根据自身的特点，可以选择不同的苗木。

1. 嫁接苗　　葡萄的嫁接苗栽培是伴随着葡萄根瘤蚜的防治而开始的。自 1870 年 Gaston Bazille 提出将欧洲葡萄嫁接在美洲葡萄上以抵抗葡萄根瘤蚜的危害以来，嫁接苗挽救了欧洲产区的葡萄产业。100 多年来，世界上受葡萄根瘤蚜危害的产区几乎都采用嫁接栽培。

目前对砧木的研究更加深入，认为砧木不但可以增强葡萄苗木的抗病虫害和抗逆能力，如美洲种抵抗根瘤蚜、贝达耐低温、5BB（一种砧木品种）耐湿；而且利用砧木对接穗生长结果带来的某些有益影响，如自繁不易生根的品种，用 SO_4 可促进根系发达、可以吸收到更多的营养元素，可以使葡萄获得更好的质量；同时有的嫁接后生长量小，在土壤肥力高、水分充足的地方控制树势以达稳产优质目的。

在葡萄的生产环境中存在着许多不利于其生长和结果的因素，如干旱、寒冷、盐碱、湿涝、病虫害等。有针对性地选择砧木进行嫁接栽培，既能保持品种的优良性状，又能利用砧木的抗逆性，克服自然环境中的不利因素，提高适应性，扩大栽培区域。

目前阿根廷部分地区、智利、中国各产区没有根瘤蚜的危害，都一直在使用自根苗。与世界其他产区相比，我国的优质葡萄产区不仅有寒冷和干旱的危害，还有着诸如高温、多湿、盐碱等不利于葡萄种植的自然条件，因此可以考虑采用相应的砧木适应不同的逆境，减轻危害。

2. 自根苗　　自根苗是指由葡萄枝条组织直接获得的苗木。葡萄苗木最早使用自根苗种植，一个葡萄枝条很容易在扦插后生根，并成为完整的葡萄植株。虽然从理论上讲，嫁接苗的抗性会优于自根苗，但自根苗繁育技术简单，成本低，在没有致命性病害（如根瘤蚜）的产区仍然使用自根苗。自根苗能被广泛使用还有一个重要的原因，在一些葡萄需冬季埋土防寒的产区，埋土过程中会出现嫁接苗在嫁接口易折断的情况，折断后的嫁接苗再次萌

发结果就是砧木品种了，不但失去了经济价值，而且如果采收时不慎，把砧木果实掺杂到品种中，会降低葡萄酒自身的品质。而自根苗在这种情况下，不易折断，而且即便地上部有损伤，地下部生长出来的仍可以重新培植为葡萄植株。

自根苗根据培育时间又分为营养袋苗（绿苗）和（多）年生苗。营养袋苗是指枝条扦插在营养袋育成，并在当年带叶种植的苗木；（多）年生苗又称为带根苗，是指通过枝条扦插生长一年以上的苗木。

二、葡萄园规划

葡萄是一种寿命较长的果树，一旦定植，更新周期长，因此葡萄园规划是一切的基础，只有从建园开始打好坚实的基础，才能避免挖树重建现象。在选择了品种（包括砧木）和与之相适宜的栽培方式及园址后，需进行葡萄园的栽培区、道路、防护林、灌溉设施等规划工作，实地勘测园地的地形，依据园地现有道路、水电设施、建筑物等绘制出合理的、切实可行的葡萄园总体规划图。规划图内容包括：栽植区规划，行向、架形、行距、株距设置，灌排系统、道路和防护林建设，土地平整及土壤改良，规范种植，附属设施建设等。

需强调指出的是，葡萄园的规划、建园所采用的技术规范及建园当年对幼苗的管理，都将对葡萄将来的产量、质量及葡萄树长寿性等方面产生重要的影响。酒庄葡萄园的规划应该坚持"优质、稳产、长寿、美观"的原则。

（一）葡萄园环境

在规划前，必须对葡萄园的土壤、水源、气候等环境条件进行分析，判断是否符合生产优质原料的产地条件。相关内容见本章第一节。

（二）栽植区规划

根据葡萄园的面积大小和地形、地势，决定道路等级和防护林间距，一般道路两边设置防护林。在不影响葡萄植株正常生长的前提下，在葡萄园的周围或主道两旁植树，防止大风、暴雨对葡萄园的危害。在园区内有一条主要道路贯穿整个葡萄园主道，与主道垂直可设立若干个支道，还可设立与支道垂直的作业路。

新建的葡萄园应划分成若干个作业大区。大区是一个相对独立的经营单位，同一大区的自然条件应相对一致。大区以下还可以划分为小区，小区（作业区）是生产管理的基本作业单位。栽植区的大小，首先根据葡萄园内原始道路、水渠和防护林等具体条件，按有利于排灌、机械作业、提高土地利用率的原则而定。在较平的地建园，机械化程度较高，栽植大区面积为400～600亩，以长方形为好，小区一般为30～50亩，风沙大的产区，要建立完整的防风固沙林带（图2-2）。

大区长度根据机械设备和田间管理要求确定。这些参数要使灌溉、排水、防风效果好，机械效率高，同时还应使田间工程量小，土地利用率高。若条田太短，机械并行长度小，转弯次数多，机械磨损较大，耗油较多，生产效率不高；若条田太长，控制面积过大，不仅增加了平整土地的工作量，灌水组织工作较复杂，且机耕的效率不会明显提高。大区长度一般以500 m为宜，也可采用800～1000 m，最小大于200 m。宽度主要根据地块坡度和风害大小，风害小，地块较平坦时，可设500 m；风害大，地块有小坡时，可取200～300 m。小区

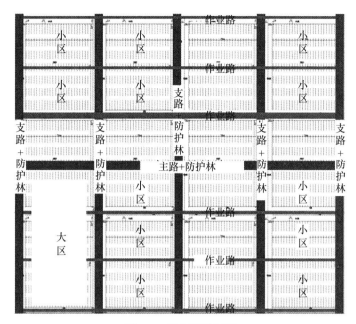

图 2-2　葡萄园规划图

长度以 100 m 左右为宜，最大不超过 150 m，太短土地利用率低，太长不利于管理，宽度可与大区同宽，在一个大区内的小区大小尽量相等。

在山坡或丘陵地带建园，要重视水土保持，依地形、地势划分不同面积的栽植区，采用等高或梯田种植，注意充分利用石坡、小河、山谷等非耕地。在低洼、盐碱地注意土壤改良和建立完好的排灌系统后建园。

（三）行向、架形、行距、株距

为了便于机械化操作，架形上一般采用单篱架。篱架行向一般以南北向或偏西南较好。株行距要依品种长势、地势、土质、机械化程度及当地的自然条件而定。为适应机械化作业和埋土的需要，在埋土防寒区行距一般在 3～3.5 m，株距一般在 0.75～1.2 m，亩栽160～296 株。

（四）排灌系统

建立排灌系统，可以提供葡萄灌溉，控制葡萄植株的生长和葡萄质量；也可将过多的水分排出，在盐碱重的地方还可洗盐降低盐碱的含量。

采用沟灌方式的葡萄园，做好总灌渠、支渠和灌水沟三级灌溉系统，可以在地面，也可埋用地下管道。排灌渠道应与道路密切结合，一般设在道路两侧。盐碱地或地势低洼的地段，需要建立完整的排水系统，以利排除盐碱或涝时排水。

为了节约用水，目前新建葡萄园都要求使用滴灌系统，滴灌具有省水、省工、节能、灌水均匀等优点。利用滴灌系统可以实现灌溉与施肥同时进行，即水肥一体化，做到省工节肥，也更容易实现智能化管控。滴灌系统由水源、首部枢纽、输配水管网和灌水器，以及流量、压力控制部件和量测仪表等组成（图 2-3）。很多农作物、果树都使用了滴灌，但葡萄的

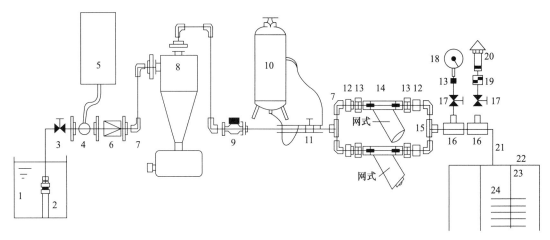

图 2-3　滴灌系统组成示意图（作者手绘）

1. 水源；2. 水泵；3. 闸阀；4. 法兰盘；5. 变频系统；6. 止回阀；7. 弯头；8. 离心过滤器；9. 螺翼水表；10. 施肥器；11. 施肥阀；12. 活接头；13. 内丝接头；14. 筛网过滤器；15. 正三通；16. 异径三通；17. 球阀；18. 压力表；19. 外丝接头；20. 进排气阀；21. 主管；22. 支管；23. 毛管；24. 毛管及滴头

滴灌不同于其他果树和作物，这与根系的分布、需水规律、土壤情况等紧密相关，所以对葡萄的总灌溉量、每次的滴灌量、次数等都需要进行考虑。

1. 水源　　只要水质符合滴灌要求的河流、渠道、湖泊、水库、井、泉等均可作为滴灌水源。

2. 首部枢纽　　枢纽包括水泵、动力机械、肥料和化学药品注入设备、过滤设备、控制阀、进排气阀、流量压力量测仪表等。其作用是从水源取水增压并将其处理成符合滴灌要求的水流送到滴灌系统中去。

3. 滴灌常用泵　　滴灌常用的水泵有潜水泵、深井泵、离心泵等，动力机械可以是柴油机、电动机等或动力电缆。

4. 沉淀池　　在供水量需要调蓄或含砂量很大的水源，常要修建蓄水池和沉淀池。沉淀池用于去除灌溉水源中的大固体颗粒，为了避免在沉淀池中产生藻类植物，应尽可能将沉淀池或蓄水池加盖。

5. 过滤设备　　过滤设备的作用是将灌溉水中的固体颗粒滤去，避免污物进入系统，造成系统堵塞。过滤设备应安装在输配水管道之前。

6. 注入设备　　肥料和化学药品注入设备用于将肥料、除草剂、杀虫剂等直接施入滴灌系统，注入设备应设在过滤设备之前。

7. 流量压力量测仪表　　流量压力量测仪表用于测量管线中的流量或压力，包括水表、压力表等。水表用于测量管线中流过的总水量。压力表用于测量管线内水压力。

8. 控制器　　控制器用于对系统进行自动控制，一般控制器具有定时或编程功能，根据用户给定的指令操作电磁阀或水动阀，进而对系统进行控制。

9. 阀门　　阀门是直接用来控制和调节滴灌系统压力流量的操纵部件，设置在需要控制的部位上，其形式有闸阀、止回阀、空气阀、水动阀、电磁阀等。

10. 输配水管网　　输配水管网的作用是将首部枢纽处理过的水按照要求输送分配到每

个灌水单元和灌水器,输配水管网包括主管、支管和毛管三级管道。毛管是滴灌系统的最末一级管道,其上安装或连接滴头直接为葡萄供水。

11. 滴头 滴头是滴灌设备中最关键的部件,是直接向葡萄根系灌水的设备,其作用是消减压力,将水流变为水滴或细流或喷洒状施入土壤,多数是用塑料制成的。

（五）道路和防护林

道路和防护林宜与葡萄园规划同时进行,与排灌渠相结合而设置。平原地区的地块多为长方形或正方形,林带宜栽植在呈网状分布的渠边、路边和田边的空隙地上,构成纵横连亘的林网,使每块葡萄园四周都有林带围绕,以降低或防御来自任何方向的风害。

1. 道路 葡萄园区的道路主要是沟通生产基地内、外部及各功能区之间的交通运输通道,满足园区的管理、生产等需要。面积较大时按主路、支路和作业路三级道路系统（图2-2）。主路一般宽6～8 m,路边按乔灌结合设置防护林网,便于各种运输机械通行;生产作业在大区两边设立,宽6 m;根据基地实况,葡萄园种植地形按正方形计算时,东西、南北的长度在1.0～1.1 km。主路、支路将园区分为不同的大区;生产作业路可将大区分为若干小区。具体道路设计如下:根据小区作业区划,合理设置生产作业路,作业路宽度为6 m,路面结构采用沙石铺设,每条生产作业路均与环园路和支路相接,路肩设计呈斜坡带,便于生产资料和产品的运输。

2. 防护林 防护林是为改善农田小气候、预防自然灾害和保证农作物丰产、稳产而营造的林带,相互衔接组成网状防护林的农田林网。作用是在其周围一定范围内形成特殊的小气候环境,能降低风速,调节温度,增加大气湿度和土壤湿度,拦截地表径流,调节地下水位。

（1）**防护林配置** 农田防护林带由主林带和副林带按照一定的距离纵横交错构成格状,即防护林网。主林带用于防止主要害风,防风效果取决于主林带与风向的交角、林带的间距、密度、高度等因素。原则上是因地制宜、因害设防,所以主林带和风向垂直或大角度时防护效果最好。副林带与主林带相垂直,用于防止次要害风,增强主林带的防护效果。我国以西北风危害为主的主产区,主林带南北方向,与葡萄行向平行,副林带东西方向,与葡萄行向垂直。

林带起到的防护距离与林带类型相关。主林带宜采用紧密结构的宽幅林带,在主、支路两边设置,其栽植密度较大,一般由乔、灌木组成。风害小的地方,林带间隔500 m,风害大的地区,可取200～300 m,生叶期间从林冠到地面,上下层都密不透光,在林带背风面近距离处的防护效果大。林网内配置3～5行乔木,株行距为2 m×3 m,林缘边配置2或3行灌木,株行距为1 m×0.5 m。

副林带采用疏透结构的林带,在支路两侧或仅一侧配置。较前者窄,行数也较少,一般由乔木组成,有时配置一行灌木,或不配置灌木,但乔木下枝高较低。其防护效果大于紧密结构,防护距离小于通风结构,适用于风沙区。平坦地区林带间隔500 m左右。

（2）**树种选择** 宜选择生长迅速、抗性强、防护作用及经济价值和收益较大的乡土树种,或符合上述条件而经过引种试验、证实适生于当地的外来树种。可采取树种混交模式,如针叶与阔叶树种混交,常绿与落叶树种混交,乔木与灌木树种混交,经济树与用材树混交等。采用带状、块状或行状混交方式。乔木可选择新疆杨、胡杨、小叶杨、毛白杨、

白蜡、旱柳、刺槐、白榆、臭椿、沙枣等树种，灌木可选紫穗槐、柽柳、锦鸡儿、柠条、梭梭等。

（3）造林密度　　一般视当地的气候、土壤等环境条件和树种生物学特性而异，根据各树种的生长情况及其所需的正常营养面积而定。例如，单行林带的乔木，初植株距为 2 m；双行林带株行距为 3 m×1 m 或 4 m×1 m；3 行或 3 行以上林带株行距为 2 m×2 m 或 3 m×2 m；灌木可按 0.5 m×2 m 或 1 m×1 m，邻乔木而植。

（六）土地平整及土壤改良

选择葡萄园址，除重视安全性外，还应重视丰产条件，对土质、地势等均有较高要求。葡萄在土壤肥沃、土层深厚、富含有机质的土壤环境形成强大根系，生长良好。只有创造一个疏松、肥沃、透气性强的生长环境，使葡萄地上地下生长协调，才能根深叶茂，达到早期丰产的目的。因此，在定植前必须挖沟，施足基肥，进行土壤改良，以奠定长期丰产的基础。葡萄喜带砂性的肥沃土，以石灰岩或含石灰质多的土壤栽种欧亚种葡萄最增产。因此，一些土质欠佳的土壤要通过改良以保证获得丰产。

葡萄是多年生藤本植物，寿命较长，定植后要在固定位置上生长结果几十年，需要有较大的地下营养体积。而葡萄根系属肉质根，其生长点向下向外伸展，遇到阻力就停止前进。根据挖根调查，葡萄根系在栽植沟内的垂直分布以沟底为限，栽植沟挖得深，根系垂直分布也随之加深；其水平分布，根系与栽植沟垂直，部分在沟的宽度范围之内，只有沟上部耕作层范围内能向外伸展，而根系顺栽植沟方向能伸展 7～8 m 之远。所以，为了使葡萄根系在土壤中占据较大的营养面积，达到"根深叶茂"，在栽植葡萄前要挖好栽植沟。

1. 平整土地　　葡萄园土地应基本平坦，坡度不宜过大，若坡度过大应修筑水平梯田，以利灌水。

在平地上，如果土壤的保水能力较强，雨水可渗透并保持在土壤中。而在坡地上，雨水则被分为渗透水和地表径流水。坡度越大，坡越长，径流的速度就越快，水土流失也越重。因此，在坡地上建园时，应通过深耕和土壤改良来提高土壤的保水能力，而且应在行间种草保水。

根据坡度的不同，可通过以下方式对土壤进行整治，以减小径流：坡度低于 10% 时，水土流失较弱，可沿坡向进行种植，以便于操作和机械的通行；坡度为 10%～20% 时，则必须沿坡地的等高线进行种植；坡度大于 20% 时，则必须根据地形，沿坡地的等高线修建梯地，以达到水土保持的目的。

2. 改土　　为了不与农田争地，目前葡萄园主要建在原始的荒漠、山地和滩涂等非耕地较多的地方，这些土地因没有种植作物而无污染，可以利用良好的气候条件生产有机葡萄，但其土壤内有机质含量很低，因此要施入大量有机质进行改良。在洪积区、山地、丘陵地带一般会有较多的砾石，需要拣出较大的石块以便耕作。对贫瘠土壤的改造要持续，可以通过葡萄园生草、施用有机肥、葡萄枝条还田等方法，持续改良。

葡萄为多年生植物，一栽下去就是很多年，想保证植株能在很好的营养条件下生长发育，必须提供一定的矿质元素和有机质。定植以前施用大量底肥还可以提高低腐殖质土壤中有机质含量，改变土壤的化学特性；促进根系向深处发展，将来葡萄根系扎入深层土壤后利用。一般施用腐熟鸡粪、羊粪、牛粪等农家肥，为达到葡萄根系充分利用并促进根系下扎的目的，需要开沟施用有机肥，深度在 80～100 cm。

如果不是荒地，用于建园的土地前茬最好是一年生植物，特别是禾本科作物。如果是种过葡萄的老园，再种葡萄时，需要对土壤消毒和改良。

（七）规范种植

1. 葡萄架　　葡萄属于多年生藤蔓植物，自身不能直立生长，葡萄植株需攀爬在支架上才能顺利生长结实。搭葡萄架的目的是使葡萄枝叶均匀合理地分布在架面上，最大程度上接受光能，有利于通风，降低周围湿度，防止葡萄病虫害及生理伤害的发生，提高葡萄质量，方便田间管理。

（1）支柱　　支柱是葡萄架的骨干，常用的支柱可分为木柱、水泥柱、金属柱、石柱和活木桩等。在种植沟开好平整后，在沟中间设支柱，柱间距 5～7 m，同一园内柱间距必须保持一致。不管使用什么材料的支柱，支柱的长度和粗度取决于栽培方式、柱间距远近，架式越高，支柱也应越坚固；埋入地下越深，柱间距越远，柱应越粗。

（2）固定边杆　　中间的支柱仅起支撑作用，而边杆不仅起支撑作用，还要有拉丝保持尽量拉平的拉力，力主要承受在边杆上，因此在加强边杆强度的同时，还要固定边杆防止倾斜。固定边杆可以在外设锚石和拉丝（8 号铁丝），边杆强度大时用一道拉丝，如果边杆强度不足需用二道拉丝（图 2-4）。

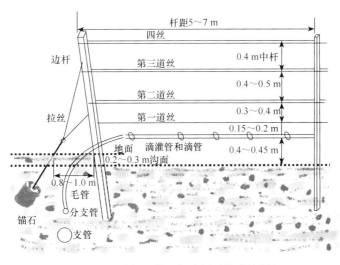

图 2-4　边杆和拉丝标准图（作者绘制）

（3）拉丝　　除柱状整形外，葡萄新梢需要绑缚在拉丝上，而在柱与柱间用拉丝利于葡萄的生长。拉丝可用铁丝或高强度塑料丝，铁丝易生锈，必须经过镀锌处理，延长使用时间；塑料丝不易生锈，但断后不易拼接，较少应用。根据不同架式、柱间距及用途，选用不同规格的铁丝。根据架面高低一般拉 3 或 4 道丝，第一道（结果丝）拉单股丝，支撑整个植株重量，至少用 12 号丝，一般离地面 0.55～0.65 m，在有些砾石比较大的葡萄园，为避免地面的辐射热和光，会抬高第一道丝的高度，达到 0.75～0.95 m。上面可再拉 2 或 3 道铁丝，每道分别在杆的两边并列拉双股丝，用 12 号或 14 号铁丝。第一和第二道之间为 0.3～0.4 m，第二和第三道间距为 0.4～0.5 m。如果有滴灌管，在第一道丝下 0.15～0.2 m 拉一道挂滴灌管的丝。

2. 苗木定植

（1）苗木种类 不同的苗木，有不同的定植方法，根据苗木种类，可分为嫁接苗和自根苗；根据育苗的时间和方法，可分为一年生苗定植、营养袋苗定植和扦插定植三种。根据定植时间，有冬季定植与春季定植，埋土防寒区主要春季定植。定植前要做好苗木的检查整理。不同级别的苗木要分开，分别集中定植，以方便管理。

（2）定植时间 一年生苗和嫁接苗北方栽植葡萄一般在 4 月下旬至 5 月上旬，春季土温达 7～10℃时进行。以春季杏树开花后为适期，最理想的时期是 20 cm 处土温稳定在 12℃以上，或 10 cm 处土温稳定在 15℃时。营养袋苗要求，插条长度不低于 25 cm，新梢达到四叶一心，并有不少于 5 条 15 cm 长的根系，且至少经过 1 周炼苗处理，因为营养袋苗萌发新梢后种植，所以种植时间应该避开当地最后一次晚霜。

（3）打点定植 在定植沟内，已经栽好立柱的，由北向南定植，计算好株距，使两杆之间第一个点均在柱南边 0.2 m，保持间距相等，这样可以做到所有树在任何方向看均在一直线上，一是美观，二是以后每年出土过程中，知道葡萄位置，减小对葡萄枝蔓的损伤，延长经济生产年限。覆盖地膜具有保温增墒作用，可以促使幼苗健壮生长，提早结果。夏天高温杀死杂草，减少定植第一年的管理费用，但地膜定植成本较高。

葡萄苗的种植一定要规范，要做到"横平竖直"，行距和株距要标准，这样便于以后的田间管理和机械化操作，也使葡萄园更加美观。为了更加规范地种植葡萄苗木，一般要在种苗前先栽好架杆。

（八）附属设施建设

主要包括管理用房、机械库房及维保场地、田间临时休息点、配药区等。

1. 管理用房区域 需具备可容纳 3 或 4 人办公的办公室 1 处，通水、电、网络。会议室 1 处（可涵盖展示厅功能）。根据需求减少一定数量的住宿用房、小型餐厅 1 处、公共卫生间 1 处。

2. 机械库房及维保场地 以全程机械化种植标准要求，根据园区整体作业量及农艺措施安排计划，综合考虑农机、农艺研究需求和整体示范化标准，减少机械库房；紧邻库房设置混凝土硬化后的平坦场地，做临时停靠和维修保养场所用。库房内或邻近区域设置独立备品备件、燃油临时储存区域或小库房。

3. 田间临时休息点 每 500 亩种植大区设置一处，每处面积约 60 m²，要求遮阳、避风、避雨，最好设立于该种植区居中位置。

4. 配药区 综合考虑环保、用药量、用药周期等因素后设置配药设施 1 处，用于波尔多液、石硫合剂等农药的配制。

第三节　酒庄葡萄园管理

葡萄园建成后，定植后的幼苗会受到干旱、病虫等自然环境因素的胁迫危害，影响当年成活率、生长和越冬等，需要进行幼树期管理，其间需要注意幼苗的生长、成熟并及时定型，主要操作有引蔓上架、控制肥水、中耕除草、防治病虫害等管理工作。葡萄在 3 年后开始进入结果期，进入成龄葡萄园管理，需要注意对果实产量、品质的平衡和控制。

一、幼树期管理

（一）定主蔓

葡萄定植后，不仅苗上部芽均可萌发抽生出新梢，而且地下也可发出萌蘖，长出多个新梢，为使将来新梢生长良好，集中营养，萌芽后选留南边萌发的一个新梢，作为主蔓，其余抹除。对于嫁接苗，应注意除去接穗长出的根和砧木萌发出的梢，特别是砧木从土下抽出的徒长枝。营养袋苗主梢生长势强，其他生长量小，当梢较多时，应在定植后选留粗壮的一个，其他的除去。

（二）绑梢

当葡萄新梢长到 40 cm 时，就要开始绑梢，直立性强的品种可以生长到 60 cm 开始绑梢。以后不停向上引缚促进主梢生长，抑制副梢生长。但在当年夏秋季管理中也需要留一些副梢，留副梢的叶片是提高翌年生长量的重要措施。到 8 月下旬摘心，促进新梢成熟或加粗生长。

（三）灌溉、追肥

早期丰产栽培技术最关键的是肥水管理，在 6～7 月当苗高在 0.4～0.5 m 时追肥 2 或 3 次，间隔 20～30 d，由于定植苗木根系很小，吸收的营养元素量也较少，因此要少量勤追，前期追施以氮肥为主，后期追施以磷、钾肥为主，追肥后要及时灌水、松土、中耕除草，也可结合灌水、中耕施入。

苗木成活率的高低，除与定植树前准备和苗木自身质量有关以外，还与定植后的管理工作密切相关。俗话说："活不活在水，壮不壮在肥"，水分是苗木成活的关键。如果覆膜，开始可不灌水，以利膜下地温升高，加快生根；以后可根据天气、土壤类型、地墒情况每月灌水 1 或 2 次，灌水时间一般在早晨或傍晚。如果大水漫灌，待水干（可以下地干活为准）后，用喷雾器及时洗去苗上泥土。如果未覆盖地膜，定植后浇水要勤，应视天气干旱情况每 5～7 d 浇一次小水，同时每次浇水都要结合松土。如遇暴雨，应及时排水，雨后及时中耕。

8 月中旬后，一般不再施肥，并控制灌水，以利枝蔓老化，芽体充实饱满。

（四）补苗

管理工作再仔细，定植后葡萄苗很少能百分之百成活，因此在栽后发现死苗需立即补苗，最晚在首次定植一个月内补全苗。如果仍然有缺株，在第二年初应补缺株。

（五）中耕、除草

由于地膜覆盖，前一个月内可不必中耕除草，6 月中旬以后，视杂草多少及时锄拔行内杂草，土壤板结时应进行全面中耕。

（六）病虫害防治

新建葡萄园的病虫害虽然较少，但还是要做好预防工作，主要是葡萄霜霉病的防控。

二、成龄葡萄园管理

（一）休眠期管理（12月至翌年3月）

1. 清理枝条　在农闲季节，上架前，要清除上年留在架丝上的葡萄枝条（图2-5），粉碎后发酵为有机肥在出土后返施葡萄园。

图2-5　冬季挂在架上枝条（作者摄于贺兰山东麓葡萄园）

2. 换杆、抬丝、紧丝、维修与清理滴灌管道　每年葡萄生产后，由于葡萄枝、果实的重力作用，丝开始变松，部分杆因各种原因折断，因此要进行换杆、抬丝、紧丝工作，同时也要对滴灌系统进行维修。

（1）换杆　先把田内斜杆扶正、折杆换掉，然后再进行其他操作，并使所换的杆与同行杆笔直成线，严禁高低不齐。

（2）抬丝　把过低或过高的丝按每道丝的高度进行升降，和其他行保持一致。

（3）紧丝　对于过松的丝，先将扎丝松开，然后将丝抬到位，最后将丝拉直扎紧，以丝的幅度用手在两柱中间按下上下不超过5 cm为标准。

（4）维修与清理滴灌管道　对滴灌系统的地下管道、阀门、开关、滴管等进行全面整理和维修，保证水管畅通无阻，并保证滴管滴水均匀、无断裂。

（二）出土、上架（3月下旬至4月下旬）

在葡萄埋土防寒产区，当气温稳定在10℃，土温在8℃以上时，葡萄根系开始活动，枝蔓芽眼萌动、膨大和伸长，这时葡萄必须及时出土。目前主要采用机械结合人工的方法进行出土。不同区域的葡萄出土会有不同的时间，有时也不得不考虑劳动力进行出土。一般出土越早的葡萄由于气温较高，萌芽也会早，那么受到霜冻危害的风险和程度就会越大。

出土后1～2 d即可进行绑蔓上架，将主蔓顺埋压的方向倾斜，水平固定在第一道铁丝上，使葡萄主蔓在一道丝上首尾相连。上架后，及时清理种植沟内未出完的泥土。生产上出土、上架也可同步进行，上架应在芽眼萌发前结束，否则萌发的芽眼很容易受损伤，影响产量。葡萄上架后要及时灌水，这点很重要，灌水不但会给葡萄根系补充水分，也会降低葡萄周边环境的温度，推迟葡萄萌发的时间，减少霜冻的危害。如果需要喷施石硫合剂，则一般在芽眼萌动前进行。

（三）抹芽绑梢（5～6 月）

从展叶到开花的时期称为新梢旺盛生长期。当年在修剪时会留了多余的芽，同时新梢的腋芽也迅速长出副梢，此时需及时抹除多余的芽，还要剪除多余的营养枝及副梢，促进新梢生长和花序的分化。

为使新梢在架面上均匀分布，充分受光，避免风吹折断，要尽早把新梢引缚在架面的铁丝（二道丝）上。

这个时期的工作往往最细致，也是用工最大的阶段。

（四）叶幕管理（6～9 月）

叶幕管理的目的是建立葡萄园良好的叶幕结构，保证足够的有效叶面积。在前期要保证葡萄主梢生长，建立前期的叶幕结构。老叶在生长后期光合作用功能大大降低，制造养分的能力显著减弱，而副梢上的叶制造养分的能力比主梢上的老叶大 3～5 倍。所以，在生产中后期适当留用副梢新叶，这对浆果生长和着色，以及增加树体贮藏营养，使枝蔓充实成熟等有重要作用。

叶幕管理的工作非常重要，但并不是细致费工的工作，通常使用机械修剪掉过高和过宽的叶幕即可。有些酒庄葡萄园采用的疏除副梢，或对副梢摘心的做法都是不对的。

（五）果穗管理（6～10 月）

从始花期到终花期止，这段时间为开花期，一般为 1～2 周，葡萄坐果后，到果实成熟这个阶段一般需要 60～70 d，晚熟品种需要 100 d，需要对果穗进行管理。盛花后 2～3 d 和 8～15 d 有 2 次落花和落果高峰，落花率、落果率达到 50% 左右，这是正常情况。对于酿酒葡萄来说，坐果率太高往往导致果穗过于紧密，果实容易被挤破，导致腐烂病害的发生。花前浇水可以有效地降低葡萄的坐果率。很多葡萄园为了控制产量，会在花期疏果，这种做法在酿酒葡萄上效果并不好，会导致果粒的增大，并不能提高葡萄的品质。

葡萄坐果后到转色期，生长比较迅速，如果有良好的水肥供应，果粒往往比较大，果穗也过于紧凑，所以这个阶段对水肥要适当控制。转色期后葡萄体积增加缓慢，为提高葡萄的品质，此时可以对果实进行疏果，主要疏除转色不均匀的果穗。

很多产区，为了提高葡萄果实的成熟度，疏除果穗周边的叶片以增加果实的受光，即"摘叶"，摘叶主要是摘除果穗以下的老叶和遮挡果穗的叶片。不同地区对摘叶处理时期不同，使用的方法也不一样，不能一概而论。在光线较弱的地区，这一措施可以从葡萄的转色期开始，摘除的叶片也可以多一些；但在高温高光强的地区，摘叶的处理时间就要晚一些，摘叶程度也轻一些，以避免强光对果实造成日灼。

（六）土壤管理（4～11月）

土壤状况在很大程度上决定葡萄植株的寿命、果实的产量、质量及产品的风格。土壤管理的目的就是控制竞争性杂草，并通过对土壤水分和物理化学特性改良，建立良好的小生态环境，为葡萄的生长发育提供良好的条件。

葡萄园土壤管理主要有葡萄园清耕、覆盖、生草等。

1. 葡萄园清耕　葡萄园清耕即园内不种其他植物，经常耕作，使土壤保持疏松和无杂草状态。优点是兼有中耕疏松表土的作用，能改善土壤中的水分、空气，便于葡萄园管理和病虫防治。缺点是容易引起表土流失，遇暴雨易冲刷，在大风下易起扬尘，盛夏提高了地表温度，不利于葡萄园微生物生态的建立。

2. 覆盖　覆盖就是在葡萄行间或行内覆盖一些无毒物质，保护土壤水分，防止生草，减少耕作等，主要有植物覆盖法和地膜覆盖法等。

（1）植物覆盖法　杂草生长期以作物秸秆（包括豆秆、麦秸、稻草及其他绿肥秸秆等）或粉碎葡萄枝覆盖，使杂草无法生长。植物覆盖法能防止水分蒸发，减少土壤淋湿，盐渍地还可起到抑盐作用，覆盖的有机物经腐烂分解后成良好的有机肥料，增加土壤有机质。但成本较高，在埋土区关键的问题是埋土前草要腐烂，才能便于埋土。

（2）地膜覆盖法　在定植时使用较多，主要可防止水分蒸发和保墒增温，有利于根系和新梢的生长，在黏重、潮湿的土壤上不宜进行地膜覆盖，因为容易造成无氧条件。

3. 生草　生草是指在葡萄园行间或全园长期种植多年生植物作为覆盖作物的一种土壤管理方法。生草制具有改良土壤结构，提高土壤有机质含量；防止水土流失，保肥、保水、抗旱；改善葡萄园生态环境，提高果品质量等优点，在风沙大的荒沙地与坡地果园，可起到防风固沙护坡的作用。目前在世界上许多国家和地区已广泛采用葡萄园生草栽培，我国葡萄园"生草制"则刚刚起步，在埋土防寒区这方面的研究较少。葡萄园生草可以采取人工种草或自然生草两种方式，一般采用行间生草和株间清耕的操作。

（七）肥水管理（4～11月）

葡萄生长季节降水量大概在 600 mm 就可以满足葡萄的生长，但这必须是葡萄需水时的降水，降水要均衡。在干旱地区葡萄生长必须要进行灌溉，虽然带来了灌溉的成本，但也可对葡萄供水进行调控，一定程度上可以调控葡萄的品质，这种情况下，灌溉量越大的产区，对葡萄生长和果实品质就越容易调控，也为生产优质葡萄原料奠定了基础。

水肥供应在葡萄的营养生长（枝叶生长）与生殖生长（花果生长）上有时相统一，有时也会相互矛盾，过多的营养生长会对葡萄生殖生长产生负面影响，所以在葡萄肥水供给的理念上，要保持营养生长和生殖生长的平衡，在不影响葡萄生殖生长的前提下，尽量控制葡萄的营养生长。对酿酒葡萄来讲，要实现以生产优质葡萄原料为目的的水肥控制，避免树体过旺，有效提高果实的产量和品质。

（八）冬季修剪（10月至翌年3月）

为保证葡萄的持续稳定结果，冬季修剪是重要的技术环节。葡萄枝条在冬季修剪过程中，90%以上的枝条被去除。冬季修剪在整个葡萄的休眠期都可以进行，但在埋土防寒区，因为葡萄需要埋土，所以冬季修剪会集中在落叶到埋土的阶段，时间非常短。冬季修剪是根据不同树形的特征和葡萄生长特性，对葡萄树体进行整形、对枝条进行剪除。在埋土防寒产区主要的树形有"厂"字形、矮干居约形、斜干居约形等几种树形。修剪的主要方法有短截、疏枝、回缩等，见图2-6。不同品种、不同树形采用的修剪方法有所不同。通过冬季修剪留芽可以有效地控制葡萄产量。

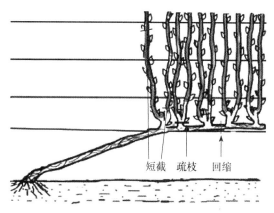

图2-6　冬季修剪的几种方法（作者手绘）

（九）葡萄病虫害及自然灾害的防治（3～11月）

危害葡萄生产的主要因素有病害、虫害、自然灾害和一些不利的环境条件，要根据实际种植区域重点防治。例如，在干旱区，冬季低温，生长季少雨，病害和虫害较少，病虫害危害程度没有温暖多湿的南方地区突出，只要适当预防，就完全可以把病虫危害控制在经济危害允许的水平以下，但此区域的萌芽期低温造成的霜冻要重点防治；有些区域内的部分土壤盐碱化严重，pH偏高，以及太阳光照强，导致葡萄生理性病害时常发生，在生长季要注意预防。

三、葡萄园产量与质量控制

（一）葡萄园产量控制

每亩葡萄计划产量（kg）＝每亩株数 × 每株平均留芽量 × 结果枝率 × 结果系数 × 果穗平均重（kg）

可以看到葡萄园单位面积产量与每亩株数、留芽量、结果系数、果穗重量等有直接的关系。葡萄在篱架种植模式下，每株葡萄成行连接，所以产量主要与行距有关，理论上讲，行距越小获得的产量就会越高，行距越大获得的产量就会越低。留芽量可以通过修剪、抹芽的方式进行调节，以便控制合适的产量。

为生产优质的葡萄原料，酒庄葡萄园需要对产量进行控制。传统上认为，在低产范围内，如200～400 kg，随产量的升高，葡萄质量不会下降，但在高产范围，葡萄质量会随产量的提高而下降。产量达到最高，而质量不下降，这个产量被称为"最佳产量点"。不同产区因为光热、土壤的条件不同，"最佳产量点"也不同。宁夏贺兰山东麓光热资源充足，但由于葡萄冬季需要埋土防寒，行距较大，单位面积产量（亩产量）保持在500～600 kg为宜。

（二）葡萄质量控制

除了控制产量获得更好的葡萄质量外，更加关键的是合适栽培技术的应用。对于优质葡萄酒需要有典型而浓郁的风味，所以所有能促进酿酒葡萄获得浓郁风味的技术措施都有利于酿酒葡萄品质的提升。最关键的栽培措施主要有产量控制、肥水管理、叶幕管理等。产量控制在上面已经谈到，在此不赘述。优质葡萄生产要求葡萄园土壤具有一定水平的有机质和适度均衡的矿质营养，葡萄灌水遵循前期充分灌溉后期适度胁迫灌溉的原则。秋季采收后或者春季出土后在葡萄行的一侧每亩深施 3 m³ 左右腐熟的牛羊粪，隔年交替在另一侧深施；根据葡萄营养情况，可进行适当的肥料补充，在生育期内全程滴灌水肥一体化追肥。优质葡萄生产水分控制非常关键，出土后和埋土前进行充足的灌水，在其他生育期灌水 5～8 次，一般采用生长前期灌水次数较多，在后期进行适当的控水，做到"前促后控"。有效的叶幕面积是葡萄产量和质量的保障，叶幕面积是由叶幕高度和叶幕厚（宽）度决定的，光照较强的产区叶幕厚度可以大一些，行距大时，叶幕的高度可以大一些，在贺兰山东麓产区，葡萄的叶幕厚度可以在 50 cm，高度可以在 1.2～1.5 m。

第四节　葡萄园建设成本估算
——以贺兰山东麓产区金山子产区 300 亩葡萄园为例

本节以贺兰山东麓产区金山子产区 300 亩葡萄园为例估算葡萄园建设成本，以便参考。金山产区地处宁夏银川市贺兰县金山乡，与银川市西夏区镇北堡镇毗邻，为贺兰山东麓产区集中连片产区之一，至 2020 年面积约 30 000 亩。金山产区位于贺兰山山脚下，属宁夏贺兰山东麓典型的洪积土壤类型。土地较平整，砾石比例较大，特别是越靠近贺兰山脚下，大的砾石比例就会越高。土壤相对贫瘠，透水透气性好，但开垦成本相对较高。

一、葡萄园规划与设计

葡萄园建园之前首先要完善葡萄园规划与设计。根据种植负载，规划设计应包括葡萄园、道路、防护林、灌溉系统、简易厂房等，经多次实地调研、选址及地貌勘察，依据园地周边及现有道路、水电设施、建筑物等，咨询专业设计工程公司及技术专家，合理布局绘制切实可行的葡萄园总体规划图，遵循节约成本、合理用地、便于操作管理的原则，并确保葡萄园净占地面积不少于总面积的 65%。

前期基础设施建设内容包括临时防护林、蓄水池、园区道路、围墙、管理用房及停车区等，基础设施总占比为全园面积的 30%～35%，其中防护林占比面积为 10%～15%，园区道路占比面积为 10%～15%，其他占比面积为 3%～5%。因基础设施建设成本与实际规划风格及预算成本紧密联系，不宜客观定论成本费用，在此只做出建设期相关建设参考，给读者参考。防护林面积占比应具体根据风蚀情况和风向等因素实际决策，如主风向为西北风的区域，南北栽植密度要酌情增加；蓄水池用于临时灌溉需求，蓄水量推算以滴灌方式为准，可保证每亩用水两次，单次用水 40 m³，蒸发量 30%，算得每亩至少需储水 180 m³；园区道路分主路、支路、干路三级，选择砂石硬化路铺设；围墙普遍采用钢丝网沿环路外包围整个葡萄园，条件允许时也可采用当地石料堆砌石墙，减少人为或动物对生产园的迫害；管理用房及停车区以交通方便，不影响机械耕作为原则，并避免建设在高压线杆和机耕带上，管理用房可租用或搭建临时彩钢房，临时解决批地难及造价高的问题。

规划设计成本估算考虑因素诸多，特别与葡萄酒庄规模紧密相关，粗略估算 300 亩葡萄园项目设计服务费 5 万～20 万元。

二、滴灌建设

滴灌建设包含排灌首部枢纽和输配水管网系统。排灌首部枢纽需配备水净化处理设备、水肥一体化设备及阀门配件等，可供 300 亩灌溉的首部设备一套总费用在 36 000 元左右（表 2-1）。输配水管网系统由主管、支管和毛管三级构成，成本为 1000 元 / 亩左右。

表 2-1　排灌首部枢纽参考成本

项目	成本分类	单位	单价 / 元	数量	合计 / 元
排灌首部枢纽	水净化处理设备	套	25 000	1	25 000
	水肥一体化设备	套	8 000	1	8 000
	阀门配件	套	3 000	1	3 000
总计					36 000

三、葡萄种植成本

（一）土壤改良

以金山产区调研数据为例：土壤类型为洪积土壤，壤土含量较低，砾石含量较大，有的地方可达 50% 以上，土壤改良需要进行筛石。在贫瘠的新建园土壤改良方案中，至少需要施加 15 m³ 牛粪和 0.6 吨玉米秸秆，才可保证葡萄苗养分的需求。按以上成本分类核算，土壤改良亩成本明细如表 2-2 所示。

表 2-2　土壤改良亩成本明细

成本分类	单位	单价 / 元	数量	合计 / 元
清表场坪	亩	1000	1	1000
筛石	亩	5000	1	5000
牛粪（含人工）	m³	70	15	1050
定植沟挖填	亩	2500	1	2500
玉米秸秆（含人工）	kg	0.5	600	300
总计				9850

（二）架杆架材

葡萄架由立柱、拉丝、锚石三部分组成。目前常用的立柱材质为金属杆；拉丝一般选用热镀锌丝，行长时用粗丝，行短时用细丝；锚石固定边杆，锚石可用各种材料制作的预制件或断水泥代替。

以金属杆为例，标准葡萄园行距一般为 3.5 m，杆距为 6 m，架杆架材及人工栽杆等亩参考成本明细如表 2-3 所示。

表 2-3　架杆架材及人工栽杆等亩参考成本明细

项目	单位	单价 / 元	数量	合计 / 元	备注
边杆	根	150	2	300	2 根 / 亩
中杆	根	35	30	1050	30 根 / 亩
架材	亩	385	1	385	斜拉丝、地锚、钢丝、扎丝、U 形钩
栽杆人工费	次	760	—	760	
其他附加人工费	次	400	—	400	做斜拉丝、埋地锚、拉丝等
农机作业费用	次	290	—	290	
总计				3185	

（三）苗木及种植

目前市场上常用的葡萄苗有嫁接苗、自根苗及营养袋苗。综合成活率及性价比推荐营养袋苗比较适合栽植。现按营养袋苗，按产区标准葡萄园株行距 1 m×3.5 m 计算每亩地栽苗参考成本明细如表 2-4 所示。

表 2-4　每亩地栽苗参考成本明细

项目	单位	单价 / 元	数量	合计 / 元
苗木	个	3.5	190	665
滴灌	亩	1500	1	1500
打点放线	亩	30	1	30
覆膜	亩	20	1	20
定植人工费	亩	150	1	150
水肥费用	亩	130	1	130
农机作业费用	亩	240	1	240
电费	—	—	—	8
人工管护	人次	150	6	900
总计				3643

四、建园成本分析

如表 2-5 所示，300 亩葡萄园基础设施建设（道路、排灌首部枢纽、防护林及蓄水池等）费用预计花费为 646 000 元；种植成本按照标准化葡萄园株行距 1 m×3.5 m 进行核算，一亩地建园成本共 19 831 元，除贺兰及银川产区部分种植区外，土壤改良费用因筛石成本较低而减少，但总体亩成本费用在 10 000～12 000 元。

表 2-5　建园参考成本

项目	单位	数量	合计 / 元
设计咨询服务费（暂估）	套	1	50 000
基础设施建设（暂估）	套	1	500 000
排灌首部枢纽	套	1	36 000
管护员管护费	人	2	60 000
合计			646 000
亩平均			2 153
滴灌输水管网设备	亩	1	1 000
土壤改良	亩	1	9 850
架杆架材	亩	1	3 185
苗木种植	亩	1	3 643
合计			17 678
总计			19 831

第五节　葡萄园管理成本
——以贺兰山东麓产区金山子产区为例

　　葡萄园周年管护对葡萄生长、品质提升、优质稳产具有重要意义。葡萄园管理不仅是一门技术更是一个经验不断累积的过程，通过对葡萄园的管理达到酿酒葡萄所需的品质要求，控制好葡萄的产量及相应目标；同时立足长远，做好葡萄园病虫害防治、可持续栽培等，为酿酒葡萄的高质量发展提供基础。根据葡萄物候期将葡萄园周年管理划分为休眠期管理和生长期管理两部分内容。

一、幼树期管理成本

　　幼树期管理内容主要包括定主蔓、引绑、水肥管理、补苗、中耕除草、病虫害防治等，参考管理成本见表2-6。其中在成本计算中夏季修剪、除草、病虫害防治、埋土、出土等环节全部或部分使用机械化。

表 2-6　幼树期参考管理成本

项目	全年作业次数	金额 /（元 / 亩）	项目	全年作业次数	金额 /（元 / 亩）
引绑	3	90	病虫害防治	4	48
灌水	5～7	120	预埋	1	20
施肥	4	25	人工埋土	1	45
补苗	1	180	拣石头	1	136
夏季修剪	2	40	物料	—	120
除草	3	156	其他	—	50
合计					1030

二、成龄葡萄园管理成本

（一）休眠期管理成本

葡萄休眠期管理内容主要包括换杆、紧丝、滴灌维修、清理渠道、拣石头等，以贺兰山东麓产区金山小产区为例，经数据统计，休眠期参考管理成本见表2-7。

表2-7　休眠期参考管理成本

项目	全年作业次数	金额/（元/亩）	项目	全年作业次数	金额/（元/亩）
换杆、紧丝	1	66	拣石头	1	136
滴灌维修、清理渠道	1	20			
合计					222

（二）生长期管理成本

葡萄生长期管理内容主要包括葡萄从出土至埋土整个生长过程的管理，具体划分为春季管理、夏季管理和秋季管理，此项管理工作对葡萄当季的优质、稳产尤为重要，因此此时期的管理最为精细，管理内容较多、管理成本也占全年比例最大。

1. 春季管理成本　春季管理内容主要包括出土、上架、抹芽等；抹除瘦弱芽、歪芽、病虫芽，避免消耗树体的养分；以金山产区为例，出土、上架全年作业各1次，抹芽全年作业2或3次，春季参考管理成本见表2-8。

表2-8　春季参考管理成本

项目	全年作业次数	金额/（元/亩）	项目	全年作业次数	金额/（元/亩）
出土	1	125	抹芽	2或3	56
上架	1	39			
合计					220

2. 夏季管理成本　葡萄园夏季管理主要包括绑梢、副梢修剪、叶幕修剪、二次果摘除、水肥管理、土壤管理及病虫害防治等内容。金山产区全年作业次数及夏季参考管理成本见表2-9。其中，灌水成本最高，占比27.9%；除草次之，约为23.3%；施肥成本最低，约为5.0%。由此说明，充足的水分对葡萄生长尤为重要；且在葡萄生长期内要及时控制杂草滋生，避免与葡萄植株争水争肥、引发病虫害等问题。

表2-9　夏季参考管理成本

项目	全年作业次数	金额/（元/亩）	项目	全年作业次数	金额/（元/亩）
绑梢	3	90	施肥	4	25
夏季修剪（副梢、叶幕等）	2	45	灌水	8	140
二次果摘除	1	45	病虫害防治	5	40
除草	4	117			
合计					502

3. 秋季管理成本   秋季管理主要包括采收、施肥、冬剪、预埋、人工埋土等内容，成龄葡萄园管理中一般每 2～3 年施 1 次基肥，主要以有机肥为主，亩施 3 m³ 左右，及时补充树体养分。秋季参考管理成本如表 2-10 所示。

表 2-10 秋季参考管理成本

项目	全年作业次数	金额 /（元 / 亩）	备注
采收	1	76	
施肥	—	300	每 2～3 年一次
冬剪	1	92	
预埋	1	57	
人工埋土	1	64	
合计		589	

（三）全年管理成本

经统计，葡萄园全年参考管理成本约为 1723 元 / 亩，详见表 2-11。在葡萄园的全年管理成本中主要包括人工成本、生产材料成本和机械成本。目前，人工成本占比最大，约占总成本的 60%。

表 2-11 全年参考管理成本

项目	全年平均作业次数	平均金额 /（元 / 亩）	项目	全年平均作业次数	平均金额 /（元 / 亩）
出土	1	125	预埋	1	57
上架	1	39	人工埋土	1	64
抹芽	2	56	拣石头	1	136
绑梢	3	90	换杆、紧丝	1	66
夏季修剪	2	45	滴灌维修	1	20
夏季施肥	4	25	秋季施肥	—	300
除草	4	117	农药	—	100
二次果摘除	1	45	灌水	8	140
病虫害防治	5	40	燃油	—	50
采收	1	76	其他	—	40
冬剪	1	92			
合计					1723

第六节 智慧化葡萄园建设

一、智慧化葡萄园介绍

（一）智慧化葡萄园建设原则

1）坚持高起点及高标准建设、智慧化布局、规范化管理、科学经营的原则。

2）坚持市场引导、政策扶持、政府推动、标准化生产的原则。

3）坚持生态效益、社会效益和经济效益相统一的原则。

4）坚持立足当前、兼顾长远，走可持续发展道路的原则。

（二）智慧化葡萄园建设目标

智慧化葡萄园实现自主作业、数字化管理、精准决策、精准作业。推动葡萄园生产管理的数字化、精细化、机械化和规模化，全面提升葡萄产量，减少化肥、农药施用量，降低生产管理成本。具体目标如下。

1. 提升葡萄园生产管理数字化水平　　针对葡萄耕、种、管、收等生产环节，建立全生产链的数字化支撑平台，提升作业质量监测和管控能力，实现农资管理、土地管理、农机管理、种植管理、作业管理、人员管理及追溯，促使农业生产的规模化、信息化水平的显著提高。

2. 实现葡萄园生产自动化、少人化　　大规模实施导航、无人机作业，依托智能化自动驾驶技术，提升机械化作业质量和效能，降低葡萄生产的人力成本，提高连续作业能力。

3. 提升葡萄生产精准决策能力　　建立葡萄种植环境大数据平台，基于土壤、气象、地形、产量、遥感数据，实现葡萄生产的精准决策，精确指导施肥、灌溉、耕种等作业环节，减少农资施用、提高葡萄产量、保护生态环境。

（三）智慧化葡萄园建设理念

智慧化葡萄园着力推进建设农业物联网、大数据、人工智能、卫星遥感、传感技术、环境检测技术、生物技术等信息化新技术、新装备在葡萄园生产领域的综合应用，建设高标准葡萄园，对葡萄生长季进行精细化管理；针对酿酒葡萄园管理作业场景，结合葡萄栽培农技农艺，大幅提高葡萄种植的生产效率，降低劳动力成本，提升规模化、标准化生产管理能力，实现葡萄园全程机械化作业；基于葡萄园种植基地高精地图，在葡萄种植基地大面积推广无人机械化作业，结合葡萄园种植农艺，在耕、种、管、收主要作业环节，实现少人化或无人化作业，全面降低葡萄生产成本，提高产出/投入比例。

二、智慧化葡萄园建设关键技术环节

（一）地形测绘

以实时差分定位选出精准控制点，测出园区各个方向高差、定园区边界线、标记地上附着物坐标点和规划道路并标记中线、精准划分各种植区域，为最后形成具体到每棵苗木、架杆、滴灌带的三项电子地图做准备。

园区建设阶段要求出三版电子地图，分别为园区土木施工及配套设施、建筑规划地图，苗木、架材精准定植地图，以及水肥一体自动化施工地图。

要求形成的电子地图可以直接用于后期园区信息化数据收集和管理台账体系建立、全园区机械作业实时监控和园区管护作业量、轨迹追踪自动统计。

地下初步勘测：进行地下管网探测，电子地图标注位置，依照相关法规要求在建设时规避天然气管道、自来水管道、信号塔线、电缆、光缆、政府水利管道等。

（二）植区域规划

根据葡萄园地形进行分区：平整地区，依据设计环园路、支路将葡萄园划分成面积大小相同或相近的大区，大区面积为500～600亩；在划分好的大区基础上设置作业路，将大区规划均分成若干个小区，每个小区面积为50～100亩，葡萄园作业区内南北行头各留8 m，方便作业拖拉机一次性掉头通过，东西行头各留6 m。

根据机械设备和田间管理要求，规划大区长度一般以500 m为宜，宽度可根据具体地形而定，小区长度以100 m左右为宜，最大不超过300 m；大区与小区宽度可以同宽，主要根据土地坡度和风害大小决定。

（三）土壤及肥力检测

根据种植区划分选择若干个取样点，对表层土、亚表层土、开沟后混合土进行取样并综合化验，对不同功能的种植区进行综合取样时要注意区分沟渠回填地块和普通地块。针对每一块地，这份报告要包括实验室结果，既有表格形式又有电子地图形式，为后期园区试验项目、数据叠加、精准化农业、信息化分析提供基础材料和电子平台，此报告电子地图版后期叠加叶片养分需求分析报告。养分需求分析基于综合计算方法，改良、施肥策略基于肥料的经济最优组合。最后给出总的施肥说明。

土壤及肥力检测分析报告要包含：①土壤系统分类；②总体土壤肥力参数的统计性描述；③各地块土壤养分测定结果，各元素推荐施肥量，土壤改良、施肥方案。

（四）滴灌系统的安装

根据滴灌规划要求放线挖出主支管沟，沟深1.6 m。泵房、过滤器房先安装，其次是主管道、各支管道、田间阀门、出水引流管、回填、毛管的安装等。安装完成后先打开主管道阀门冲洗，然后依次冲洗。冲洗完成后由低向高、由主向支打压，仔细检查安装情况，找出问题以便很快解决，并记住关键环节和相关技术参数。采用人工铺设滴灌带，要求滴灌带距沟底20～30 cm（绑缚在滴管丝上）。测试滴管试水情况，灌水沉实，要求水缓、浇足浇透。

三、智慧化葡萄园管理

智慧化葡萄园管理相较于传统葡萄园主要优势在于其可以实现葡萄园生产的自动化和少人化。同时通过在葡萄种植园现场搭建全面的智慧网络平台，物联网监控系统可实时监控管理生产基地的气候环境、土壤墒情、葡萄长势情况，同时可远程自动化控制葡萄园设施设备，真正做到24 h不间断实时监测、异常情况智能预警、险情灾害及时排解、设施设备精准控制，最终达到减少化肥、农药施用量，降低生产管理成本，全面提升葡萄质量的目的。智慧化葡萄园全年管理主要分为以下几个方面。

（一）气象信息的收集

智慧化葡萄园通过现场气象站监测设备可实时监测空气温湿度、光照、降雨量、风速、风向、大气压力、气体浓度等地面气象信息，结合产量监测数据，建立农业精准决策大数据

体系，为生产作业和农资投放提供精确指导，包括施肥、喷药、灌溉、耕种等作业环节，全面实现葡萄种植减肥、减药、增产。

1. 土壤肥力监测　基于遥感数据、精确土壤监测数据，建立土壤肥力分布数据，根据每个地块的pH及有机质N、P、K含量数据，输出精准土壤肥力处方图。

2. 土壤墒情监测　基于多光谱卫星遥感数据和现场土壤墒情监测设备可实时精准监测土壤温度、土壤湿度、pH等信息，采用反演算法模型，建立土壤墒情大数据，为地区灌溉作业提供决策依据。

整合多光谱遥感数据、气象数据、物联网现场定标测量数据，结合墒情反演算法模型，建立大范围墒情监测数据地图，为葡萄园智慧化灌溉作业提供决策依据。

3. 精准气象服务　对接国家精准气象数据，实现田块级精准气象预报服务，为葡萄种植和灌溉提供精确指导。同时在田间建立物联网气象监测站，大幅提升气象监测的精准程度和实时程度。

（二）葡萄园作业自动控制及监控

通过电脑或手机软件，可远程手动或自动控制生产现场设施设备，基于葡萄园种植基地高精地图，在葡萄种植基地大面积推广无人机械化作业，结合葡萄园种植农艺，在耕、种、管、收主要作业环节，实现少人化或无人化作业，包括耕整地、地面施肥、地面植保、除草等作业环节，大幅减少农业生产人力成本，提高规模化生产经营能力。依托高精地图和作业路径规划技术，实现无人机自动喷药、施肥作业，提升葡萄种植管理效率。

通过物联网和农机具传感器技术，实现农业装备的作业监控，实时掌握作业进度、精确评估作业质量。包括农机实时定位、作业实时轨迹、作业面积统计、各环节质量监测等。

1. 施肥作业监控　基于施肥监控传感器技术，结合农机具幅宽信息，精确监控植保作业质量，精准监测施肥量，监控漏喷、重喷等情况。

2. 植保作业监控　基于植保监控传感器技术，结合农机具幅宽信息，精确监控植保作业质量，包括喷药量、喷幅轨迹、防止漏喷、重喷等情况。

3. 剪枝作业监控　基于高精定位技术，结合农机具幅宽信息，精确监控机械化剪枝作业质量，包括修剪速度、宽幅轨迹，覆盖面积等，防止漏剪情况。

4. 除草作业监控　基于北斗定位技术，精确监控机械化除草作业质量，包括作业速度、宽幅轨迹等；在除草机械上加装视频监控设备，对除草过程实行实时监控，及时发现作业质量问题，减少误操作损失。

（三）数据采集分析及智能化控制

葡萄园智慧化系统可实时精准采集土壤温度、土壤湿度、土壤EC值等土壤墒情，以及空气温湿度、光照度、CO_2浓度等环境数据，同时分析农作物全生长周期的生长需求、未来72 h气象数据等，系统可为葡萄树制订科学的灌溉方案，将所需营养和水分定时、定量自动输送给作物，保证葡萄树全生长周期科学生长。

（四）葡萄生长全程监控

借助葡萄园物联网监控网络、高清摄像头，工作人员可精确获取作物生长环境、作物生长情况、远程控制执行情况、气候变化等，及时调整灌溉、植保等农事活动。

参 考 文 献

李玉鼎，刘廷俊. 2006. 葡萄栽培与葡萄酒酿造［M］. 银川：宁夏人民出版社.

王锡林，陈卫平，原秦英. 2015. 宁夏葡萄主要品种栽培技术［M］. 银川：阳光出版社.

张军翔，徐国前. 2016. 埋土防寒区酿酒葡萄标准化栽培［M］. 银川：阳光出版社.

张文，陈方，朱元娣，等. 2015. 葡萄规模生产与果园经营［M］. 北京：中国农业出版社.

张振文. 2000. 葡萄品种学［M］. 西安：西安地图出版社.

DB64/T 204—2016，宁夏酿酒葡萄栽培技术规程［S］.

GB 15618，土壤环境质量标准［S］.

GB/T 19504—2008，地理标志产品 贺兰山东麓葡萄酒［S］.

Jackson D I, Lombard P B, Kabinett L Q. 1993. Environmental and management practices affecting grape composition and wine quality-a review [J]. American Journal of Enology and Viticulture, 44(4): 409-430.

Mcgovern P E, Mondavi R G. 2003. Ancient wine: the search for the origins of viniculture [J]. Economic Botany, 58(3): 488.

NY 469—2001，葡萄苗木［S］.

NY/T 2377—2013，葡萄病毒检测技术规范［S］.

NY/T 5010—2016，无公害农产品种植业产地环境条件［S］.

Rotaru L G, Filipov F, Mustea M, et al. 2010. Influence of some terroir viticole factors on quantity and quality of grapes [J]. Notulae Botanicae Horti Agrobotanici Cluj-Napoca, 38(1): 176-181.

This P, Lacombe T, Thomas M R. 2006. Historical origins and genetic diversity of wine grapes [J]. Trends in Genetics, 22(9): 511-519.

第三章 酒堡的规划与设计

消费者对葡萄酒庄充满了好奇，大多旧世界传统的酒堡设计非常典雅、庄重；而一些酒庄也往往具有热情、奔放的个性（图 3-1）。酒堡的外观设计往往传承了产区的建筑风格，也会体现庄主的性格、事业和品味。

图 3-1　西班牙里奥哈产区一酒庄外观（作者摄于西班牙）

扫码见本章彩图

第一节　酒堡外观设计

一、酒堡外观设计原则

（一）与名称相适应

很多中国的酒庄将自己的酒堡外观修建成欧式复古建筑的式样，但是酒庄（产品）名字却是传统中式的，内部装修设计也与外观不符合，如此一来，会让消费者对于酒庄的产品失去好感，所以酒堡的设计也应考虑受众。

（二）美观并具有特色

一个好的外观设计首先要让人赏心悦目，而且应该富含文化底蕴，符合当地建筑风格，具有地域特色，当然在以上的前提下可以独具特点，但不能表现出与当地建筑格格不入。

（三）与风土环境相适应

葡萄酒是大自然的产物，酒庄的建设也应尽量融入自然之中，与山势、葡萄园、河流融为一体。

（四）与人文相适应

酒堡的外观设计应注意与当地或酒庄自身的历史、文化相融合，不可有违当地风俗人情及历史文化。

（五）与产品相适应

产品的定位、风格和外观是品牌形象的重要组成，酒堡实际上也是产品形象重要的组成部分，很多酒庄商标的图案都以自己的酒堡为背景，酒堡的建筑风格最好能与产品风格相适应。

二、酒堡建筑风格

酒堡建筑风格的形成与历史、文化、宗教等因素有着密切的联系。一些欧洲传统酒堡建筑风格与传统文化背景紧密相连，建筑风格多来源于欧洲中世纪的城堡样式。因此，提到酒堡时，我们便会联想到城堡、孟莎式屋顶、白色石质墙面及铺满石子的沙地，当然这些建筑材料也都是当地特产，所以也算是因地制宜。

世界各地酒堡的建筑外观风格各不相同，大多是与当地文化背景相融合的产物。按历史时期划分，酒堡建筑外观风格有罗马式建筑风格、文艺复兴主义建筑风格、法国古典主义建筑风格、巴洛克建筑风格、浪漫主义建筑风格、新古典主义建筑风格及现代建筑风格等；按地域特征划分，酒堡建筑外观风格可以分为中式建筑风格、欧式建筑风格、德式建筑风格、意大利建筑风格、地中海建筑风格、澳大利亚建筑风格、北美建筑风格等。酒堡作为酒庄重要的功能区，在满足功能的要求情况下，其风格与其所在地区的建筑风格紧密相关。

随着文化多元化这一概念的深入，酒堡建筑外观风格变得愈发多样。对于酒堡而言，建筑外观设计除了需要在视觉舒适、建筑安全的基础上突出整体风格之外，还要做到人文融合、自然风土融合及产业融合。

（一）中式风格设计

很多中国葡萄酒庄建筑风格采用中式风格。中国建筑的形成和发展具有悠久的历史。由于幅员辽阔，各地的气候、人文、地质等条件各不相同，从而形成了中国各地各具特色的建筑风格，尤其民居形式更为丰富多彩，如南方的干阑式建筑、西北的窑洞建筑、游牧民族的毡包建筑、北方的四合院建筑等。酒庄设计可以根据当地民族特色突出民族属性及风格，如敖云酒庄的藏式土墙设计（图 3-2）。

从建筑格局上看，中式风格建筑的平面布局多为均衡对称，充分体现了中式建筑"古典含蓄"的美学特征。中式风格具体可分为三大类：古典中式风格、新中式风格及现代中式风格。

古典中式以木结构体系为主。木结构体系的优点很多，如维护结构与支撑结构相分离，抗震性能较高，取材方便，施工速度快等；但是木结构也有很多缺点，如相比砖石建筑寿命短、易遭受火灾、白蚁危害、雨水腐蚀、梁架体系较难实现复杂的建筑空间等。中国木结构体系历来采用构架制的结构原理：以四根立柱，上加横梁、竖枋而构成"间"，一般建筑由

图 3-2 敖云酒庄的藏式土墙（作者摄于云南）

奇数间构成，如三、五、七、九间。开间越多，等级越高，紫禁城太和殿为十一开间，是现存最高等级的木构古建筑。立面上划分三个部分：台基、屋身、屋顶，其中官式建筑屋顶体形硕大、出挑深远，是建筑造型中最重要的部分。屋顶的形式按照等级分为：单坡、平顶、硬山、悬山、庑殿、歇山、卷棚、攒尖、重檐、盝顶等多种制式，又以重檐庑殿为最高等级。此外，斗拱是中国木架建结构中的关键部件，其作用是在柱子上伸出悬臂梁承托出檐部分的重量。古典中式建筑多拥有特异的外部轮廓：多层台基，色彩鲜艳的曲线坡面屋顶，院落式的建筑群，展现广、阔、空。2000 多年前汉墓砖画上已经有院落建筑的雏形，以及至明清最宏大的建筑群——紫禁城，也采用复杂的围合形式。

在建筑思想上，中国古建筑体现了明确的礼制思想，注重等级体现，形制、色彩、规模、结构、部件等都有严格规定，在一定程度上完善了建筑形态，但也同时限制了建筑的发展。同时，中国古建筑的发展蕴含着天人合一的思想，促进了建筑与自然的互相协调与融合，注重建筑、城市选址，建造时因地制宜、依山就势，园林体现尤其明显，强调风水。

新中式风格及现代中式风格是在中国社会经济不断发展及"中国元素和中国文化"不断走向世界的背景下产生的。新中式风格除了含蓄之外，还具有平和、写意的特征，整体设计介于古典中式与现代中式之间。总的来说，新中式风格不仅有各种简约化的景观要素和创新元素，也有古典园林传统含蓄的美感；除此之外，新中式风格最大特点在于青砖青瓦、清水墙砖、筒瓦灰青琉璃屋顶及翘角屋檐的使用，这些装饰物中渗入了浓厚的中国味道，且新中式风格建筑的屋围一般以墙院围合的方式建造，充满了雄浑的气势。现代中式设计摒弃了部分古典中式传统的设计风格和隽永流长的景观配置，以现代化的设计手法和装饰材料来体现中世纪建筑的设计精髓，更加现代和简洁。

烟台的国宾酒庄（图 3-3）建筑风格属于仿唐朝建筑，在最初设计时力求建筑结构和建筑艺术的和谐统一，建筑气势磅礴，肃穆中又透露着生命的活力与生活的美好。裸露的木质梁柱及檐口下的斗拱相互依存，巧妙地反映了木质结构作为受力体系的美感。朱砂红色的木构架与象牙白色的墙体形成了鲜明的对比，整体造型和装饰元素彰显了中式建筑的鲜明特征。建筑的屋顶出檐深远、斗拱宏大、气势雄浑，且屋面的反翘和飞檐大大减弱了庞大屋顶

图 3-3　国宾酒庄（作者摄于国宾酒庄）

的体量感，使其又富有温婉的美感。此外，建筑的装饰性元素繁中有简，简中有繁，屋脊上的鸱尾、山墙上的悬鱼、平台处的栏杆、莲花瓣状的柱基及直棂窗等装饰性元素都充分体现了唐朝建筑的典雅之美。

山西的戎子酒庄（图 3-4）采用中国古典园林的建筑风格，整体建筑属于仿宋建筑。酒庄内晋文公庙、戎子博物馆、戎子文化广场、生产车间、综合办公管理园区等建筑，都是仿宋古典建筑风格。此外，酒庄也将园林艺术与葡萄园、建筑物、人工湖、道路、门楼、雕塑、长廊等景观融合，构成了戎子文化观光风景区，这是该酒庄的一大特色。这些给酒庄带来了恢宏气势，古典建筑群给人以强烈的视觉冲击，且酒庄建筑因地制宜、以坡借势、错落有致。戎子酒庄内各个建筑，无论大小与主次无不匠心独具。走进葡萄酒车间，可以看见现代化的酿酒设备，其布局简练，整齐地排列在酒庄建筑物内部，丝毫不显唐突，完美地融入了酒庄整体建筑之中。

图 3-4　戎子酒庄（作者摄于戎子酒庄）

除葡萄酒酿造厂区外，还有集旅游、休闲娱乐、餐饮为一体的大型会馆、葡萄酒文化博物馆、广场等建筑设施，使得戎子酒庄不仅成为现代葡萄酒的生产基地，还具备旅游观光、休闲娱乐的功能。

（二）欧式风格设计

欧洲作为葡萄酒庄的发源地，其建筑风格也受到了欧洲文化、宗教、艺术的影响。欧式建筑主要有以下多种风格，分别是罗马式建筑风格、文艺复兴主义建筑风格、法国古典主义建筑风格、巴洛克建筑风格、浪漫主义建筑风格、新古典主义建筑风格和现代主义建筑风格。

1. 罗马式建筑风格　　虽然对于这一风格的起源时间存在从 6 世纪到 10 世纪等不同的争议，学者尚未对此达成共识，但其建筑实例遍及欧洲大陆，使其成为自古罗马建筑之后第一种风靡欧洲的建筑形式。在英格兰，这一风格在传统意义上更倾向于指罗曼式建筑风格。

罗马式建筑风格兼有西罗马和拜占庭建筑的特色，并因其厚重的墙体、半圆形的拱券、坚固的墩柱、拱形的穹顶、巨大的塔楼及富于装饰的连拱饰而知名，显得雄浑而庄重。每座建筑有明确、清晰的形式，并且常常采用规则对称的平面，所以在与随后出现的哥特式建筑比较时，总体上有一种质朴的形象。尽管有地域特征和材料差异，这一形式仍可以在欧洲各处被识别，无论是教会建筑还是世俗建筑，罗马式建筑普遍给人以坚固而有力的印象。与之前的古罗马建筑和之后的哥特式建筑均以柱子、壁柱和拱作为承重构件相比，罗马式建筑则与拜占庭建筑类似，依靠墙或是被称为墩柱的墙段承重。

在欧洲各处，罗马式建筑建造材料差异很大，取决于当地的石材和建造传统。在意大利、波兰、德国的大部分地区及荷兰的一部分地区通常会使用砖块，其他地区使用大量的石灰石、花岗岩和燧石。

柱子是罗马式建筑结构上一个重要的特色，细长柱和附柱也会应用在结构和装饰上。在意大利，经常使用由单块石料凿成的整体柱，就像在罗马和早期基督教建筑中那样。在德国，它们也会于更巨大的墩柱间交替使用。由多个单块石料凿成的拱廊柱也常用于不需要承受较大砖石重量的结构，如在回廊中，并有时采用双柱。

罗马式建筑最具有代表性的酒庄是波尔多地区博雅克村的木桐酒庄（图 3-5），其"大酒窖"就是典型的罗马式建筑风格。

图 3-5　木桐酒庄（罗马式建筑风格，作者摄于波尔多）

2. 文艺复兴主义建筑风格　　文艺复兴主义建筑风格（图 3-6）是公元 14 世纪在意大利随着文艺复兴这个文化运动中基于对中世纪神权至上的批判和对人道主义的肯定思想而诞

图 3-6　蒙特莱那酒庄（Chateau Montelena）（文艺复兴主义建筑风格，作者摄于美国）

生的建筑风格。建筑师希望借助古典的比例来重新塑造理想中古典社会的协调秩序。所以一般而言，文艺复兴主义建筑是讲究秩序和比例的，拥有严谨的立面和平面构图及从古典建筑中继承下来的柱式系统。

当时欧洲人的冒险版图已经扩展到亚洲和美洲，包括原有的地中海贸易。中世纪后期的繁荣迅速造就了环地中海的一些富裕的贸易城市。在这些贸易城市中，商业资本的庞大力量使得罗马帝国中世俗力量和宗教力量的对比首次向世俗方向倾斜，市政厅、交易所以至为商业贵族营造的别墅等世俗建筑大量出现，而新兴贵族因为本身的立场而对人文艺术的投资也是从前的宗教和封建势力所不能比拟的。

这种相对富裕和活跃的气氛最终导致文艺复兴时代的文化大发展，而反映在建筑上就是社会中真正地出现了建筑师这个行业。文艺复兴真正奠定了"建筑师"这个名词的意义，将这种新的行业加入整个社会的经济命脉之中。过去并不存在建筑师这个工作，有的只是工程师、木匠或石匠。但随着建筑的兴盛，对专业人才的需求也越来越大，出现了"建筑师"这个名词。他们不是将建筑作为一种经验行为，而是赋予建筑一个理论和文化上的基石，正如建筑师在罗马帝国所扮演的角色一样。他们来自雕刻师、绘图师、画家、工程师和木工等。建筑师的出现，也为建筑融入当时社会的思潮和文化找到了一个切入点。

如果说以前（从罗马帝国没落到文艺复兴开始）的建筑和文化的联系多半出于一种半自然的自发性行为，那么文艺复兴后的建筑思想和人文思想的紧密结合就是一种非偶然的人为行为，这种对于建筑的理解一直影响到后世的各种流派。

并且由于环地中海贸易的繁荣，意大利商业城市中的学者很容易就接收到古希腊罗马在拜占庭和伊斯兰国家所保存下来的文明成果。其中林林总总的文化思潮，如人文主义的兴起等因素对于建筑的影响巨大。而单就建筑造型而言，建筑师从古代数学家完美的数学模型中得到了启示，他们认为世界是由完美的数学模型构成的，而大自然和人类的美皆出于数学模型的完美。基于此开始了文艺复兴时代建筑师对于完美建筑比例的追求。

另一个重点就是柱式，在罗马帝国之后，文艺复兴的建筑师继承了一整套古典的柱式，并且以此为基准奠定了直到现代建筑诞生的经典建筑营造模式；学习以古希腊、古罗马为代表的古典风格，并且发展了"柱式"的概念，强调建筑的比例如同人的比例一样，反映了宇宙的和谐与规律，在这一点上很强烈地体现了毕达哥拉斯、柏拉图传统的影响，使用对称的形状、集中式，恢复"自然"，以尺规作图，以圆形和正方形为主，特征为越往上的柱要越粗，以调整仰视带来的视差。

3. 法国古典主义建筑风格　17～18世纪初，路易十三和路易十四竭力推崇法国古典主义建筑风格，在其统治时期留下了许多古典主义风格的建筑。法国古典主义建筑造型严谨而收敛，巍峨中透露着低调，其柱型普遍采用古典式样，建筑内部装饰元素多样化。法国古典主义建筑的平面布局和立面造型以古典柱式为构图的基础，和中式建筑的相似之处是都强调轴线对称，且比例严谨，主从关系清晰明朗。法国古典主义建筑运用三段式构图法，使得具有沉稳气质的外部结构与整体结构相统一。法国古典主义建筑内部空间结构与装饰元素上常有巴洛克建筑风格。位于法国波尔多产区的碧尚男爵酒庄（图3-7）建筑风范就属于此类。

图3-7　碧尚男爵酒庄（法国古典主义建筑风格，作者摄于波尔多）

4. 巴洛克建筑风格　"巴洛克"一词的原意是奇异古怪。巴洛克建筑起源于18世纪的意大利，将原本罗马人文主义的文艺复兴建筑添上华丽、夸张及雕刻元素，彰显出国家与教会的专制主义与丰功伟业。此新式建筑着重于色彩、光影、雕塑性与强烈的巴洛克特色。

巴洛克时期的建筑物，一方面有着更强烈的情绪感染力与震撼力，另一方面引人注目，炫耀教会的财富与权势。新的建筑风格尤其体现出新宗教修会的时代背景，如戴蒂尼会与耶稣会，其目标是增进宗教的普及与虔诚。17世纪中叶，巴洛克建筑风格主要表现在豪华宫殿上，首先出现在法国，如弗朗索瓦·芒萨尔设计的拉斐特之家城堡，随后遍及欧洲。

巴洛克建筑的显著特征是外部建筑形态不受约束，向往自由，且追求动感，富丽堂皇，装饰着恰到好处的雕刻及对比鲜明的色彩运用使得巴洛克建筑充满艺术气息。巴洛克建筑风格排斥"古板"的古典形式，追求自由奔放并敢于展现世俗人情，这不仅对城市广场、园林艺术产生了深远的影响，还对文学创作产生了影响。图3-8为法国雅居酒庄（Château de Maisons），是较为典型的巴洛克风格建筑。

图 3-8　雅居酒庄（Château de Maisons）（巴洛克建筑风格，作者摄于法国）

5. 浪漫主义建筑风格　　浪漫主义建筑是 18 世纪下半叶到 19 世纪下半叶在欧洲文学浪漫主义思潮影响下流行起来的一种建筑风格。浪漫主义建筑强调个性与自然，展现浪漫元素，追求超尘脱俗的趣味和异国情调。浪漫主义建筑发展分为两个阶段：第一阶段又叫先浪漫主义，是 18 世纪 60 年代至 19 世纪 30 年代发展起来的，第一阶段中出现了中世纪城堡式的府邸及东方式的建筑；第二阶段是 19 世纪 30～70 年代发展起来的，圣吉尔斯教堂是第二阶段浪漫主义建筑的代表作，再后来第二阶段已发展成为一种创作型建筑潮流。英国是浪漫主义建筑风格的发源地，英国议会大厦、圣吉尔斯大教堂和曼彻斯特市政厅等建筑是浪漫主义建筑风格的代表性作品。浪漫主义建筑风格也被应用于酒庄的建设，如位于美国加利福尼亚州索诺玛县的兰德森酒庄（图 3-9）便是这种风格。

图 3-9　兰德森酒庄（浪漫主义建筑风格，作者摄于美国）

6. 新古典主义建筑风格　　新古典主义（neoclassical）建筑又称古典复兴主义（classical revivalism）建筑，由开始于 18 世纪中叶的新古典主义运动而产生，作为后期巴洛克中一些仿古典特征的副产物，其形式主要源自古希腊建筑和意大利的帕拉迪奥式建筑。

在 18 世纪六七十年代，复古格调被移植到熟悉的欧洲形式中，如在加特契纳内部由一位意大利建筑师和一群意大利粉刷工人为凯瑟琳二世的情人奥尔洛夫伯爵设计的住所。新古典主义的第二个浪潮在拿破仑帝国的鼎盛时期，风格更为朴素，也更加有意识地复古。

在法国，新古典主义的第一阶段表现为"路易十六风格"；第二阶段称为督政府风格和帝国风格，代表作是让·夏尔金无柱的巴黎凯旋门（1806 年设计）。新古典主义的风格同样应用于酒庄设计中，如世界知名的玛歌酒庄（图 3-10）就是新古典主义建筑风格。

图 3-10　玛歌酒庄（新古典主义建筑风格，作者摄于波尔多）

7. 现代主义建筑风格　现代主义建筑（modern architecture）风格是指一种简约、没有装饰的建筑风格。19 世纪 60 年代，现代主义建筑风格才开始萌芽，1851 年，伦敦万国工业博览会的水晶宫和 1889 年于巴黎落成的埃菲尔铁塔是现代主义建筑风格萌芽的标志。1926 年，格罗皮乌斯（Walter Gropius）在德国德绍（Dessau）设计的包豪斯新校舍代表着现代建筑的成熟。此时的建筑强调功能性和理性，因此又称为功能主义建筑或理性主义建筑。在第二次世界大战结束后，现代主义建筑风格受到各种机构和公司的青睐，成为当时居主导地位的建筑风格，融入了现代城市。位于西班牙里奥哈产区的伊修斯酒庄（图 3-11）是酒庄中现代主义建筑的典型代表。

三、酒庄园林绿化设计

园林绿化也是酒庄外观设计的一部分。一般都会兼备旅游功能，与葡萄园、酒堡相映衬。在酒庄的园林绿化设计中要灵活运用各种风景要素，注重对周边多种风景的融入，以达到酒庄建筑与自然的和谐统一。酒庄园林绿化原则是多样相统一、主次相结合，所以在对酒庄风景元素的引入中，不能只对单一的风景元素进行融合，还应当对酒庄周边的多种风景元素进行整合。此外，还应对包括颜色、形状等风景要素和体现的人文特色进行充分的了解，

图 3-11 西班牙伊修斯酒庄（现代主义建筑风格，作者摄于西班牙）

以设计出和酒堡周边融为一体的绿化区。同时，还需要对酒堡周边风景要素的发展性进行充分的了解，如绿化树种季节性的变化，使得绿化区的设计和酒庄建筑协调，并表现出灵动的变化。

人文景观是风景的重要类别，每个酒庄几乎都有其特有的人文景观，如果说自然景观是一个酒堡华丽的外表，那么人文景观则是酒堡的灵魂和内在。因此在酒堡园林绿化设计中，要注意保护原有的人文景观，如原有的湖泊、古迹、文物等。同时可以有一些艺术造型、人文景观，如雕塑、绘画等，并与园林绿化相结合进行设计。

四、酒堡生产灯光亮化设计

要在保证照明效果的前提下，合理设置多种照明场景，以满足酒庄生产、外观展示、旅游的灯光需求。根据需求，酒庄的照明分为景观照明和生产照明。景观照明应该融入酒堡的整体布局之中，一定程度上的亮化力求与酒堡的文化特色相结合，突出酒堡的文化底蕴，展示酒堡自身的魅力，在此不多做介绍。酒庄生产照明涉及各个生产的功能区，有一些需要注意的问题，包括灯具的安装位置、亮度、保养，以及防水、防爆等。

（一）生产车间灯具安装位置

很多食品领域生产车间存在着灯具安装不合理的问题。正常情况下照明灯具的安装一般距离地面 3 m 以上，对于酿酒车间来说，还要考虑发酵罐形成的光影所带来的影响，不合理的安装可能由于设备的遮光达不到酿酒车间所需的照明要求，从而影响酒庄工人的操作。发酵罐、压榨机、除梗破碎机、灌装机等大型机器设备和灯具的位置有一定的要求，有些酒堡由于设计不合理，将设备和灯具平行安放，从而产生了多重阴影或遮光，影响酿造车间正常工作。如果出现此类问题，要对车间灯具的位置进行重排，使酒庄酿酒车间灯光照度分布更均匀，改善照明环境。

（二）照明亮度

不同生产功能区需要不同的照明亮度。

1. 发酵、储酒及灌装车间　发酵、储酒及灌装车间的灯具应高效节能、具有防爆功能，安装全光灯源，接近日光，亮度相对较大，避免灯具频闪与刺眼。

2. 酒窖　酒窖长期处于黑暗之中，照明十分重要。酒庄照明一般分为两部分：橡木桶陈酿车间和瓶储车间。橡木桶陈酿车间要求照明亮度较大，全光源（图3-12），因为这部分功能区是主要的操作区；瓶储车间照明亮度不宜过大，使用黄光灯源，因为全光源中的紫色光可能会造成葡萄酒的瓶内氧化。

图3-12　酒庄地下酒窖（作者摄于法国波尔多）

（三）灯具的保养和维修

1）加强酒庄内部员工培训，宣传车间照明标准。

2）酒庄车间管理人员定期对车间灯具进行检查，清理灯具上的灰尘，更换有问题的灯具，保证车间的照明要求。

第二节　酒堡生产规划与设计

酒庄最重要的功能是生产高品质葡萄酒，酒堡设计时应着重考虑满足葡萄酒生产要求。

一、总体要求与设计

（一）总体要求

1. 建筑与功能适合性　酒堡建设应考虑风向、地势、光照、降雨等一系列因素。酒堡尽量建在高处，有的酒庄考虑风的影响也会建在相对低的地势，但一定要注意修建排水系统。

与大部分民居坐北朝南的坐落方向不同，酒堡生产车间要尽量做避光设计，窗子的开口不宜过大，以减少阳光直射进生产车间。酒庄如具备地下酒窖，一定要做好酒窖防水及通风处理，以避免雨水渗入酒窖。

葡萄酒的酿造对温度要求相对恒定，温度保持10～25℃为宜。因此酒堡建筑要有保温的功能，生产车间的建筑材料可以根据实际情况确定，如砖混、浇筑、轻钢结构等。为保证生产车间一年四季温度相对恒定，对于墙体厚度及保温层都有一定要求，有条件的也可以通过半地下建筑的方式增加建筑的保温性。宁夏有些酒庄利用当地废弃的石料加厚墙体，不但建筑风格别具一格，同时使酒堡有更好的保温性（图3-13）。

图3-13 利用废弃的石料为建材的酒庄建筑（作者摄于银川）

同时，酒堡设计还需要考虑虫、鼠、蚁、鸟等有害生物防治，外立面设计尽量减少缝隙，减少鸟兽留造穴。

只有统筹规划、因地制宜，才能设计出合理、合规、实用且美观的酒堡。

2．工艺流程顺畅 根据产品类型及工艺流程，选择合适的设备并合理排布，保证生产工艺流程顺畅，是生产车间规划设计的出发点。所有车间布局、设备排布、水电布置都要紧密围绕工艺进行，科学合理的车间、设备设计会提高酒庄运行的效率，保证产品的质量。

3．空间布局合理 酒堡生产功能区主要包括前处理、发酵、储酒（冷冻）、酒窖、灌装等，辅助生产区主要有库房、化验室等。车间要求连接紧密，尽量缩短紧密相连功能区之间的距离，并且要求有一定高度摆放设备，便于操作；酒堡要求通风良好，保证安全并可以保持良好的生产环境卫生，减少霉菌繁殖；设备之间要有足够的空间，便于生产操作。

4．安全性 安全生产是酒庄的重中之重。酒庄的设计、施工和验收，应符合建筑的消防安全相关要求，酒庄应通过相关部门验收后方可投入使用。在生产过程中，首先是水电的设计要符合安全生产的标准；其次应遵循生产安全及食品安全等相关要求，如妥善保管及规范使用酿酒辅料、严格遵守密闭空间作业要求等；化验室使用的化学试剂也需要按安全要

求进行管理和使用。

（二）生产功能总体设计

1. 生产能力设计　生产能力设计首先要遵守国家政策及地方法规。在符合政策的基础上，还需根据酒庄葡萄园的产量进行设计。罐容（发酵罐容、储酒罐容）的确定非常重要。葡萄酒的生产包括发酵和陈酿，对于大部分红葡萄酒产品需要有1～2年的陈酿期，在规划生产时要一并考虑。简单列举以下几点重要的参数及计算方法，作为参考。

（1）原酒产量　　原酒产量＝葡萄重量×出汁率（体积计）

葡萄的出汁率通常为60%～68%，我们可根据葡萄（原酒）的产量来设计罐容。

（2）发酵罐容　　因发酵工艺不同，红葡萄酒与白葡萄酒的发酵罐容计算方法不同。

红葡萄酒需带皮发酵，因在发酵过程中体积膨大，所以发酵罐在入料时，葡萄原料的体积不宜超过发酵罐有效容积的80%。所以，红葡萄酒总发酵罐容＝年葡萄最大产量÷80%。

白葡萄酒为清汁发酵，葡萄汁装罐量可以达到发酵罐体积的90%。

白葡萄酒总发酵罐容＝年葡萄最大产量×出汁率÷90%

发酵罐安排要注意大小罐组合，要预留一部分罐容。为了精准控制工艺条件，酒庄单个发酵罐常见的罐容都不会太大，一般为5～20吨；与酒庄有所不同，大型酒厂常见上百吨的大型发酵罐。

（3）储酒罐容　　因为酒庄发酵罐都相对较小，所以部分发酵罐在发酵结束后可以用于陈酿。由于大部分红葡萄酒有陈酿的要求，所以要求酒庄设计储酒罐容时，一般按至少一年的产量准备储酒罐容，即酒庄总储酒罐容＝年葡萄最大产量×出汁率。储酒罐要配合发酵罐注意大小罐之间的组合。

（4）橡木桶量　　酒庄通常会选择部分优质葡萄酒，使用橡木桶对其进行陈酿；并不是所有的酒都需要进桶，需要根据经费、产品定位和市场需求等进行考虑。

橡木桶常见规格有225 L、300 L、500 L、900 L。橡木桶一般可以使用三次（年），根据使用次数，橡木桶可分为一次桶（新桶）、二次桶（使用了一次）和三次桶（使用了二次）。在生产中要提前做好规划，充分利用不同"次"的桶，使得酒的品质及经济效益达到最好的平衡。

（5）灌装　　灌装量＝原酒体积÷单瓶容积；常见标准瓶容积为750 mL/瓶。

在不计损耗的情况下，一吨原酒可以生产1333瓶葡萄酒；按6瓶每箱计算，为222箱。

表3-1以500亩葡萄园酒庄的产能设计（以红葡萄酒计）举例。

表3-1　酒庄产能

葡萄园面积/亩	葡萄/吨	原酒/吨	发酵总容量/m³	储酒罐容量/m³	需橡木桶/只	成品/瓶
500	300	195	375	195	若干	259 935

2. 生产区规划设计　酒庄生产功能区（车间）主要分为前处理车间、发酵和储酒车间、灌装车间和酒窖等。酒庄葡萄酒的生产工艺流程及车间的连接见图3-14。前处理车间应该与发酵车间紧密相连，以保证最短距离地输送葡萄醪（汁）；对于中小型酒庄而言，发酵和储酒一般可以放在一个功能区，甚至发酵罐可以用于储酒。发酵结束后葡萄酒在储酒车间进行陈酿，保证质量稳定后就可以进行灌装处理，对酒庄酒而言，发酵结束后一部分葡萄酒

会进入酒窖进行橡木桶陈酿，所以发酵和储酒车间应该有管道连接酒窖，并且空间距离要尽量短；一般酒庄酒在装瓶后不会立即贴标进行销售，需要在酒窖进行瓶储，所以灌装车间也需要与酒窖有最短距离的连接，一般是通过货运电梯完成的；瓶装未贴标的酒在半年或更长时间后可以上市，需要从酒窖返回灌装车间，贴标装箱后，进入成品库。生产车间的布局要保证工艺执行流畅性的要求。

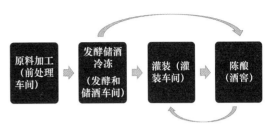

图 3-14　生产工艺流程及车间连接

二、生产车间的规划设计

（一）前处理区设计

1. 功能设计　　前处理区具有原料运输和前处理功能，包括装卸区和前处理车间。原料需要及时运输到酒庄并立即开始处理，道路设计需要满足卡车或拖拉机通行，装卸区的地面需要硬化，必要时可以设置地磅。如果是重力入料工艺，前处理车间较高，需要有缓坡的设计。

前处理车间主要的功能是在发酵期间对葡萄进行前处理，发酵结束后存放设备。葡萄运送到酒庄需要进行分选、除梗、破碎、入料等前处理工序，在干白生产中，葡萄入罐前要进行压榨，压榨有两种：一种是葡萄在分选后直接进行压榨，另一种是葡萄在除梗、破碎后进行压榨，所以各种设备应便于移动组合。为了满足以上工序，要求前处理区域宽敞、明亮、易于打扫，便于废料（果梗、皮渣）运输。很多酒庄因为考虑到以上问题都将前处理放在户外进行。前处理区域一年仅使用一次，所以将设备放置户外进行前处理是可行的方案（图 3-15），但需要背阴、避阳，必要时需搭建遮阳避雨棚。

图 3-15　葡萄前处理（作者摄于宁夏）

前处理车间主要的设备有穗选平台、粒选平台、提升机、除梗机、破碎机、入料泵、压榨机等。

2. 面积设计　　前处理车间的面积主要根据设备体积和摆放决定。一个年产量为 200 吨（红葡萄酒）的酒庄需要的全套前处理设备一般总长会超过 20 m，加上操作空间和压榨设备，通常的酒庄前处理车间至少需要 200 m²。前处理车间以流线型布局为宜。

3. 墙地面及水电设计　　前处理区域要预留水、电、下水、照明等设施，地面宜硬化，同时要方便装卸葡萄及葡萄梗。葡萄梗约占葡萄总重量的 8%，脱出来的葡萄梗应及时清理防止污染。

（二）发酵和储酒车间设计

1. 功能设计　　主要用于葡萄酒的发酵和储酒。发酵和储酒虽然属于酒庄的不同功能，但由于会共用一些设备，中小型酒庄发酵和储酒车间一般会在同一区域。发酵和储酒车间是酒堡的主要生产部分，在建筑设计上应主要考虑发酵车间的位置，其他的设施都应该围绕着发酵车间来排布，在建筑布局上做好规划。首先要考虑葡萄酒工艺和设施设备安装的需求，注意车间的高度、设备的间距、配套等设施是否符合要求。葡萄酒经过发酵后进入陈酿，储酒区就是葡萄酒陈酿的区域，包含橡木桶储存区、瓶储区及不锈钢罐储存区。通常橡木桶储存区及瓶储区宜建于地下，其要求见"酒窖"部分。大部分小酒庄的不锈钢罐往往与发酵区在同一空间，要求与发酵区条件一致。原料通过何种方式入罐对于酒庄设计也各不相同，如果采用管道入料，应考虑是否提前安装不锈钢管道，且在墙上预留管道孔等；如果采用重力入料方式，那么一定要在屋顶预埋承重件并做好定位，保证料斗能顺利滑动。

酒精发酵释放的二氧化碳可能会对人体带来损伤甚至危及生命，高浓度二氧化碳会造成人的瞬间昏迷窒息，发酵期间一定要注意通风。另外，因为二氧化碳密度大于氧气，所以如果酒窖正巧位于车间下部，务必暂时封锁酒窖禁止进入，进入前需通风并检测二氧化碳浓度。所以，车间设计过程中要充分考虑通风透气，并且一定要配备二氧化碳警报器和主动循环系统。

2. 面积设计　　发酵和储酒车间的面积设计主要取决于发酵罐和储酒罐的容积和数量。红葡萄酒发酵入料量不应超过发酵罐罐容的 80%，否则发酵期间葡萄酒可能会溢出。酒精发酵结束后为了防止葡萄酒氧化必须满罐储存，考虑到葡萄酒的出汁率为 60%~65%，储酒罐罐容应该为发酵罐的 50%。例如，15 吨的发酵罐通常入料只有 12 吨左右，发酵结束后可以产生自流酒 7 吨左右，压榨酒 0.8 吨左右，所以配套的储酒罐可以设计为 7 吨。

发酵罐是用来进行发酵的容器。主要材料有不锈钢、水泥、木制（橡木）等，目前广泛使用的是不锈钢发酵罐。不锈钢发酵罐一般呈圆柱形，对温度有较好的耐受性、有良好的导热性，便于控温；同时光滑，便于清洁，葡萄酒发酵罐不锈钢材料一般使用 304 和 316 钢材。酒庄的发酵罐宜为 5~20 吨。使用小型发酵罐也可以满足单一园、单一地块独立发酵，分开控制，能满足酒庄的多样性需求，是酒庄酿造出高品质葡萄酒的基础。

以拥有 200 吨（红葡萄酒）年产能的酒庄为例，需要葡萄原料 300 吨左右，需要发酵罐容约 400 吨，如配备 15 吨罐 20 台，10 吨罐 10 台，可以满足发酵的容积。虽然可以把酒庄小型的发酵罐当成储酒罐用，但由于葡萄酒需要陈酿，必须配备一定量的储酒罐，储酒罐容可按 1 年的生产量来考虑，如 7 吨罐 22 台，5 吨罐 10 台等。此外，还应至少配备 10 吨保温罐 2 台。保温罐与储酒罐类似，增加了隔热层，用于葡萄酒冷冻。表 3-2 给出了以 200 吨（红葡萄酒）年产能的酒庄为例的罐容参数及配比。

表 3-2 以 200 吨（红葡萄酒）年产能的酒庄为例的罐容参数及配比

罐	单位容积 /m³	有效发酵或储酒量 / 吨	数量 / 个	有效发酵或储酒总量 / 吨	直径 / 高度 /m
15 吨发酵罐	15	12	20	240	2.4/4.6（包括腿）
10 吨发酵罐	10	8	10	80	2.2/3.9（包括腿）
7 吨储酒罐	7	7	22	154	1.8/3.6（包括腿）
5 吨储酒罐	5	5	10	50	1.6/3.4（包括腿）
10 吨保温罐	10	10	2	20	2.2/3.8（包括腿）

发酵和储酒车间的设计主要根据发酵和储酒罐的占地计算，按以上设备数量，发酵罐占地约 220 m²，储酒罐等占地约 150 m²；葡萄酒罐之间要留足够的操作空间，一般酒庄两排的操作距离在 2.5 m 以上，大致需要操作空间 350 m²，同时如果设计参观空间、库房和冷冻机房的情况会有 200 m² 以上的面积。所以通常一个年产量为 200 吨（红葡萄酒）的酒庄发酵车间需要 920 m² 左右。

此外，对于车间的高度要充分考虑操作平台加上工人的高度，防止碰头。一台 15 吨圆锥罐子的高度为 4.6 m，那么车间挑高应大于 7 m，否则屋顶横梁会对操作工人造成一定影响。

在实际生产中，不同成熟期品种采收期差异较大的，发酵时间会有一定间隔，这样发酵罐可重复利用，最大产能也会相应提高。

3. 墙面和地面要求 发酵和储酒车间一定要保证卫生，对车间的墙面和地面有较高的要求。车间的墙面和地面要平整光滑，避免微生物的滋生，车间地面宜使用瓷砖或树脂类材料，并有一定的抗酸碱腐蚀及防滑等要求；墙面及车间顶部建议使用防水、防霉、无味的涂料，当然最好能做到可以冲洗和擦拭。车间的地面在设计时一定要排水良好，防止地面积水发霉，设计时确保车间地面平整且有一定的倾角，地沟的设计建议采用明沟配合不锈钢盖板，沟体应光滑平整方便打扫，拥有较强的排水能力，否则地沟很容易出现积水，导致发霉滋生细菌，还会产生异味。

4. 水电气设计 发酵车间会使用水电气，并且具有较复杂的安装。葡萄酒发酵过程中会产生大量热量，提高发酵温度，温度过高会影响工艺的执行，所以为了控制发热，必须给酒庄发酵罐配备温控系统。在酒庄设计和发酵罐排布时要预留出管线位置，也要预留冷（热）媒罐的空间和室外机组的摆放位置。车间 380 V、220 V 电接口都应配备，配电箱要做好防水措施；水管接口应多留，以方便操作，且考虑到便捷性应以快接口为宜，有条件可增加纯水管道。发酵车间会用到惰性气体，主要是氮气和二氧化碳，所以为了方便操作，可以设计进入发酵罐的气体管道。车间灯光的部分要求明亮、节能、稳定、热量低、防水，可以根据罐的排布设置顶部光源和侧方位光源，灯光控制应按照逐级控制和区域控制相结合的原则以节约能源。图 3-16 为某酒庄的发酵车间。

（三）灌装车间设计

1. 功能设计 灌装车间主要有上瓶、灌装、打塞、贴标、装箱等功能区。图 3-17 为灌装流程图。按照国家食品生产要求，灌装车间应独立封闭，特别是灌装间必须封闭。酒庄可使用玻璃幕墙隔断，既能满足封闭需求还可以方便参观。实际生产中这一流程起始于上瓶

图 3-16　酒庄发酵车间

间即酒瓶仓库，通过链道、小窗输送至灌装间，灌装间安置灌装设备、周转罐、净水设备，之后通过链道连接包装车间，包装车间布置洗瓶机及贴标机、喷码机、封箱机等设备。

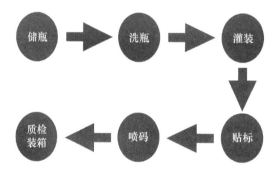

图 3-17　灌装流程图

2. 面积设计　　灌装车间包括上瓶间、灌装间及包装车间。通常 200 吨（红葡萄酒）年产能酒庄可以购置 1000～1500 瓶 /h 的灌装机，每天可以灌装 5 吨左右。上瓶间用于存放准备灌装的瓶子，一般要求与灌装间分开，对于 200 吨（红葡萄酒）年产能的酒庄，上瓶间占地约 30 m^2。为保持灌装流程的顺畅，灌装线最好直线摆布，所以灌装间一般细长。灌装间的大小与灌装机有关，另外灌装间应留出足够的空间方便拉运半成品和检修。200 吨（红葡萄酒）年产能的酒庄面积为 200 m^2 左右。

3. 墙面及地面要求、水电设计　　灌装车间墙面及地面要求基本同发酵车间，符合有利于作业、清洁及卫生保持等基本原则。

灌装区域根据设备预留好电、气、上下水等，以保障各种设备正常使用。尤其强调的是灌装车间设备的清洗需要纯水设备，或者要连接好纯水管道。

（四）酒窖设计

对于酒庄而言要酿造高品质葡萄酒，葡萄酒后期的陈酿尤为重要，主要包括橡木桶和瓶内陈酿。

1. 功能设计　　酒窖部分的设计要注意以下几个问题，首先是温湿度稳定，温度以15～20℃为宜，相对湿度以 60%～75% 为宜。把酒窖建在地下则相对容易达到以上指标，一般认为地下 10 m 处可以保持相对恒温；地上酒窖周年温湿度变幅比较大，需要使用温湿度控制设备辅助，但是地下酒窖的造价要高于地上酒窖。地下酒窖与酿造车间可以用坡道或电梯连接，酒庄根据实际情况选择，但要注意使用坡道的坡度设计不宜过陡，否则不便于运输，载货电梯的载重量至少满足一托成品酒和叉车的总重量（2 吨以上），有条件的可以增加叉车载重量。酒液传输根据实际情况建议使用不锈钢管连接，在酒窖及车间预留两根直径 50 mm 的不锈钢管用于泵送输酒。

2. 面积设计　一个橡木桶占地面积大概为 0.7 m²，通常 10 m² 的面积可以摆放 14 只橡木桶（上下两层）。而一个储酒笼尺寸为 1.2 m×0.8 m×1 m（长 × 宽 × 高），其面积约为 1 m²，可以堆叠使用，根据不同瓶形，一个储酒笼可以存储 500～600 瓶酒（750 mL/ 瓶）。

以 200 吨（红葡萄酒）年产能酒庄为例，需要橡木桶 889 个（225 L），则需要 756 m²（堆叠两层）的空间；瓶储数量 26 万瓶需要储酒笼 450 个左右，则需要 250 m² 左右空间。因此，酒窖总面积以 1000 m² 为宜，当然酒庄不可能使用这么多橡木桶，但是考虑到每年实际销售并不可能售罄，瓶储区域通常要比以上计算大一些。

3. 墙面及地面要求　基本与酿造车间一致，要求防滑、防水、抑菌、无异味。

4. 水电设计　因考虑到橡木桶清洗的问题，若条件允许可以在酒窖设置清洗区域，并且配备动力电、上下水等设施，若考虑成本问题也可以在酿造车间清洗。酒窖应预留动力电插孔以便于酒泵等设备使用，照明可以根据实际情况分级控制，也可以加装感应地灯起到节约能源的目的。酒窖也应考虑安装新风系统，用于调节温湿度。通风换气可以减少酒窖发霉状况。考虑实际成本问题，一般情况下酒庄不可能将全部葡萄酒都放入橡木桶中陈酿，故酒窖区域设计应充分考虑实际情况，如增加成品酒储存空间、增加瓶储区域空间等，以及因销售迟滞导致的库存增加所需的空间。

（五）其他生产功能区设计

1. 更衣室　生产车间入口应设置更衣间，配合消毒池、紫外杀菌灯、洗手池等，经过杀菌更衣后，工人方可进入车间工作，尤其是发酵、灌装阶段，更要保证充分消毒后方可进入，且建立标准着装及卫生检查制度。

2. 库房　酒庄要配备包材库、成品库、辅料库等库房。包材库用于存放包装箱、酒标、酒帽等包装材料；成品库用于存放成品酒，对温湿度有一定要求；辅料库用于存放酿酒用辅料，可摆放货架分类存放，微生物、酶等需要在低温环境存放，需要配备冰箱。

3. 设备间　设备间用于大型设备的储存，如制冷机组、制氮机、空压机、过滤设备、叉车（充电）间等。根据实际情况，设备间要更多考虑隔音、防火、防爆等要求。

4. 地磅　一般在酒庄大门口设置，能够更精确地掌握原料数量。地磅可选择桥式或埋地式。地磅尺寸及载重极限可以根据酒庄实际情况决定，通常一辆货车可装载 15 吨左右葡萄，所以地磅的载重极限不宜过低，最小精度不小于 10 kg。

5. 化验室　化验室用于日常葡萄酒的检测，酒庄实验室需要按照国家有关要求配备实验仪器，因为分析检测会用到易制毒化学品，所以设计时必须准备好通风管道。

（六）安全和劳保设施

安全是第一位的，酒庄必须做好生产安全工作，把各种安全设备设施做全、做实，并经

常检查，杜绝安全隐患。

根据相关规定及酒庄的实际情况，酒庄需要配备不同大小的消防设备，包括消防水箱、消防栓、灭火器等。

生产过程中，为应对突发安全事件，应在车间内配备二氧化碳报警器，在指定区域摆放洗眼器、降噪耳塞、急救包、应急手电筒等安全生产设备。

进入车间应注意安全，在更衣室为员工及来访人员准备安全帽、头套、口罩、手套、护目镜、反光背心、工装鞋（胶鞋）等劳保用品。

最后还应考虑办公室、员工休息区、厕所等辅助配套设施。

（七）水、电、气设施

1. 水　　每酿造 1 吨葡萄酒需要用 4 m³ 水甚至更多，以 200 吨（红葡萄酒）年产能酒庄为例，预计生产年耗水量为 800 m³ 左右，主要应用于车间、设备的冲洗。水源应是健康卫生的井水或自来水。榨季应配备备用水源，避免因缺水造成生产的不便。酒庄需配备纯净水系统，主要用于冲洗设备内壁和灌装前冲洗酒瓶，纯净水可以使用 5 级过滤，有条件的酒庄可以使用反渗透（reverse osmosis，RO）设备。水的使用要方便，应多预留出水口，并且使用快接口连接，井水、自来水可使用 PPR 管线，纯净水要使用不锈钢管线。

排水口应设计得足够大，快速排污且不易堵塞。另外，各个车间要设计一定坡度，无存水死角，防止发霉产生异味。

2. 电　　电路采用 380 V 动力电和 220 V 民用电分路分控，电箱做好接地，并符合防水的要求，酒庄设备及电路防水必须达到 IP67 或更高级别要求；变压器额定功率应满足酒庄全部用电器额定功率总和的 80%。用电量根据酒庄的规模大小不同，以 200 吨（红葡萄酒）年产能酒庄为例，年生产耗电量约为 30 万 kW·h。

3. 气　　酒庄应规划制氮机和空压机房，合理分配气体管线以满足生产需求；若无天然气规划，可以使用液化天然气式天然气减压装置满足厂区取暖需求。能源站布置应远离人群聚集、禁止明火、提前布置消防设施、保证安全。

（八）环保设施

环境保护是个人、组织和政府为了大自然和人类及动植物的福祉而保护自然环境的行为。产业的发展导致了环境污染问题过于严重，损害生态换来的经济发展已经不适合现代社会，所以国家出台了严格法律、法规来管制和处理污染问题。

葡萄酒整个酿造过程中噪声小，排放绿色，废渣还可以用于制作饲料，相对环保。但是酒庄也需要根据要求建设环保设施。

1. 污水处理　　酒庄生产 1 吨葡萄酒平均会消耗 4 m³ 水。这些水主要用于清洗设备，如发酵罐、管线等。清洗时会使用烧碱和柠檬酸，不可直接排放。另外，葡萄酒酒泥中大量有机物质也需要经过生物代谢处理后才能排放。因此，酒庄需要建设污水处理设施。针对葡萄酒生产废水情况，目前多采用微生物处理设施。

废水需要经过三级处理。第一级是通过物理沉降去除泥沙、大颗粒等可沉淀杂质；然后进入二级生物处理，采用曝气及厌氧菌滴滤池处理，使有机物发生水解、酸化和甲烷化，去除废水中的有机物，并提高污水的可生化性；最后经过消毒的水方能进入三级过滤池，通过沙滤（粗滤）、活性炭（除异味）后就可以用于葡萄园灌溉了。污水处理能力应与产量相匹配。排放的废水需要满足《污水综合排放标准》（GB 8978—1996）的要求。

2. 噪声控制　酒庄在生产酿造过程中因为设备运转难免会产生噪声，在酒庄工作的工人可以通过佩戴耳塞和降噪耳机，减少噪声的影响。对于酒庄周围居民而言，就需要酒庄注意隔音降噪，将制冷设备等大噪声设备单独隔离或放入地下，拖拉机等农用设备也要避免在夜间使用。酒庄噪声必须符合《声环境质量标准》（GB 3096—2008）的要求。

3. 酿造固体废物　果梗和皮渣（果皮、果籽）是酿酒中产生的固体废料，都是有机物，在自然界会很快分解，其本身对环境不会造成任何影响，但是本着环保和可持续发展的理念，果梗可以集中后填埋用于发酵、腐熟后堆肥使用，皮渣是很好的动物饲料，可以卖给饲料厂用于加工饲料。皮渣中的葡萄籽还是制作保健品、护肤品的重要原料，在单独收集后可以进行相关产品的深加工。

三、附属功能设计

酒庄附属功能建筑主要包括办公区、文化旅游区（参观区）、品鉴销售区、生活区等。根据处于酒堡建筑的空间，可分为室内场地和室外场地。室内场地有办公区、文化展示区等，室外场地也有很多，如道路、广场、货场、停车场及绿地等。作为生产和旅游观光相结合的建筑（群），应当对酒庄中各使用功能进行排布，要做到动静分区，观展、工作人员分流。

（一）办公区

办公区在规划设计时可以考虑安排在酒庄中相对安静的区域，并可通过连廊将办公空间和酒堡主体建筑进行连接。设计上要求明亮通透。

（二）文化旅游区

文化旅游要与葡萄酒生产结合，酒庄的生产布局一定要预留合理的参观通道。要注意的是参观旅游要与生产隔离，防止影响正常生产。此外，可以适当预留客房、民宿、餐厅等功能，提升酒庄旅游功能。有条件的酒庄可以设立葡萄酒文化长廊、博物馆等以更好地宣传葡萄酒文化。

（三）品鉴销售区

酒庄参观不可缺少品鉴环节，品鉴可以让消费者的体验更加丰满，可以调动消费者的情绪，加深消费者的印象。品鉴区域要求明亮、安静、宽敞、舒适、无异味。品鉴过程可以配合品鉴知识的宣讲，所以要有一定的设施。品鉴结束后可以适当引导消费者进行采购。销售区通常是酒庄参观的最后一个环节。销售区宜为开放式，让游客有充分的选购空间。销售区不宜过大，否则会给人过度商业化的感觉。

（四）生活区

酒庄生活区主要包括员工休息室、员工餐厅、员工宿舍等几个区域。员工休息室用于员工放松休息，可配备咖啡机等设施，有条件的酒庄可以配备健身运动等设备。员工餐厅根据

企业人数安排。一般酒庄远离市区，通常会建有员工宿舍。

如果酒庄场地富裕，还可以安排篮球场、羽毛球场等运动设施设备，方便员工娱乐及锻炼，并可以有效提高团队的凝聚力。

（五）道路及停车区域

酒庄的道路及停车区域主要需满足两大功能：服务生产活动及酒庄旅游。酒庄的道路及停车区域的合理规划，既能保证各功能区域的高效利用，同时也是对生产活动中的内部员工、外来工作人员及因旅游的外来游客等人员安全的重要保障。酒庄道路系统设置是否合理，直接关系到酒庄形象及基地内运营能力的优劣。

酒庄道路系统主要分为：生产加工流线、进出货运流线、办公管理流线、参观游客流线及消防安全逃生流线等。在对酒庄道路进行系统规划时，首先应对酒庄建筑的线路进行分区设置，并将生产加工流线与参观游客流线分开；办公管理流线应该注意避免和进出货运流线交叉，这样有利于酒庄内部交通的有序畅通。对于生产加工流线，其主要服务对象是葡萄酒的生产车间，因此该区的道路系统承担着联系生产车间与葡萄种植区的作用。进行该区道路系统规划时，应当结合葡萄种植区设置专用出入口与之相联系，形成相对独立的道路系统。酒庄生产加工流线、进出货运流线、办公管理流线都是为生产活动服务的。一定要从安全、实用、高效这几个方面考虑，合理利用建筑及通道布局。

对于酒庄参观游客流线，在对其进行设计时，其所经过的区域应当充分结合酒庄内景点的出现序列，并且结合总平面功能的协调，与地形的起伏变化相结合，做到道路的生态化、自由化。消防安全逃生流线一定要按消防有关规定进行布局，并有明确的标志。

酒庄应当结合景观效果选择最佳主入口的位置。主入口应选择在视觉景观效果最好、交通干道的一侧、位置明显且标志性突出的方向。

酒庄首先是具备生产加工功能，因此对于货运的装卸及堆放需要有专门的场地完成。货运场地应该与生产加工车间紧邻，方便对生产原料及成品酒进行装卸，并对一些货物，如成品空瓶、杂物及设备等进行临时堆放。货运场地除了要具备足够的回车半径及通常的物流通道之外，还应设置一些临时棚架以利于货物的临时存放。

酒庄建设应具有长远规划，对于酒庄的近远期规划要预留出相应的区块。可以通过改扩建、新建或者二次加建进行分期设计。对于预留用地，预留的原则是不影响一期建筑的使用及各部分功能的协调运作。对于预留用地可以先以绿化草坪及停车作为暂时功能。

酒庄停车区域的规划，同样需服务生产活动及旅游参观两大板块。由于前来酒庄进行参观、参加会议的人数较多，因此酒庄内的停车问题就十分重要。如何能够实现停车场的高效利用，成为建筑用地设计中较为重要的问题。根据停车场停靠车辆种类的不同，可以将其分为一般小型车辆车位、贵宾车辆停靠车位、旅游巴士停靠车位及货运车辆停靠车位。在地面停车设施饱和的情况下，还可以利用酒庄室外展场进行临时停靠，或者选择匝道路边临时停靠。对于货运车辆停车位应与生产加工区结合，并需要专用货运通道进出，避免货运流线与其他车流、人流交叉。

无论是服务于生产活动还是酒庄旅游，酒庄内的道路系统及停车区域规划，应以人员及行车安全为一切的前提。

第三节　旅游接待规划与设计

一、旅游接待内容

随着生活水平的不断提高，人们开始追求丰富多彩的生活方式，如自驾游等，而葡萄酒庄旅游也越来越受到消费者的青睐。葡萄酒庄旅游是一种集一、二、三产业为一体的特色旅游。把葡萄酒庄打造成休闲旅游地，可以促进酒庄产品的销售，加强葡萄酒文化的传播，帮助酒庄宣传，有效提高酒庄的影响力，当然也可以一定程度上提高葡萄酒庄的品牌竞争力。另外，葡萄酒庄旅游带的开发，可以促进旅游业产业的创新升级，对周边城市及景区的旅游业会产生一定的促进作用。

目前，常见的酒庄旅游活动主要包括葡萄园参观、生产车间与酒窖参观、葡萄酒文化展示、葡萄酒品鉴。随着网络时代的发展，各种"网红"打卡景点与游玩项目已随处可见，因此酒庄应该考虑建设有自己特色的观光点或游玩项目，通过网络的手段宣传，使自己成为"网红"打卡地。酒庄可以建设葡萄景观观光产品，结合地形地势，打造艺术性葡萄景观，如葡萄大地景观、葡萄长廊、葡萄迷宫、葡萄生态自行车道，以及开发葡萄景观婚纱摄影产品等。更多的项目应因地制宜，以宁夏贺兰山东麓葡萄酒产区为例，贺兰山就是产区的特色，酒庄可以以葡萄酒为主，依托贺兰山东麓山地葡萄园优美的景观、洁净的水体、清新的空气、宜人的气候等生态优势，开发度假、疗养、保健、健身等葡萄酒主题类产品。在主要葡萄酒旅游基地或节点，建设酒吧、咖啡厅、舞厅、茶座、棋牌室、游泳池、健身房、运动场、电影院、游乐园等休闲娱乐设施。因此，无论是从提高游客的满意度上还是提升旅游的感受上，设置与创新不同层次的旅游体验项目都能使酒庄与游客达到双赢的结果。

酒庄旅游接待的项目要根据酒庄大小、经济状况、当地的风土人情和酒庄的理念与游客喜好等情况来定。一个合理且贴合消费者、参观者心意的接待项目，无疑会给酒庄体验及品牌声誉带来有形或无形的收益。根据统计，仅美国纳帕一地，就有至少 475 个葡萄酒庄园开放给游客和会员。而澳大利亚的维多利亚城，2013 年的葡萄酒产业总收入高达 9 亿澳元，其中 62.8% 是由葡萄酒旅游产生的收入。

（一）葡萄园参观

葡萄园是酒庄的后花园，无疑是酒庄最重要的景点之一。在游客乘坐的客车开往酒庄的路上，葡萄园将成为他们接触酒庄的第一道亮丽风景线，激发着游客的好奇心。对专业游客来说，好的葡萄酒是种出来的，这一理念吸引着他们想要更近地接触葡萄园，去了解这一酒庄的风土条件、栽培方式、葡萄本身的品质等文化。

葡萄园需要配备专业的讲解员，去给游客介绍葡萄园特色的风土条件、葡萄品种等知识。如果葡萄园较大，则需要配备适宜的交通工具，如在宁夏贺兰山东麓产区，可以使用电瓶车、自行车，也可以开展骑马、骑骆驼参观葡萄园的项目。在葡萄园中，分出一些地方种植一些鲜食葡萄，并用于采摘，也是吸引游客的一种办法。也可以搞一些特色养殖，如养鸡、鸭、猪、羊等，可以供给酒庄的餐厅，这样不仅让游客有在乡村度假的感觉，还可以将

家禽的粪肥用于葡萄园，走有机种植的道路，但切忌不能大量养殖，避免造成环境污染。

（二）生产车间与酒窖的参观

生产车间参观包括酿造工艺、设备、安全、生产等的参观介绍。生产车间参观应是单独隔离开的参观通道，通常位于生产车间的上部，由透明玻璃隔开，这样既可以保证生产车间的卫生，又可以避免游客对生产工作产生影响。根据参观游客的不同，可将讲解员设定为专业和基础讲解员。专业讲解员是为行业内人员设定的，讲解的内容更注重生产设备、工艺的讲解；基础讲解员可涉及酒庄的产能、葡萄酒生产流水线（从前处理到罐装线）的简单讲解。如果酒庄经济能力允许，可以在不同的区域设置相应的视频、音频讲解，或者可以建一个小型电影室，让游客在电影室里看一下葡萄酒生产的短片。通过现代技术的呈现，游客可以生动地了解到葡萄酒生产的相关流程。

酒窖也是重要的参观区域，也可以作为重要的文化展示区域，让游客了解葡萄酒陈酿的条件，如温度、湿度等，感受历史的沉淀。大部分酒窖中橡木桶是主角，大型酒窖大量的橡木桶给人气势恢宏的感觉，小型酒窖中整齐摆放的橡木桶也会给游客留下深刻的印象；酒窖中瓶储也是参观的内容，有的酒窖设置了各式各样的瓶储，增加了酒窖的观赏性（图3-18）。

图3-18　葡萄酒窖（作者摄于宁夏）

（三）葡萄酒文化展示

葡萄酒文化内涵和外延都比较丰富，包括从葡萄酒生产到消费的各个环节，是从土地到餐桌的文化，包括人文历史、风土、法规、技术、设备、产品等。有条件的酒庄可以建设文化展室，葡萄酒文化展室的主要功能有酒庄历史的介绍、生产工具展示和风土技术展示等。

在游览过程中，融入葡萄生产、酿酒知识的介绍，以及葡萄酒品鉴、葡萄文化产品（图3-19）等，既增加了葡萄酒文化的传播，提升了旅游者的兴趣，也使游客对酒庄的印象更加深刻。

酒庄可以以不同的形式或载体，对葡萄酒文化进行传播。例如，以与葡萄酒相关的电

图 3-19 葡萄酒庄文化作品（作者摄于法国勃艮第）

影、歌剧的形式，在欣赏电影、歌剧片段的同时，宣传葡萄酒文化，往往使游客产生更强的情感共鸣。

葡萄酒文化内容非常广泛，传播的形式也多种多样，如产区课程培训、研学游等，对于不同的酒庄在文化宣传中也有侧重，如有的侧重历史、有的侧重风土、有的侧重技术，文化的宣传也往往反映出一个酒庄的经营理念和积淀。

（四）葡萄酒品鉴

大部分酒庄会有葡萄酒品鉴活动。葡萄酒品鉴在专业上又称为感官分析，是利用视觉、嗅觉、味觉对葡萄酒进行观察、分析、描述、定义和分级。当然对于游客的品鉴不需要专业性太强，更多的是让消费者对葡萄酒有所体验。

葡萄酒品鉴是游客进行酒庄旅游的重要一部分，一是可提高酒庄旅游的趣味性和参与度，二是酒庄旅游本身就是酒庄葡萄酒营销的一种形式，而品鉴环节就是体验式营销。消费者可以通过品鉴增强对酒庄产品的认识，提高对产品的购买欲望。当然产品的质量才是获得消费者青睐的主要因素。

酒庄葡萄酒品鉴一般比较简单，通常是酒庄选取几款主要产品给消费者进行品尝，品鉴过程中不需要表格的填写，也不需要打分。对于一些产品丰富的大型酒庄，品鉴的酒款可因人而异，根据游客性别、年龄分布来定。在进入酒庄前，进行简单的问卷调查不仅可以了解旅游团成员的基本情况，还可以为以后的消费者产品开发做出改变，更好地打入消费者市场。对于年轻人，可以准备些甜型、半甜型的桃红或者干白；对于经常喝酒的成人来说，可以准备干红葡萄酒。这种品鉴过程中一定要有人介绍和引导。

酒庄葡萄酒品鉴的环境也尤为重要，应该在较为优雅、光线明亮、无噪声的地方进行，否则会影响游客的品鉴。品鉴的场地一般不需要太大，每次接待 20～30 人，80 m² 的品鉴室即可。中小型酒庄可以把品鉴和销售结合起来。

二、游客接待

（一）参观接待量

酒庄在设计旅游功能时，需要考虑当地的旅游参观能力、消费水平和酒庄周围的交通情况，根据实际情况来建设酒庄。在酒庄建设前应先搜索关于当地酒庄的具体信息及状况。例如，截至 2020 年年底，宁夏贺兰山东麓酿酒葡萄种植面积达 49 万亩，全区已建成酒庄 96 家，年产葡萄酒 1.3 亿瓶，酒庄接待游客 50 万人次，平均每家酒庄年访量为 5800 人次，但主要集中在交通情况好、其他旅游资源丰富的银川产区。可以根据这一数据和所在地区来规划酒庄的旅游功能区。

如果要吸引更多的游客进入酒庄，需要有更多的项目，如婚纱摄影、温泉、骑马等，那么酒庄的室内、室外面积就需要大一些，同时还需要考虑建餐厅和酒店满足游客的需求。但无论做什么旅游项目，要始终记住葡萄酒是酒庄的主营业务，其他业务都要配合葡萄酒的销售进行。

（二）游客体验

与任何旅游项目一样，酒庄旅游也必须让游客有很好的体验。酒庄旅游应该是沉浸式的，使得消费者通过酒庄之旅，达到对酒庄、品牌、产品全方位及深入理解，进而提高品牌与消费者的黏度，拉近产品与消费者的距离。

为合理安排及分流游客，目前酒庄大都采取预约制度，可通过电话、公众号或其他小程序等形式进行预约。酒庄规模不同，接待能力也有所差异。酒庄规模大、功能区域多、参观路线长，需要的时间较长；酒庄规模小、功能简单，参观路线及时间都会相应减少。参观路线与时长，还与访客的类型及对葡萄酒的认识程度有一定关联。例如，如果来访的是普通游客或初级消费者，可带领其简单参观后，进行品鉴及周边销售等环节；如来访人员为葡萄酒爱好者或相关专业人士，则需要提供更为专业、全面的参观、品鉴、葡萄酒推荐等服务，周边产品的销售可不作为旅游重点。

按照消费类型分，常见的酒庄旅游分为两种：免费型酒庄旅游及收费型酒庄旅游。

免费型酒庄旅游通常存在于一些知名度有待提高或新兴的酒庄，旨在通过开放酒庄大门，让更多的消费者及爱好者认识并了解酒庄及产品。由于访客人数有限，酒庄在此方面的投入成本可控，如接待人员、品鉴用酒等。同时，可提供酒庄葡萄酒及周边产品的销售，达到一定程度的成本补偿。

收费型酒庄旅游与上述类型不同，酒庄会对来访客人收取一定的费用，通常是收取品鉴用酒的费用。此类酒庄旅游常见于规模较大、知名度很高的酒庄，其全年来访游客的数量巨大，需对来访游客收取一定的费用，以补偿成本。收费的标准也会随品鉴的标准而变化，如品鉴酒款的数量多少、品鉴酒款的档次高低、是否需要配餐等。

无论是哪种类型的旅游，旅游过程中消费者都是对文化进行体验和了解，不能走马观花。酒庄内葡萄酒品鉴更是一种典型的体验，为了达到很好的体验效果，酒庄旅游需要有专人导引和介绍，即有固定人员作为酒庄的导游。一般酒庄的这种导游服务都是免费的，对于庄主和酒庄的管理者来讲，这种服务是值得的，不仅有助于旅游过程中酒庄产品的销售，更增加了酒庄的文化和品牌宣传。

　　按照体验类型分，常见的酒庄旅游可分为休闲型酒庄旅游及智慧型酒庄旅游。

　　休闲型酒庄旅游产业带可以把地方特色和酒庄特色结合在一起，形成一个餐饮、住宿、体验、会议、酿造、游乐等为一体的综合配套特色服务，从而拉近普通大众与葡萄酒的距离，让更多的人零距离接触葡萄酒文化，最终达到口碑相传的效果，由此来提高葡萄酒的知名度。酒庄旅游的关键是服务与精神体验，游客更希望在酒庄旅游的过程中享受好的服务，并获得情感、精神等心理满足。酒庄可以建设多功能的休闲娱乐区，让葡萄酒向着产业链的方向发展，从而提高综合效益，最终促进葡萄酒品牌竞争力的提高。体验式酒庄旅游产业以酒庄展售为主，同时也可以是集葡萄园采摘、护肤美容、婚纱摄影、主题旅游等为一体的休闲娱乐产业。同时，酒庄的建筑风格应该自成一派，各个酒庄独具魅力，游客置身于这样的环境中，感受到无尽的放松和享受。

　　智慧型酒庄旅游是随着经济高度发展，物联网、云平台、大数据及政府的大力扶持而提出和发展的一种新型旅游理念，新时代人们对美好生活的追求与向往成为消费主流，客观上对旅游服务业提出新的更高要求。创新酒庄旅游模式，满足消费者个性化、时尚化等需求，符合旅游业发展趋势。智慧型酒庄旅游则具有鲜明的时代特征，能充分体现游客出游的多样性、旅游的个性化和智能化。智慧型酒庄旅游是信息时代发展的必然结果，是大势所趋。

　　酒庄建设过程中可以考虑智慧旅游，将"智能"理念融入游客游、食、住、行、购等全过程中，从而打造一种新的旅游模式，全面提升酒庄品质，打造更加个性化、多元化和高品位的酒庄旅游。酒庄可以通过科学的信息、多样的呈现形式让市民和游客方便、快捷地获取旅游信息，帮助游客更好地安排旅游计划并形成旅游决策，提升游客旅游体验，结合酒庄自身文化及周边资源禀赋，开发智慧型旅游服务系统，实现酒庄由传统旅游模式向智慧型旅游模式的转变。开发酒庄智慧旅游专用 APP，实现上线预定—线下体验—上线再反馈的旅游模式。酒庄也可以像大多旅游景区一样全园实现 WiFi 网络覆盖，提供自助语音服务系统，给游客进行智能语音讲解；实现电子门票，一票通用；开发无人餐厅、自助住宿，实现酒庄内旅游交通智慧化。另外，开发无人超市、葡萄酒产品、葡萄酒深加工产品营销系统，让高科技融入观光旅游中，让游客体验时尚生活。健全酒庄反馈系统是酒庄智慧旅游的重要环节，通过判断销售渠道与量化分析，以挖掘游客兴趣爱好为导向，帮助酒庄策划出更加贴合游客内心的旅游方案和产品，以游客为中心，实现旅游满意度答复，改进游客在游览过程中遇到的问题，逐步完善智慧型酒庄旅游系统，突出智慧旅游特色，更好地促进酒庄旅游的发展。

　　随着葡萄酒庄园区的打造，旅游的人数不断增加，从而拉动了周边乡村副业的发展。乡村旅游产业在葡萄酒庄的带动下，不断创新升级，由此吸引更多的游客，促进经济的发展。由此可见，打造体验式葡萄酒旅游产业带不仅可以满足更多游客的需求，更是发展乡村经济的较好选择。

参 考 文 献

曹华兴. 2016. 浅谈如何做好重大活动消防安保工作［J］. 江西化工，（4）：178-179.

曹坤倩. 2019. 探讨建筑装饰设计风格与建筑文化的关系［J］. 居业，（9）：41-44.

陈馨如. 2017. 城市公共绿地景观照明与亮化之人本观念思考［D］. 沈阳：鲁迅美术学院硕士学位论文.

戴金枝，张亚楠，董玉峰. 2019. 体验式葡萄酒旅游产业带形成演化的影响因素研究［J］. 酿酒科技，12：126-129.

方雅楠，仝晖，刘祥，等. 2019. 论中式建筑表达之"形"和"意"［J］. 艺术与设计（理论），2（4）：53-55.

卢卫东. 2012. 传统文化背景下中国酒庄建筑设计研究［D］. 青岛：青岛理工大学硕士学位论文.

马岸奇. 2018. 建筑形式与装饰风格［J］. 砖瓦，（11）：15-17.

潘建彬. 2018. 如东"三河六岸"河道景观夜景亮化设计研究［J］. 艺术科技，31（8）：225.

宋思宁，董兴全，张玉磊，等. 2019. 葡萄酒庄园智慧旅游建设浅谈［J］. 现代园艺，（14）：232-233.

王继然，孟广弟. 2010. 生产车间照明节电改造浅谈［J］. 资源节约与环保，（2）：68-69.

向雪燕. 2015. 基于人因工程的作业环境改善与研究［J］. 中小企业管理与科技（中旬刊），（9）：118.

游锡火. 2019. 澳大利亚葡萄酒旅游发展及对我国的启示［J］. 安徽农学通报，25（Z1）：113-115.

曾春水，王磊，王灵恩. 2019. 贺兰山东麓地区葡萄酒旅游产业创新发展路径研究［J］. 北方园艺，（3）：167-175.

张红梅，龙嬚升，梁昌勇，等. 2019. 葡萄酒旅游目的地品牌形象影响因素扎根研究——以贺兰山东麓为例［J］. 中国软科学，（10）：184-192.

张绍兰. 2007. 欧式建筑风格介绍［J］. 辽宁建材，（4）：49-50.

张婉钰. 2019. 探讨建筑装饰设计风格与建筑文化之间的关系［J］. 建筑与装饰，（1）：30-31.

张欣宇. 2019. 园林绿化设计中风景要素的运用［J］. 现代园艺，（2）：64-65.

张宇. 2019. 基于企业和游客双向视角的酒庄旅游营销效果研究［D］. 西安：西安外国语大学硕士学位论文.

Song H R, Livat F, Ye S. 2019. Effects of terrorist attacks on tourist flows to France: is wine tourism a substitute for urban tourism? [J]. Journal of Destination Marketing & Management, 14: 100385.

第四章　酒庄酒的生产

酒庄酒的生产是一个系统工程（图 4-1），各个部分紧密相连，缺一不可。本章从原料、设备、工艺等方面全面介绍如何酿造优质酒庄酒。酿酒师是葡萄酒的灵魂（生产的执行者），酿酒师会根据原料特点、生产经验、市场反馈等多个因素最终确定葡萄酒的工艺流程和设备。

第一节　酒庄设备选型

扫码见本章彩图

图 4-1　葡萄酒生产体系

葡萄酒先天取决于葡萄原料，后天取决于工艺和设备。由此可见设备在葡萄酒生产中的重要作用，正所谓"工欲善其事，必先利其器"。实际上工艺决定了选择什么样的设备，对葡萄进行怎样的处理，但工艺能否顺利执行很大程度上取决于设备的好坏。设备选择应考虑工作原理、技术指标是否符合酿酒工艺，处理能力是否达到酒庄需求，设备工作的稳定性。同时，也要考虑设备厂家的售后服务水平。

一、前处理设备

前处理设备的主要功能包括分选、除梗、破碎和入料几个部分。通常酒庄会根据不同的种植品种、生产规模选择前处理设备的型号。同一成熟期的品种在确定采收期后应尽快完成前处理，要控制在一周以内甚至更短的时间，否则会出现过熟的情况。例如，一个 200 吨（红葡萄酒）年产能的酒庄，计划一周完成工作量，需要每天处理 40～50 吨原料，那么就要选配一套处理能力为 10 吨 /h 的前处理设备方可满足榨季需求。

（一）分选

分选的目的在于除去杂质和不符合生产工艺要求的果实，包括果穗和果粒的分选。分选可以分为人工分选和机器分选。

1. 人工分选　　人工分选设备（图 4-2）较为简单，主要设备有皮带式输送平台、振动式筛选平台。人工分选需要配备较多的临时工人，分选效率较低。分选根据工艺流程和对象分为穗选和粒选。葡萄从平台上通过，工人站在两侧挑出杂质部分，这种方式的优势是准确，缺点是效率低，如果当地劳动力资源丰富则建议采用人工分选方式。

（1）穗选　　穗选就是指葡萄串的分选，挑选出较大杂质，以及整串的不成熟果、霉烂果。霉烂的葡萄含有漆酶，会导致葡萄酒的氧化，要生产高质量的葡萄酒，对霉烂果穗的分选比粒选更加重要；不成熟的葡萄包括二次果、生青果、粉红果等，会严重影响葡萄酒风

图 4-2　人工分选及设备（穗选，作者摄于宁夏）

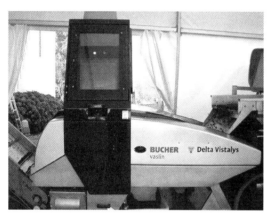

图 4-3　光学分选机（作者摄于法国波尔多）

味，使其具有生青味。

（2）粒选　经过穗选，在葡萄除完梗后，分出果粒。粒选主要是分选出不成熟的果粒及除梗时残留的碎果梗。

2. 机器分选　机器分选会节省人工、提高效率，但是设备采购费用高，如果酒庄所在地人工成本高则推荐使用机器分选。通常有光学分选和密度分选两种。光学分选机（图 4-3）首先扫描入料口，电脑根据物质的不同颜色（反射光波），自动筛选出成熟果、不成熟果和杂质等，通过惰性气体将不同物质分开。密度分选是将葡萄粒通过一定浓度的糖水溶液，根据成熟度越高密度越大的原理，从而将不同成熟度的果实分离开。机器分选效率高，适合预算充足的酒庄采购。

（二）除梗、破碎

1. 除梗　葡萄梗中基本没有糖分，不能参与发酵过程，且含有大量的劣质单宁，如果混入发酵罐中会导致葡萄酒颜色减弱、口感粗糙；并且果梗还会影响入料，占用一定的发酵罐体积。所以在大多数地区，红葡萄酒酿造过程第一步工序就是去除果梗。勃艮第产区在黑比诺红葡萄酒酿造过程中，为提高陈酿潜力适当加入果梗，但要注意果梗的成熟度，不成熟的果梗要尽量去除干净。干白葡萄酒原料在直接压榨过程中通常也不会除去果梗，因为果梗在压榨中可以起到支撑作用，帮助提高出汁率和澄清度。

除梗的主要设备为除梗机。传统的除梗机通过搅动整串葡萄，将果粒从梗上分离，缺点是果实容易被搅碎从而难以进行粒选工作，并且会加速原料氧化，不利于酿造优质葡萄酒。而新型转筒式除梗机（图 4-4）采用了更加轻柔的拍打和晃动两种除梗方式，大大降低了果粒的破碎程度，为粒选创造了条件。

除梗破碎不需要额外配备工人，处理能力略大于分选设备即可，以防止堵塞。

2. 破碎　破碎可以帮助葡萄释放出果汁、增强浸渍效果。

破碎设备最常见的是破碎机，即将果粒通过两个反向转动的硅胶滚轮，通过碾压直接破碎葡萄果实，通过调整两个滚轮的间距以适应不同品种（大小）的果粒。

（三）入料

1. 斗入料　重力法酿造通常都是使用入料斗将葡萄醪从发酵罐顶部直接倒入发酵罐中以减少泵对葡萄醪的搅动，入料斗的大小、传送方式都应根据实际情况来调节。一般而言，容积不小于 500 L，传送方式采用滑轨或吊装方式。

图 4-4　转筒式除梗机

2. 泵入料　传统的入料会使用到螺杆泵，将破碎后的葡萄直接打入发酵罐中，也可使用蠕动泵，此时葡萄醪为固液混合态，所以无论使用哪种产品，都要考虑是否会堵塞入料泵。

二、发酵设备

发酵车间是葡萄酒酿造的主要场所，葡萄酒的浸渍、酒精发酵、苹果酸 - 乳酸发酵、分离压榨都在此处进行。发酵设备主要有发酵罐、酒泵、压榨机、温控设备（也用于后期稳定）等。

（一）发酵罐

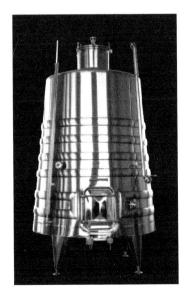

图 4-5　国产锥形不锈钢发酵罐
（作者摄于宁夏）

发酵罐按照材质分为不锈钢、木质、混凝土、玻璃纤维 4 种类型；按照外形分为方形、圆柱形、锥形、蛋形等多种形状。但是无论哪种发酵罐都要满足以下几个条件：易于清洁、方便浸渍、易于控温。

以下重点介绍不锈钢发酵罐、木质发酵罐和混凝土发酵罐三种。

1. 不锈钢发酵罐　必须使用 304 或 316 食品级不锈钢，常见的有锥形和圆柱形。不锈钢本身就以易于清洁的特点被广泛应用于发酵领域；此外，金属热传导效率高，所以外层通常可以焊接控温用冷带或米勒板。缺点是接触二氧化硫后会有生锈现象。图 4-5 为国产锥形不锈钢发酵罐。

2. 木质发酵罐　通常使用橡木，少数也可使用栎木、榉木制成。此类发酵罐用于传统压帽工艺，并且橡木的透气性也可以保证发酵顺利进行，另外在使用的前 3～5 年还可以为酒带来额外的橡木单宁以增加风味。因为木质的隔热保温性能较好，此类发酵罐的控温系统（热交换器）一

图4-6　法国进口橡木发酵罐（作者摄于宁夏）

般会安装在容器内部。图4-6为法国进口橡木发酵罐。

3. 混凝土发酵罐　混凝土发酵罐（图4-7）多为方形，因造价低廉曾被旧世界国家广泛使用，同样是采用传统压帽工艺达到浸渍目的。近些年来也出现了更美观的混凝土发酵罐，这是因为混凝土具有良好的可塑性，它可以被设计成任何形状同时还具有非常好的稳定性，如蛋形发酵罐。

另外，还有专门用于储藏的储酒罐，多为单层不锈钢材质。其外周安装保温夹层后可以作为保温罐，用于葡萄酒冷冻后的低温保持。

（二）酒泵

酒泵类型丰富，而且随着工程技术的发展，出现了多种多样的新式酒泵，其功能也越来越便捷和智能。为了方便工作、保证酒质，推荐使用可变频泵和可以自吸及双向流动的酒泵。酒泵数量可以按照实际需求配备，且考虑不同使用目的，应采购不同规格及性能的泵。对于15吨发酵罐的相关操作，酒泵流速需要达到10～15吨/h。

1. 离心泵　速率高、价格便宜、维修保养简单。离心泵启动之后，泵轴会带动叶轮一起做高速旋转运动，在惯性离心力的作用下，酒液自叶轮中心向外周做径向运动，与此同时，在叶轮中心将会形成一个低压区，在贮槽与叶轮中心总势能差的作用下，酒液被吸进叶轮中心。依靠叶轮的不断运转，酒液便连续地被吸入和排出。但是很多酒庄认为叶轮的转动会影响酒质，而

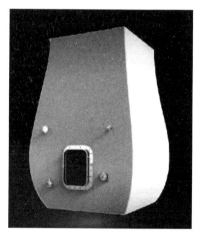

图4-7　混凝土发酵罐（作者摄于宁夏）

且离心泵不能空转，无双向运送能力，不可自吸和防止酒液自流，所以使用起来不够便捷，每次使用完毕后管道内都会留存大量酒液。

2. 柔性叶轮泵　速率较高、价格较便宜，但需要定时更换橡胶转子。可以认为是离心泵的改进产品，叶轮泵拥有自吸能力和双向运送能力，可以防止酒液自流，但是为了防止叶轮磨损不可空转。叶轮泵使用便捷，小巧灵活，适用于循环、过滤、灌装、入桶、出桶等多种工艺。

3. 活塞泵　速率不高、价格较高，维修保养较便宜。活塞泵靠活塞往复运动，使得泵腔工作容积发生周期性变化，实现酒液的吸入和排出。由泵缸、活塞、进出水阀门、进出水管、连杆和传动装置组成。当活塞向上运动时，进水阀开启，酒液进入泵缸，此时活塞上的水阀关闭，活塞上部的酒随活塞向上提；当活塞向下运动时，进水阀关闭，活塞上的阀门开启，从而使泵缸下腔的酒压入上腔，如此反复进水和提升，使酒不断从出水管排出。活塞泵的流量由泵缸直径、活塞行程及活塞每分钟的往复次数确定。活塞泵拥有自吸能力和双向

运送能力，可以自行控制酒液流动方向，并可空转。活塞泵使用便捷，但体积重量较大，且拥有较大剪切力，会对管道造成一定压力，使用后应迅速释放压力，防止损坏管道。

4. 蠕动泵　蠕动泵速率不高、价格高，维修保养成本较高，需要定期更换软管。蠕动泵通过对泵的弹性输送软管交替进行挤压和释放来泵送酒液。随着两个转辊子的转动，管内形成负压，液体随之流动，流量取决于转速和软管的截面积。不同于上文中提到的泵，蠕动泵泵体不会跟酒液直接接触，所以很多酒庄认为蠕动泵可酿造出更高品质的酒。蠕动泵拥有自吸能力和双向运送能力，可以防止酒液自流，配合电控设备可实现无级调速、远程控制等，而且因为没有密封装置，无泄漏风险，适宜用在葡萄酒生产等氧敏感领域。即使空转也不会对泵体造成损坏，所以是极佳的酒泵，可以被广泛应用于入料、循环等工艺环节，缺点是价格较高、体积和重量较大。图4-8为国产蠕动泵。

图 4-8　国产蠕动泵（作者摄于宁夏）

5. 螺杆泵　螺杆泵是一种内啮合齿偏心式回转泵，属转子式容积泵。单头螺杆转子在螺孔的定子孔腔内啮合，形成若干密闭腔，当转子绕定子轴旋转时，这些密闭腔做螺旋运动，它们连续地、匀速地、容积不变地将密闭腔内的介质从吸入端送到压出端。由于转子、定子副啮合的密封线，将吸入腔和排出腔有效地隔开，可以输送皮渣等固体介质，常常用来入料或将皮渣打入压榨机。

此外还有隔膜泵、转子活塞泵等，此处不再一一列举。酒庄可以根据实际情况选择搭配合适的酒泵。

（三）压榨机

通过物理挤压压榨机可以将葡萄（皮渣）内的葡萄汁（酒）挤出，增加出汁（酒）率。好的压榨机需要做到尽可能地挤出更多汁（酒）液，同时又不能压碎葡萄皮和葡萄籽，因为压碎后葡萄皮和葡萄籽中的劣质单宁就会进入酒中，造成葡萄酒口感粗糙。对于200吨（红葡萄酒）年产能的酒庄，（气囊）压榨机容积应该以2～3 m^3 为宜，如果生产干白葡萄酒，则需要更大容积的压榨机。

1. 螺旋式压榨机　螺旋式压榨机也叫螺杆式压榨机，原理类似于螺杆泵，通过螺杆旋转挤压葡萄或皮渣，液体透过腔体流出，固体废渣被螺杆带出。此种压榨机结构简单，可以实现连续压榨，但因为压力不可调节而不适宜优质葡萄酒的生产，酒庄较少用。

2. 篮式压榨机　篮式压榨机主体由一个篮筐组成，葡萄或皮渣放入篮筐中，通过上方液压装置或其他机械装置向下施加一定压力，汁液通过篮筐的缝隙流出。这种压榨机压力可以调节，简易耐用，缺点是出汁率较低，操作时间长，容易导致酒的氧化。

3. 气囊压榨机　相较于传统机械挤压，气囊挤压更为轻柔，不会压碎果皮和葡萄籽，通过旋转搅匀皮渣，出汁率也会更高，并可以配合氮气使用，隔绝空气压榨，避免葡萄汁（酒）氧化。如果酒庄要酿造高品质葡萄酒，气囊压榨机是首选设备，此外干白葡萄酒的制作也最好使用有惰性气体保护的气囊压榨机，防止葡萄汁提前氧化，也可以减少葡萄汁中酚

图 4-9 氮气保护式气囊压榨机（作者摄于宁夏）

通过万向清洗头喷射到桶内进行清洗，在清洗过程中最好将橡木桶倒置以便于污水流出，如果用 60℃ 以上的热水清洗效果更佳。橡木桶体积和重量较大，人工清洗十分不便，使用专用洗桶机不仅可以提高效率，更可以避免工人在操作中受伤。

（二）蒸汽机

经过洗桶机清洗的橡木桶随后还需要用蒸汽机（图 4-10 左图）进行杀菌处理。相较于传统的熏硫杀菌，蒸汽杀菌效率更高，杀灭更彻底，而且不会额外增加葡萄酒中的二氧化硫含量，因此更加环保。此外，蒸汽还可以用来给管道、灌装机等设备杀菌。

类物质的含量。图 4-9 为某公司氮气保护式气囊压榨机。

三、酒窖设备

（一）洗桶机

在橡木桶陈酿阶段，每隔三个月需要进行一次倒桶澄清的操作，将清澈的酒液抽出至中转容器，然后将橡木桶清洗干净后方能继续使用。橡木桶的结构决定了其清洗需要依靠专业工具，洗桶机（图 4-10 右图）能够将高压水流

图 4-10 蒸汽机（左）和洗桶机（右）
（作者摄于宁夏）

四、灌装及包装设备

经过灌装、瓶储、包装后，产品就可以进入市场。灌装设备构造比较复杂，零部件较多，造价相对昂贵，操作要求和维修保养成本也较高。灌装后的贴标、喷码、封箱、包膜可以手工完成或使用半自动设备，如果酒庄条件允许，配备全自动设备可以大大增加工作效率。

（一）灌装机

灌装机是将酒液灌装入瓶中并密封的整套设备。在机械化程度不高的时代，葡萄酒的灌装就是将一个尖头龙头插入木桶，这样直接将木桶中的酒灌入瓶中，此过程效率低下。后来人们制作了半自动灌装机，灌装机的储酒舱连接灌装头，通过人工将灌装头插入瓶中并置于垫板上，酒液通过重力作用流入瓶内，通过调整垫板的高低和灌装头的长短控制液位高度。现在酒庄普遍用上了全自动灌装机（图 4-11），设备集洗瓶、沥水、充气、灌装、调整液位、打塞等多种功能为一体。酒庄采购灌装机时最好选择这种多功能一体机，全封闭式作业更加卫生，效率也更高，还节约不少人力成本。

图 4-11　国外某品牌全自动灌装机（作者摄于宁夏）

对于一个 200 吨（红葡萄酒）年产能的酒庄，选择 1000～1500 瓶/h 的灌装能力设备即可，而且通过更换星轮可以适应不同的瓶型，也可通过替换螺旋盖模块满足用螺旋盖灌装的要求。

以往酒庄的灌装设备是办理生产许可证的必要条件之一，但也有很多专业人士指出，灌装设备价格昂贵，酒庄使用率却很低，大部分精品小酒庄每年仅仅使用几天，采购这种设备不仅成本高昂，养护成本也不菲。产区可以设立灌装点，统一进行灌装，这样不仅降低成本，更可以集中管控从而增加灌装的质量和安全性。

（二）外瓶清洗机

经过一定时间瓶储，需要上市的葡萄酒返回灌装车间进行贴标。但这个时候瓶身会布满灰尘，在贴标签前一定要进行清洗，如果酒庄预算充足，采购一台全自动的外瓶清洗机可以大大提高工作效率。但需要注意此设备工作噪声较大，需要给工人佩戴耳塞。

（三）贴标机

贴标机（图 4-12）除了用于贴标外，一般还具备套帽、缩帽等功能（螺旋盖除外），需要注意金属帽和热缩帽所用的模块不同。此外，贴标机的选择需要注意是否有定位功能，如

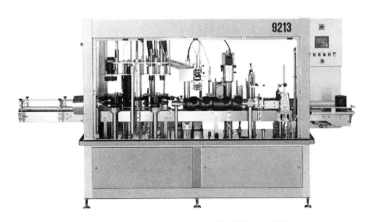

图 4-12　全自动贴标机（作者摄于宁夏）

果瓶身有特定花纹，并且要求将标签与花纹保持在同一水平面则需要进行定位，此外还要考虑酒是否有瓶颈标。

（四）喷码机

喷码机的功能是给酒瓶或酒帽喷上生产（灌装）日期及批号。以往盖印章式的生产日期标注方法已经被淘汰，虽然也可以选择直接将灌装日期信息印刷在背标上，但是更常见的还是配合链道的全自动喷码机进行喷码。常见的喷码设备有喷墨式和激光式两种，可以根据酒庄实际情况选配。

五、其他酒庄设备

其他酒庄设备主要包括过滤设备、温控设备、管线和惰性气体生成等设备。

（一）过滤设备

过滤设备分为两大类，一类是传统过滤机，包括板框过滤机、硅藻土过滤机、膜过滤机等；另一类是新原理的错流过滤机。传统过滤机的工作原理，是让酒液通过过滤介质，大于孔隙的物质被截留在过滤介质上形成滤渣，小于孔径的滤出物则为清澈酒液。传统过滤设备价格便宜，缺点是随着过滤的不断进行，过滤介质逐渐被滤渣堵塞，阻力增加，过滤速度减小甚至有可能会因完全堵塞造成过滤困难，且过滤介质往往都为一次性的，耗材成本较高；错流过滤，是一种动态、切面循环过滤，过滤效果好，耗材使用时间长，但价格较高。图4-13是传统过滤与错流过滤的过滤原理示意图。

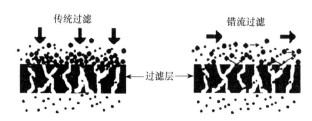

图4-13　传统过滤与错流过滤的过滤原理示意图（作者手绘）

1. 板框过滤机　　板框过滤机是由滤板、滤框、头板、尾板、托梁和压紧装置等组成。滤板与滤框之间放置滤纸，这样的一组板框，整合后放在机架上的头板、尾板之间并压紧就可以进行过滤操作。根据酒的浊度不同选用不同粗细的滤纸即可。

2. 硅藻土过滤机　　硅藻土过滤机使用硅藻土作为过滤介质，根据土的粗细配比可以过滤不同浊度的酒液。其原理是在密闭不锈钢容器内，自下而上水平放置不锈钢过滤圆盘，圆盘的上层是不锈钢滤网，下层是不锈钢支撑板，中间是酒液收集腔。过滤时，先进行硅藻土与酒液的混合预涂，使盘面形成一层硅藻土涂层，酒液在泵压力作用下，通过预涂层进入收集腔内，大颗粒及大分子物质被截流在预涂层，进入收集腔内的澄清酒液通过中心轴流出容器。

3. 膜过滤机　　膜过滤机与板框过滤机原理相同，酒液通过膜柱介质，大颗粒物质被截留，清澈酒液流出，唯一的区别是板框过滤所使用的纸板因为工艺无法做到绝对精度，仅达到相对精度，只能作为粗过滤使用，而膜过滤机中的膜柱介质为绝对精度，可以准确地过滤掉大于此精度的杂质，故可以用来做最后的除菌过滤。

4. 错流过滤机　错流过滤时酒液与介质平行流动，因为液体流速差值会形成压力差，滤液在压力的作用下会携带大颗粒杂质继续向前移动，这些大颗粒物质不断循环直至被当作废液排出，所以介质不容易发生堵塞，而且由于过滤介质阻力变化不大，因而错流过滤机（图 4-14）可以保持较快的过滤速度。即使出现堵塞的情况，通过反冲洗的设置可以迅速清除过滤介质的堵塞，使得大分子颗粒继续进入循环中。而且不像传统过滤中的介质都是一次性耗材，错流过滤机中的滤芯可以使用 15 000 h 以上，如果保养得当甚至更久。错流过滤机因其独特的工作原理，可以广泛应用在葡萄汁澄清、去除杂质、除菌过滤等多种工艺操作中。

图 4-14　错流过滤机

生产上一般需要两步过滤，即澄清过滤和除菌过滤，澄清过滤即将肉眼可见的杂质滤除，属于粗过滤；除菌过滤即将大部分微生物滤除，需要过滤介质的孔径小于 0.2 μm。所以一般需要两套设备，可以进行串联使用。对葡萄酒的过滤时间和过程要尽量短（2～3 h 过滤完成），以避免氧化，所以设备要选较大功率的，但较大功率的设备往往对酒的耗损也大，酒庄根据情况进行选择。对于一个年产 200 吨红葡萄酒的酒庄，如果每批灌装 10 吨左右，可以选择一台 3 吨 /h 的硅藻土过滤机和一台 3 吨 /h 膜过滤机或 3 吨 /h 的错流过滤机，同时最好能与灌装能力配套。对于酒庄酒，过滤会在一定程度上降低葡萄酒的品质，要注意适度使用。

（二）温控设备

发酵过程中，酿酒师对工艺温度有着极其严格的要求。酒精发酵会释放大量热量（每消耗 1 kg 糖约产生 133 kcal[①] 热量），如果不加以控制会影响葡萄酒的口感及香气，甚至会引起酵母死亡导致发酵终止。所以制冷设备对于酒精发酵来说尤为重要，配合温度传感、自动化控制等技术，可以实现智能化控温；另外在后期对葡萄酒进行冷稳定处理时，需要对葡萄酒进行快速冷冻降温。在酒精发酵前期和苹果酸 - 乳酸发酵阶段，也需要对葡萄酒进行适当升温，虽然升温在酒庄生产中不太常用，但有条件的酒庄最好能准备两套相互独立的温控管

---

① 　1 kcal = 4.1868 kJ

线系统，用于升温和降温。整套系统由制冷机组、冷（热）媒、缓冲罐、管线、泵、控制阀门、温控探头、控制面板等部分构成。

冷冻效率取决于制冷机组的功率，在酒庄对冷冻设备选型中，首先要考虑在酿造白葡萄酒及后期对葡萄酒进行冷稳定的需求，这些工艺需要快速将酒温降至0℃以下。以10吨葡萄酒冷冻降温为例，将10吨葡萄酒从20℃降到0℃需要 $10 \times 1000 \times 20 \times 3.7 = 7.4 \times 10^5$ kJ能量，如果要求在3.5 h内完成降温，需要 $7.4 \times 10^5/3.5 = 2.093 \times 10^5$ kJ/h，所以需要约 5×10^4 kcal/h制冷量的冷冻机。

年生产能力为200吨红葡萄酒的酒庄，通常使用10吨冷冻罐和10～15吨发酵罐，可以采用以上冷冻参数的制冷机。

（三）管线

酒庄中需要用到管线的位置众多，所需的材质也各不相同。整体要求就是无异味、无有害物质（如塑化剂等）、可靠耐用等。

1. 水管　用于日常清洗的管线推荐使用PPR管，下水管线使用PVC管，按照国家标准执行即可。通常进水使用内径15 mm的4分管，外接延长部分可以使用PU材质软管，排水建议使用内径100～150 mm管线。温控管道建议选用25 mm不锈钢管或PPR管，可以根据酒庄实际情况决定。纯净水则必须使用15 mm不锈钢管连接。

2. 气管　用于传输压缩空气及氮气的管道推荐使用15 mm低碳不锈钢管，一些小酒庄使用高压瓶装气时，通过减压阀可以使用塑料气管。

3. 输酒管　用于葡萄醪、葡萄酒传输的管线必须是食品级无毒无塑化剂管线，内壁光滑、外层有抗老化抗压加强层，能承受−1～10 bar[①]压力，工作温度为−30～120℃。入料常使用DN100或DN80的管线，葡萄酒传输使用DN51管线，橡木桶入桶、出桶、灌装建议使用DN32规格管线。

4. 接口　为方便使用水管、气管快接口，葡萄酒管线与设备、罐口连接处可使用卡口，也可使用螺口，同时还应配备转接口、变径、三通等便于日常操作。

（四）惰性气体生成设备

葡萄酒在酿造中最难做到的就是溶解氧的控制，过量的氧气会导致葡萄汁及葡萄酒氧化，这时候就需要用氮气和二氧化碳等惰性气体保护，有条件的酒庄可以直接通过设备制取。如果条件不允许也可以购买瓶装气，需要注意二氧化碳容易溶于酒，氮气不易溶于酒，但是氮气密度低于空气，容易浮起降低隔绝效果，实际生产中将氮气和二氧化碳混合后使用效果更佳。

1. 制氮机　制氮机可以生成氮气，用于发酵罐内隔绝空气防止氧化，另外气囊压榨机、灌装机也需要氮气。

2. 空压机　空压机可以产生压缩空气驱动设备运转，如灌装机、贴标机、洗瓶机等。

制氮机和空压机都是压力设备，对使用环境和保养维护检测有严格要求，必须保证正确使用。

关于二氧化碳的使用，有条件的酒庄可以建立干冰储存罐用于发酵期间使用，干冰不仅

---

① 　1 bar＝1×10^5 Pa

可以降温，还可以防止葡萄醪（酒）的氧化，所以被广泛用于葡萄酒酿造。因为干冰储存罐为压力容器，并且干冰温度很低（−78.5℃），所以必须隔离并严格按照规范流程取用，同时做好防护措施。

第二节　葡萄原料质量控制

好的葡萄原料是酿造优质葡萄酒的重要前提，所以对于酒庄而言，原料的要求和控制是最为重要的工作。首先要确保原料无农药残留、无病虫害、少青果烂果；其次还要保证原料的糖酸比适宜。通常酿造干红葡萄酒需要 18 g 糖转化为 1% 酒精，酿造干白葡萄酒则需要 17 g 糖转化为 1%（体积分数）酒精，所以糖度越高，成酒酒度就会越高，通过简单计算就可以得到葡萄酒的潜在酒度，也可以通过葡萄汁的密度推算出潜在酒度，但同时也不能一味地只追求糖分而忽略了酸度，导致葡萄酒口感不平衡、货架期短等问题。此外，对于高品质葡萄酒的酿造而言，多酚成熟度也是衡量葡萄质量的重要指标。

一、产量控制

葡萄产量分为面积产量（亩产量、公顷产量）和单株产量两个概念，最常用的是葡萄的亩产。要酿造优质葡萄酒，葡萄的亩产不能太高，否则会导致葡萄品质下降，浓郁度降低；但是亩产也不宜太低，否则会削弱葡萄之间的竞争导致果粒变大，也会降低葡萄酒的浓郁度。在葡萄园不缺株的情况下，合理的酒庄酒葡萄亩产在 500 kg 左右，当然也要考虑单株产量或单位叶幕产量。通过对亩产合理控制，实现葡萄和葡萄酒质量的提升，以及对成本的控制。

通过除杂、分选剔除部分不合格原料，这部分占比根据原料情况而定。之后除梗会除去 8% 左右的重量，随后葡萄经过发酵、压榨，原酒的占比在 60%～65%，根据原料品质差异也会略有不同。皮渣占比为总重量的 17% 左右，剩余的重量为二氧化碳释放量。

二、采收品质管理

采收是关系到葡萄酒质量的关键环节，对于酒庄必须根据产品的要求判定葡萄的成熟度，并最终确定采收期，同时葡萄园与车间需要协调配合，保证及时采收和加工。

（一）葡萄采收期确定

采收期确定首先要在做好成熟度测定工作的基础上进行，实地对葡萄样品取样时，应取不同朝向、不同高度的葡萄且间隔取样，之后取汁并混匀。通过感官分析，观察葡萄的健康状况，品尝葡萄成熟度、糖、酸及葡萄皮的风味，并评价种子成熟度。通过理化指标检测确定还原糖含量、总酸含量、pH 等基本数据。判定原料的成熟情况和采收期，除了需要相对平衡的糖酸比外，更重要的是酚类物质的成熟度，因为酚类物质决定了葡萄酒的颜色、风味、结构感、陈年潜力等指标。采收期的确定与酿酒师需要酿造的葡萄酒类型、风格、市场需求等也有很大的关系。

（二）采收时的天气因素

采收时的天气因素也是至关重要的，如果有连续降雨会导致葡萄风味物质被稀释，甚至会导致葡萄吸水涨破，造成葡萄染病霉变。所以要提前观察天气并参考葡萄成熟度指标确定采摘日期。遇到下雨，可停止采摘，等天气放晴后继续；如果遇到连续阴雨天气，有霉变和减产风险，则可以考虑冒雨采摘以减少损失。

通常葡萄采摘在清晨进行，这时候温度较低，在葡萄酒的前处理过程中较低的温度减低了氧化的风险。如果此时该地区已经有很重的露水，则可以考虑傍晚采摘，防止露水稀释葡萄醪浓度。

（三）运输

葡萄采摘后应及时运输到车间处理，且运输途中要注意避免葡萄相互挤压破碎，运输时将葡萄放在筐中是通行做法，筐子通常为 20 kg 的容量，可以堆叠但要防止过满发生挤压，使用后应立即将筐清洗干净。车的选择可以是拖拉机也可以是货运车，建议酒庄多准备几辆车交替运输，每趟车载重量 10 吨左右即可。运输前应提前确认路线是否有限高、限行等情况。

（四）车间准备

车间准备工作主要是做好榨季计划、预估酿酒产量、发酵罐分配、人员安排、物资检点等。车间应提前招募工人组织分选，如果处理任务紧急可以考虑几组人员倒班，务必安排后勤保障及应急人员。提前采购所需要的辅料、劳保用品、药品等物资；提前调试并清洗场地、发酵罐、设备等；提前做好设备保养工作、试运行等；提前准备好污水处理设备，同时储备一定量清水以防止停水。此外，还需向当地供电部门询问线路维修情况，确保榨季用电安全。

第三节　酒庄酒的酿造

葡萄酒作为大自然的产物，酿酒师的作用是帮助提高酒的品质和改善酒的风味，每一步工艺操作都是参与大自然造物的过程，酿酒工艺也是在年复一年的生产中总结而来的。随着科学技术的不断发展，人们认知自然的能力也在不断提高，葡萄酒酿造过程中也使用了很多科技成果，包括辅料、设备等。但是葡萄酒品种繁多，工艺多变，现代酿酒工艺需要技术和技艺的完美结合。

一、红葡萄酒的酿造

红葡萄酒是历史最悠久，也是饮用量最多的葡萄酒，因其艳丽的颜色、浓郁的香气、耐储藏的特性而成为市场上最主要的产品。

（一）基本酿造流程及工艺

1. 葡萄分选　从葡萄园送来的葡萄首先要经过分选，一定要挑选出霉烂果、生青果、杂质等。因为霉烂果中含有大量漆酶会导致葡萄酒氧化，所以必须去除；而生青果会造成葡萄酒中吡嗪类物质含量增多而出现青草气息。车间接收原料时应填写入料表，明确重量、原料来源地块、品种等信息。

2. 除梗　　通常葡萄梗占比为葡萄总重量的8%，所以可以根据产量计算出每小时的工作量，采购合适处理能力的除梗机。此外，根据不同品种葡萄果粒大小、除梗难易度等及时调整除梗速率，提升除梗效果，在果梗不是很成熟的地区要求除梗率尽量达到100%，但一定注意不能将葡萄浆果打碎，除梗这个操作要尽可能轻柔。

3. 破碎　　如果是用整穗发酵工艺（二氧化碳浸渍法）可以跳过破碎这个步骤；如果是传统工艺的话，破碎的标准是将葡萄挤破并释放出果汁即可，注意不要把葡萄籽或葡萄皮碾碎，这样会释放出劣质单宁影响品质。

4. 入料及辅料添加　　入料的路线要合理安排，不能影响其他工作开展，并且尽可能地缩短行程。如果是使用重力入料，料斗行程必须覆盖所有发酵罐，并且方便装卸和清洗。入料的同时可以加入一定量的二氧化硫，添加量根据葡萄原料健康状况及原料 pH 而定，表4-1给出红葡萄酒发酵前二氧化硫添加量的建议。此时二氧化硫的作用是抑制杂菌繁殖，防止葡萄醪氧化，增强红葡萄酒的浸渍效果，并且还可以调节酸度，基本原则是健康、pH 较低的葡萄添加量少；如果采用非酿酒酵母与酵母的混菌发酵工艺，二氧化硫的使用量要更低。如果此时还有其他辅料也可以加入罐内，如果胶酶、单宁、酵母营养剂等，务必如实并及时填写原辅料添加剂量表，记录辅料名称、辅料来源、添加量、添加人等信息。需要注意二氧化硫应避免与果胶酶同时添加以免影响果胶酶活性。

表 4-1　红葡萄酒发酵前二氧化硫添加量（mg/L）建议

不同红葡萄酒	原料无霉变	原料有部分霉变	预接种非酿酒酵母
pH 低于 3.5	20	35	10
pH 高于 3.5	25	40	15

5. 预浸渍　　刚入料后，葡萄醪还未开始发酵，此时建议采用预浸渍工艺。因为葡萄皮中的花色苷易溶于水，通过预浸渍可以帮助增强葡萄酒的色度；此外，结合态的香气物质也可以在此时融入葡萄醪，增加之后葡萄酒的香气组成。需要注意的是，预浸渍过程一定要注意迅速降温并保持在8℃以下，防止葡萄醪中杂菌的滋生，所以也将预浸渍叫作冷浸渍。冷浸渍过程需要隔氧，可以使用二氧化碳、氮气保护，也可以使用干冰。整个浸渍过程每天可以进行1或2次封闭循环，作用是搅匀葡萄醪，增强浸渍效果。预浸渍阶段可以考虑接种非酿酒酵母，因为非酿酒酵母会抑制其他微生物繁殖从而起到生物防治的作用，不仅可以减少二氧化硫使用量，还可以给葡萄酒增加额外的属性（增酸、增香）。预浸渍时间可以根据酿酒师工艺决定，越低的浸渍温度，浸渍时间一般也会越长，但通常不建议超过7 d，否则会有杂菌繁殖的风险。冷浸渍相对传统工艺会耗费更多的电能和辅料（干冰等），但可以相应节省后浸渍的时间。

6. 发酵　　使用干酵母首先需要对酵母进行活化，温水（37～40℃）是必不可少的，而且必须使用纯净水，所以车间要配备热水炉和纯水净化器，有条件可直接将热水管线接进车间。活化酵母要根据辅料说明书要求完成，注意活化温度、是否需要添加酵母营养剂、接种温差等指标。一般在葡萄醪的温度达到 15℃后加入酵母，酵母活化后建议从罐顶部加入发酵罐中，加入后应立即混合均匀。

发酵开始后需要关注发酵状况，如实记录密度、温度等数据，以及辅料添加和操作过程，必须要严格填写发酵记录表（表 4-2）。对于温度和密度数据的测量，可在每次循环结束后进行，这样测得的数据更加具有代表性。很多酒庄安装了自动温控设备，也可以记录温控仪上的温度数据。

发酵所产生的二氧化碳会将葡萄皮顶起，形成坚实的酒"帽"，为了加强颜色和风味的浸提必须不断地将酒帽压入发酵液中，我们称之为"压帽"；或将发酵罐底部的汁抽出从顶部淋到帽上，我们称之为"循环淋皮（淋帽）"。无论压帽还是循环，它们目的都是一样的，所以次数和时间要根据原料状况和口感而定，过度的压帽或循环会导致劣质单宁析出，影响口感。如果压帽或循环不足可能会导致挥发酸升高，最重要的是不能达到浸提效果。酿酒师发酵阶段的一个重要工作就是根据实际情况调整压帽或循环的频次和时间，很多时候需要品尝来确定。循环主要有密闭式、半开放式、开放式，酿酒师可以根据情况使用循环的方式。

发酵过程也是放热的过程，发酵温度对葡萄酒的香气有很大影响。发酵温度过高会导致香气挥发，如果发酵温度过低又会导致浸渍效果变差，不能有效浸提颜色和风味。所以酿酒师就要找到平衡点，既保证香气还要兼顾口感和颜色。一般而言，果香型葡萄酒的发酵温度为 24～26℃，陈酿型葡萄酒为 26～28℃，近年来的工艺发酵温度趋于降低。发酵温度的控制通常需使用温控设备，但是发酵罐或者温控系统上显示的温度只是温度传感器周围葡萄醪的温度，如果要了解精确的温度，务必在循环过后测量，此时葡萄醪温度较为准确。

发酵不仅仅是酵母将糖转化成酒精的过程，酵母还会生成很多次级代谢产物，这些物质构成了葡萄酒丰富的香气，并协助构成复杂的口感，所以务必保证发酵在可控的条件下进行。近些年随着全球温度的不断升高，以及葡萄园管理水平的提升，葡萄的含糖量越来越高，葡萄酒的潜在酒度也在不断提升，甚至有达到 17%（体积分数）的潜在酒度，这对发酵管理和酵母提出了越来越严格的要求。对于这种高酒度的葡萄酒，在发酵前就应该选择适宜的酵母，其中酒精耐受度是主要考量指标，其次发酵期间的营养管理（如氮元素补充）、氧气供应（适当的开放式循环）、温度保持（不急剧降温）等都应严格注意，保证发酵顺利进行。如果中途终止发酵那么对于葡萄酒质量的影响是不可逆的，通常人们会加入贝氏酵母重新起酵，将残糖消耗掉。

表 4-2　发酵记录表

罐号：	葡萄品种：	产地：	总糖：	总酸：
容积：	入罐时间：	结束时间：		
SO₂：	降酸（增酸）：	果胶酶：　工艺：		

时间	温度	比重	比重变化	操作

出罐时间：

自流汁体积：	相对密度：	温度：	泵送至　号罐
压流汁体积：	相对密度：	温度：	泵送至　号罐

7. 后浸渍 后浸渍期间的压帽或循环跟发酵时期的目的是一样的，只不过此时发酵已经结束，葡萄汁全部变成葡萄酒，酒精会更好地萃取出葡萄皮中的酚类物质。此时温度也不会升高，并且不再会有二氧化碳生成，"帽"逐渐消失，这时候循环强度或频率都应适当降低。这个阶段少则 2~3 d，多则 1 个月，主要根据浸渍温度、葡萄（皮）质量、葡萄酒的要求决定，但原则就是防止劣质单宁过多地溶入酒中。

8. 分离及压榨 通过一定时间的浸渍，葡萄酒已经具有其应有的结构感、颜色、香气。此时我们要将自流酒分离出来，将皮渣放入压榨机中得到压榨酒，压榨的压力不宜超过 1.8 bar，因为过高的压榨力度会使压榨酒中劣质单宁含量过高，这是在出汁率和品质之间寻找的平衡。大的酒厂可以根据不同压力区分压榨酒并分开存放，对于酒庄，为了便于管理，一般只有自流酒和（混合）压榨酒。整体来说，自流酒的口感更柔和，结构更细腻；压榨酒相对粗糙，挥发性酸含量也略高于自流酒，但这并不意味着压榨酒不好，通过酿酒师的调配我们可以得到更加平衡的葡萄酒。

9. 苹果酸 - 乳酸发酵（MLF） 苹果酸 - 乳酸发酵可以降低葡萄酒中的酸度、提高微生物稳定性。与酒精发酵不同，苹果酸 - 乳酸发酵不会自动终止，需要随时监测其发酵进程，生产上通常采用层析法监控苹果酸的消耗情况，也可以使用仪器测定葡萄酒中苹果酸的数量，苹果酸完全消耗后视为发酵结束，结束后立即分离并加入二氧化硫，终止发酵。传统上苹果酸 - 乳酸发酵在酒精发酵后进行。乳酸菌有不同种类，如酒类酒球菌、植物乳杆菌，在商业使用上也提供了选择。如果酒中还有较多残糖（果糖大于 8 g），就要注意选择不会将糖转化成乙酸的乳酸菌株。

现在也有很多酒庄（尤其是冬季不具备采暖能力的酒庄）采用平行发酵的工艺，即在酒精发酵启动时接种后乳酸菌（植物乳杆菌），同时进行酒精发酵和苹果酸 - 乳酸发酵。平行发酵由于菌种和发酵温度较高，通常进行 7~10 d，在葡萄酒分离压榨时就完成了苹果酸 - 乳酸发酵，缩短葡萄酒发酵时间（主要是缩短了启动时间）。但是仍然需要随时监控苹果酸 - 乳酸发酵进程，如果葡萄酒在分离压榨前完成了苹果酸 - 乳酸发酵，就需要及时加入二氧化硫终止发酵；如果葡萄酒在分离压榨后仍没有完成苹果酸 - 乳酸发酵，那么分离后就不能加入二氧化硫，直至发酵结束。

对于葡萄中酸比较低、糖比较高的产区，有些专家对苹果酸 - 乳酸发酵提出了异议，认为在人为补酸后再去降酸，是不科学的，可以通过其他工艺方法解决微生物稳定的问题。

10. 陈酿 对于大部分红葡萄酒，陈酿是必需的。陈酿是葡萄酒复杂的变化过程，经过陈酿后葡萄酒香气更加优雅芬芳，口感会更饱满、细腻、圆润。在后面的章节会有详细介绍。

（二）混菌发酵工艺

许多非酿酒酵母能够产生大量的甘油、酯类等代谢产物，也能够产生一些利于香气前体水解并释放出游离态香气成分的糖苷酶，对葡萄酒的风味形成具有重要作用。但是非酿酒酵母的发酵性能低，不能使葡萄酒完全发酵，因此在利用非酿酒酵母时，往往将其与发酵能力高的酿酒酵母进行混合发酵，所以也称为"混菌发酵"。

发酵工艺流程及方案如下（以干红为例）。

葡萄原料→除梗破碎→ 1～2 d 的低温冷浸渍→混菌接种酵母→发酵→控制发酵温度→后浸渍→皮渣分离→苹果酸 - 乳酸发酵→陈酿。

1. 非酿酒酵母的选择　　非酿酒酵母的种类与数量较多，因此需要根据想要的葡萄酒风格进行选择。葡萄汁有孢汉逊酵母可以增加葡萄酒的氧化风格，所酿造的葡萄酒偏自然发酵风格。毕赤酵母属可以增加葡萄酒的脂类物质，进而提升葡萄酒的果香和花香。粟酒裂殖酵母能将苹果酸转化为少量乙醇和二氧化碳，从而可以少量降酸。美极梅奇酵母对红葡萄酒颜色的稳定有帮助。此外，非酿酒酵母的种类还有很多，功能作用也有所不同，一些已经商业化，因此需要先了解其特性后再进行选择使用。

2. 混合接种方式的选择　　通常混合接种方式包括同时接种和顺序接种两种形式。同时接种发酵是指将非酿酒酵母与酿酒酵母按比例同时接种于葡萄醪中，顺序接种是先接种高细胞浓度的非酿酒酵母，随后（如 1～3 d 后）再接种酿酒酵母进行后期的发酵。此外，接种比例及数量需要根据酿酒师希望非酿酒酵母的作用程度来确定，一般商业酿酒酵母的接种数量为 1×10^6 CFU/mL，非酿酒酵母的数量按照 $1\times10^5\sim1\times10^7$ CFU/mL 进行接种。

3. 氮源的添加　　由于接种酵母的数量与种类比传统工艺多，因此在发酵前期可以进行适量的补氮来确保酵母的正常生长。酵母在发酵过程中优先利用无机氮源，所以可以适量地加入磷酸氢二铵（DAP），用量需要根据葡萄醪中原有的酵母可同化氮（yeast-assimilable nitrogen，YAN）含量的高低来确定，一般用量为 100～200 mg/L，对于氮源含量过低的原料，可适量提高，但建议用量不超过 400 mg/L。

4. 发酵温度　　非酿酒酵母在相对低些的温度下活性较高，此外低温发酵还可以提高非酿酒酵母的存活时间。因此适当降低发酵温度可以使非酿酒酵母的作用提高。对于干红来说，建议将前期发酵温度降低至 20～24℃来进行发酵。

二、干白的酿造

（一）基本酿造流程及工艺

1. 分选　　送到酒庄的葡萄首先要经过层层分选，除去二次果、生青果、霉果、病果及杂质，这对于酿造优质葡萄酒极为关键。为了保证果实的完整，纯手工采收是酿制酒庄酒的基石。

2. 压榨　　主要有除梗破碎后压榨和整穗压榨。除梗破碎后压榨设备利用率和出汁率都较高，可以很好地控制自流汁和压榨汁；整穗压榨即直接压榨的优质汁比例高，葡萄汁比较澄清。压榨过程中也可以使用惰性气体加以保护，避免葡萄汁的氧化。压榨时需要加入二氧化硫防止葡萄汁氧化并且可以抑制杂菌的繁殖，添加量可参考表 4-3。葡萄汁可以按照压榨的压力分为自流汁和压榨汁，自流汁酚类物质含量低，压榨汁酚类物质含量较高。果胶酶的添加不仅可以帮助葡萄汁澄清，还能增加出汁率。

表 4-3　干白葡萄酒二氧化硫添加量（mg/L）建议

不同干白葡萄酒	原料无霉变	原料有部分霉变	不同干白葡萄酒	原料无霉变	原料有部分霉变
pH 低于 3.5	30	45	pH 高于 3.5	35	50

3. 葡萄汁澄清 在酒精发酵开始前，为了避免干白葡萄酒香气粗糙和带有苦味，必须对葡萄汁进行澄清，澄清也会提高葡萄酒二类香气的浓郁和优雅度。澄清处理主要是通过低温和下胶的方法，低温不仅可以促进葡萄汁的澄清，也可以降低葡萄汁在发酵前氧化的风险，下胶主要使用果胶酶、皂土等澄清剂。葡萄汁的澄清度越高，将来葡萄酒的香气质量就会越好，但也要注意过度澄清的葡萄汁发酵会出现困难。

目前生产上也采用浮选法工艺，通过往酒中（底部）打入惰性气体，利用微小气泡的上升带走酒中的杂质，这样的处理可以更快地对葡萄汁进行澄清。

4. 酒精发酵 白葡萄酒发酵温度较低，一般在 $16\sim22℃$，较低的发酵温度可能会导致发酵困难甚至终止的情况，同时也会导致挥发酸的升高。酿酒酵母的选择也决定了未来葡萄酒的风格与风味，不同种类的酵母通常会产生不同的香气与口感，但应当注意酒的风格与风味要与品种香气协调一致。另外，酿酒师要全程监控发酵进程，通过感官品尝和测量葡萄汁密度等手段，来判断发酵是否在正常进行。对于干白葡萄酒而言，酵母的选择需要考虑以下几个方面。

（1）香气 产硫醇类香气的酵母适合'雷司令''长相思'等品种，它们可以释放出柑橘类、白花等气味；如果是'霞多丽''维欧尼'等品种适宜突出酯类香气，表现为热带水果、花蜜等气味。

（2）对氮源的需求 如果酵母缺乏营养会影响香气释放，所以必须补充氮源、维生素等营养，不同的酵母对于氮源的需求也是不同的，需提前关注。

（3）圆润度 酵母产生的甘油会提高酒的圆润度，进而增加酒的甜美感。不同酵母的甘油产量不同。

5. 分离 酒精发酵结束后，应立即对葡萄酒进行分离。干白葡萄酒一般不需要进行苹果酸 - 乳酸发酵，在分离的同时添加二氧化硫。

6. 陈酿 白葡萄酒的陈酿温度比红葡萄酒低，建议在 $14\sim18℃$ 密闭储藏。很多白葡萄酒使用带酒泥陈酿，增加酒的风味。酒泥主要是由死亡的酵母组成，酵母细胞壁会释放出多糖等物质，提高葡萄酒的香气及圆润度。一些具有浓郁口感和香气的白葡萄酒可以尝试进行橡木桶陈酿，但干白葡萄酒产品的要求还突出果香、口感平衡，一旦入桶陈酿要经常品尝，切不可让木味掩盖果香。如果酿酒师对于干白入桶陈酿没有十足把握，建议一部分入桶一部分储存在不锈钢罐中，这样方便后期调配。

（二）其他白葡萄酒生产工艺

1. 黄酒（vin jaune） 在法国汝拉（Jura）产区会生产一种叫作黄酒的干白葡萄酒，其工艺特色是氧化型陈酿。干白葡萄酒发酵结束后会被装入木桶中陈酿，陈酿过程中不添桶，故意让其氧化，因为接触氧气的原因，酒的表面会形成一层菌膜，当地人称之为"开花"。经过至少 6 年的陈酿后，酒体变成金黄色，香气也会出现浓郁的杏仁、核桃气味。因为葡萄酒已经氧化，开瓶后即使没有立即喝完依然可以存放数周。

2. 橘酒（orange wine） 橘酒是一种带皮浸渍发酵的白葡萄酒。通常干白是直接压榨、清汁发酵，而有些酿酒师认为葡萄皮中包含大量的香气物质，如果进行带皮浸渍发酵可使干白葡萄酒获得更多的香气前体物质，并且可以使白葡萄酒口感饱满。这个工艺过程也会使葡萄果皮中更多的酚类物质进入酒中，葡萄酒颜色往往呈橘黄色，并带有明显的

苦味。

三、其他葡萄酒的酿造

（一）桃红葡萄酒

桃红葡萄酒以其动人的颜色、精致的果香、甜美的口感越来越受消费者的青睐，尤其是带有甜味的桃红葡萄酒更是深受年轻女性的喜爱，其制作难点在于颜色的保留。在干红葡萄酒生产过程有一个预浸渍的工艺，如果浸渍很短的时间就将其中的葡萄汁放出来，那么其颜色就会呈现出浅桃红色，浸渍时间越长颜色会越深，反之颜色也就越浅，浸渍时间短则 1 h，长则不超过 12 h，传统桃红葡萄酒就是采用对红葡萄皮短期浸渍产生的。在很多情况下，桃红葡萄酒的生产是结合红葡萄酒生产进行的，即通过释放一部分的红葡萄汁出来，生产桃红葡萄酒，其余留在罐中生产红葡萄酒，针对红葡萄酒，这种生产方法叫作"放血法"。在浸渍完成后，桃红葡萄酒的发酵工艺与白葡萄酒相同。

此外，还有一种使用红色葡萄品种直接压榨的工艺，这样做的桃红颜色较浅，但香气会更加纯净。

桃红葡萄酒如果做成半干、半甜型会更符合消费者的喜好，但要注意口感，特别是甜酸的平衡。酸度不够可以增酸，一般使用酒石酸，也可以考虑使用乳酸增酸。另外，如果保留酒中的二氧化碳，可以酿造出微气泡甜型桃红葡萄酒，此时碳酸可以增加葡萄酒的清爽度，提高产品的平衡性，通过提早灌装（当年灌装）就可以达到这种目的。

桃红葡萄酒的陈酿潜力较差，最好能尽快消费。桃红葡萄酒在发酵结束后，可以通过下胶澄清、冷冻、过滤的工艺加速稳定，提早上市。为追求其新鲜的口感，通常可以当年上市。

（二）起泡葡萄酒

起泡葡萄酒一般是指通过二次发酵产生二氧化碳，这部分二氧化碳自然溶解在酒中生成气泡，这种工艺也被称为二次发酵法，根据工艺的不同分为传统法（香槟法）和大罐法。传统法使用瓶内二次发酵方法生产，制作工艺也较为复杂，成酒价格昂贵；顾名思义大罐法为二次发酵在发酵罐中进行，这样成本较低并且可以一次性生产大量起泡葡萄酒。相比于干红葡萄酒强劲的酒体，起泡葡萄酒更加清爽，可以作为餐前开胃酒。

1. 传统法　传统法也称为香槟法，是一种优质起泡酒发酵方法。首先是起泡酒基酒的生产，即生产干白或桃红基酒，生产工艺前文有详细说明，不过起泡酒要求基酒有更高的酸度，酒度不宜过高，10%（体积分数）左右即可。

基酒还要进行调配和澄清，之后将处理后的基酒、糖浆、酵母、酵母营养物、澄清剂混合均匀后加入酒瓶中，并用皇冠盖封死，放入酒窖中进行瓶内二次酒精发酵。通常瓶内会添加 24 g/L 左右的糖，这些糖完全发酵后会在瓶内产生 5～6 个大气压，发酵温度以 15℃左右为宜，发酵会持续 6 周甚至更长时间，因为瓶内压力大且酒度高，所以此时酵母的生存环境十分苛刻，通常使用贝氏酵母，它具有很好的抗压性，酒度也会提升 1.5%（体积分数）左右。

发酵结束后酵母死亡形成酒泥，酒液通过与酒泥长达 12～36 个月的接触之后会形成浓郁的陈酿香气，类似于干白的带酒泥陈酿。之后通过转瓶将酒泥收集到瓶口，打开瓶盖排出酒泥。酒泥的排出也很复杂，首先将瓶颈部分浸入−24～−12℃的盐水溶液中，待瓶颈位置酒液凝成冰块，立即去除皇冠瓶盖，瓶口结冻的酒泥瞬间喷出。

最后，添入调味液以补充损失的酒液，这是酿酒师对酒体和风味进行最后的调整。添酒后立即打入软木塞并用丝扣固定，包装后就可以上市了。调味液决定了最后成酒的糖度。使用这种方法生产的典型代表就是法国香槟区的香槟酒、西班牙的卡瓦起泡酒等。

2. 大罐法　　大罐法也叫作莎马特法（Charmat），其原理与传统法相同，不同的是其二次发酵在耐高压发酵罐中进行，包含之后的陈酿、过滤、灌装等操作都要求在一定压力下进行。生产过程对设备的要求较高，但是生产成本较传统法大幅降低，常见的有意大利的普洛赛克（Prosecco）、蓝布鲁斯科（Lambrusco）起泡酒等。

3. 充气法　　上述的二次发酵法工艺复杂、耗时费力，导致成本较高。除此之外，还有一种通过往酒中添加二氧化碳（充气），并保压罐装的葡萄酒，可以获得与起泡酒一样的杀口感，这种方法酿造的酒被称为葡萄汽酒。由于气体在酒中的溶解度与温度相关，随着温度的降低而增加，因此酒在冰点的时候充气效果最佳。二氧化碳增加酸度，所以酒体越轻，二氧化碳浓度就越高。相比于使用二次发酵法酿造的起泡酒，葡萄汽酒的酿造成本低廉，工艺较为简单，因其低廉的价格也更容易被普通消费者接受。这类酒其实可以理解为含有二氧化碳的酒精饮料（因为其工艺与可口可乐相似）。

（三）甜型葡萄酒

甜型葡萄酒是指成酒中含有一定量残糖的酒，按照我国的葡萄酒标准，糖度超过45 g/L的酒就是甜型葡萄酒。甜型葡萄酒要求含糖量来自葡萄本身，所以制作酒度为12%（体积分数）的甜型葡萄酒的葡萄含糖量要大于250 g/L。酿造甜型葡萄酒要求葡萄的含糖量较高，与酿造干型葡萄酒的区别在于发酵菌种的选择，因为含糖量较高（有时甚至超过300 g/L）会导致发酵缓慢，所以应挑选能耐受高渗透压且对二氧化硫较为敏感的酵母菌系，这是因为在发酵后期当酒液达到目标酒度后需要降温加硫终止发酵。

我国比较常见的甜型葡萄酒是晚采酒、冰酒、风干酒，这些酒的特点很相似，都是通过将葡萄浓缩挥发（冷冻）一部分水分，提升葡萄的含糖量。晚采葡萄酒通过延迟采收，让葡萄在树上风干，从而浓缩葡萄中的糖分，是酿制甜型葡萄酒的主要方法，所以只有炎热干燥的地区才可以酿造晚采酒。冰酒是通过延迟采摘，当温度低于－7℃时，葡萄结冰后进行压榨，此时水分被冰冻，葡萄醪中糖和酸的比例因此提高，所以可以酿造口感浓郁、酸甜平衡的甜型葡萄酒。所谓风干酒通常将葡萄采下放在麦秆上晾晒，将葡萄人为风干，用于酿造浓郁甜美的葡萄酒。此外还有贵腐甜酒等，这里就不一一赘述了。

甜型葡萄酒的出汁率较低，所以生产成本和价格会较干型酒更高一些。相较于干型葡萄酒，甜型葡萄酒中含有大量残糖，有罐内或瓶内二次发酵的风险，所以酒中二氧化硫含量较干型葡萄酒会更高，另外也会通过添加山梨酸钾抑制酵母。甜型葡萄酒对于过滤及灌装要求也要更严格，必须做到无菌灌装方可保证葡萄酒的微生物稳定。

使用缺氮法也是生产甜型葡萄酒的主要工艺。氮源是微生物在生长繁殖中必不可少的营养元素之一，是构成微生物的"骨架"和"血肉"，若缺少氮源，微生物就无法生长繁殖，这与为促进发酵补充氮源的原理相同。利用这个原理，在发酵过程中额外消耗掉多余的氮源，则可以避免甜型葡萄酒中酵母的二次发酵。

缺氮发酵法的具体工艺是在酒精发酵旺盛的时期，对发酵液进行离心、过滤或下胶等处理，将部分酵母去除，即酵母还没有起作用时将其分离，如此一来酒中含有较少的酵母；几天后，酵母再次繁殖，将原酒进行第二次离心、过滤或下胶，氮源也已逐渐被消耗殆尽，便可保证甜酒在储存过程中的微生物稳定性。位于意大利西北部的皮埃蒙特（Piemonte）产区生产的、被意大利人引以为傲的起泡酒——阿斯蒂（Asti）便是使用这种工艺酿造的，开瓶时的轻响有助于渲染气氛，而清爽又妙不可言的气泡引人无限回味。

（四）果香型葡萄酒的酿造

果香型葡萄酒生产工艺多采用二氧化碳浸渍法，最出名的产区就是法国的博若莱（Beaujolais），其产出的博若莱新酒每年会在 11 月中下旬上市。通过二氧化碳浸渍法可以做出果香浓郁、酒体轻盈、清爽宜饮的干红葡萄酒，葡萄树龄较小的葡萄适宜于二氧化碳浸渍法。

具体工艺是除梗后的原料不破碎、不压榨、整穗入罐，之后将罐内充满二氧化碳，葡萄会吸收二氧化碳而膨胀，此时葡萄内部发生无氧代谢产生酒精，以及发生其他复杂的代谢变化。葡萄自身酶解使其结构发生变化，细胞内部释放出糖分，酶分解糖分产生酒精，这就是在没有酵母参与的情况下发生的细胞内发酵。罐底部的葡萄因为重力而破碎，流出的葡萄汁会进行常规酒精发酵并保持罐内二氧化碳充足。二氧化碳浸渍法发酵温度越高，细胞内反应速率也越快，通常采用 30℃ 发酵温度，7 d 左右即可发酵结束，之后可以进行压榨分离。需要注意的是二氧化碳浸渍法酿出来的酒，压榨酒的质量高于自流酒，压榨后发酵工艺采用清汁发酵工艺，当糖分全部转化为酒精后即可分离，通常此类酒不用进行苹果酸 - 乳酸发酵，因为在细胞内部代谢时，一定量的苹果酸会被转化成乳酸。

此方法酿制的酒虽然有很浓郁的果香，但是香气持久性不强，通常一年后香气就会变得平淡无奇，所以此类产品适宜当年上市迅速饮用，没有陈年潜力。

（五）加强型葡萄酒的酿造

加强型葡萄酒是在葡萄酒或正在发酵的葡萄酒中添加酒精而生产的葡萄酒产品，"加强"即加入酒精。通常酿酒酵母的酒精耐受力有限，即使葡萄中糖分很高，但是当酒度超过 17%（体积分数）时酵母也会被酒精杀死或抑制从而结束发酵。一般酿造 17%（体积分数）以上酒度的葡萄酒需要用白兰地增强酒度，可以在发酵开始前直接加入葡萄醪中，也可以在发酵过程中添加以终止发酵，但无论使用哪种方法，当酒度达到 17%（体积分数）以上时葡萄酒就会停止发酵，酒中的残糖都会被保留下来。加强型葡萄酒的主要代表是雪莉酒（Sherry）。

雪莉酒是在西班牙赫雷斯地区用一种特殊工艺酿造的加强酒。雪莉的酿造需要在橡木桶中留出 1/3 的位置，使雪莉酒"开花"（这里的"花"指在酿造时，酒的表面由酵母产生的白膜）。根据在酿造过程中是否"开花"将雪莉酒分为两种——不"开花"的奥罗索（Oloroso）与"开花"的菲诺（Fino）。前者呈棕色，口味微甜或甜，带有太妃糖、皮革、核桃等醇厚浆果香气，酒度为 18%～20%（体积分数），购买时应注意其新鲜程度，尽量在开瓶后 3 d 内饮用完毕；后者颜色较浅，为干型，带有杏仁甘草的清香，酒度为 15%～17%（体积分数），相比于前者，菲诺有着更长的开瓶保质期，为 2～3 周。除此之外，还有通过菲诺和奥罗索调配而成的味道甜蜜的奶油雪莉酒及以雪莉酒为基酒的鸡尾酒。与香槟一样，并不是所有的加强酒都能被称为雪莉，只有在赫雷斯产区且按照 1935 年成立的雪莉酒管理委员会（D. O. Mauzanilla Sanlúcar de Barrameda）颁布的特定方式酿造的加强型葡萄酒才可被称为雪莉。

（六）葡萄白酒

中国白酒是中国人餐桌上主要的酒精饮料，与金酒（Gin）、白兰地（Brandy）、伏特加（Vodka）、朗姆（Rum）和龙舌兰（Tequila）并称世界六大蒸馏酒。中国人对于其他 5 种烈酒的了解不多，在中国属于较小众的产品。

葡萄白酒是近年来在中国市场新兴的一个产品，有其他蒸馏酒不同的生产工艺和产品概念。葡萄白酒主要有三种工艺，一是产品经液态蒸馏，但与白兰地不同，不经过橡木桶陈酿，而使用中国白酒的陈酿和勾兑工艺生产；二是利用葡萄汁或皮渣与中国白酒传统的生产原料，如高粱、大米按一定比例混合，按中国白酒的固态蒸馏方法生产；三是采用固态加液态的串蒸方法生产。

以这种方式酿造的葡萄白酒果香浓郁、口感圆润，一定程度减少了白酒的刺激感。

（七）自然葡萄酒

自然葡萄酒是指葡萄原料采用有机方式栽培、生产过程中尽量不添加商业酵母、SO_2 等辅料并减少人为干预而生产的一种具有产区风土特色的葡萄酒。2020 年 3 月，法国国家原产地命名与质量监控院（INAO）正式命名并定义了自然葡萄酒，其主要工艺要求规定包括：有机葡萄酿造；手工采收；本土酵母发酵；不改变糖、酸等葡萄成分；不使用"创伤性"技术，如反渗透、过滤、巴氏灭菌等；不使用或不超过 30 mg/L 二氧化硫，标签中分别标注；不使用其他添加剂。自然葡萄酒更要注重葡萄原料的质量控制、工艺条件的细节控制，对酿酒师的经验和技艺是更大的考验。

第四节　酒庄酒陈酿

发酵结束后，葡萄也已经逐渐蜕变成醇香初显的新酒，但此时新酒酒体还不够协调平衡，必须经过一段时间的陈酿。酿酒师需要仔细品尝每一罐新酒，结合所酿葡萄酒的风格仔细斟酌需要采取什么样的陈酿方式，有的果味清香的新酒继续在储存罐陈酿，而有的原酒则进入橡木桶中陈酿。

一、罐内陈酿

储酒罐中葡萄酒在还原的状态下进行保存，此时除了酯化反应外，葡萄酒中的单宁还会进行缩合，口感更加柔和，香气更加馥郁。但是需要注意必须将酒满罐保存，半罐保存的酒很快就会因为接触氧气发生氧化和酸败。另外由于温度变化会导致酒液热胀冷缩，所以要监测葡萄酒的液位变化，及时补充，实际生产中也可以将膨胀盆安装在罐顶从而减少酒液与空气接触。葡萄酒储存温度以 15℃ 为宜。陈酿期间葡萄酒通常还会出现还原味的问题，这主要是二氧化硫还原成硫化氢所造成的，硫化氢阈值很低所以很容易被察觉。低浓度的还原味通过开放式倒罐可以去除；浓度较高时，需要开放式倒罐并结合添加微量硫酸铜去除，但要注意不可导致铜超标。无论使用哪种方式去除硫化氢引起的还原味都一定要及时，一旦硫化氢转化成硫醇（洋葱味）那就很难再去除掉。如果车间温度过高，液面上会形成一层酒花（膜），闻上去还会有烂苹果味，通常是好氧细菌繁殖所导致的，此时通过往罐内冲入氮气、加入抗酒花片（主要成分是大蒜素）、喷洒食用酒精（雾）等方法可以有效减少酒花（膜）的产生。

不锈钢罐密闭性好，可以很好地防止葡萄酒的氧化，但对于陈酿时需要一定微氧的红葡萄酒而言，要定期进行开放式倒罐，以促进葡萄酒的成熟。

二、橡木桶陈酿

（一）橡木桶的作用及分类

对于酿造高品质葡萄酒而言，橡木桶陈酿必不可少，相比不锈钢罐的陈酿，在橡木桶中葡萄酒除了进行酯化反应外，桶壁的透气性还可以为葡萄酒提供独特的微氧化条件。不同于过氧化产生的烂苹果味，微氧化可以使葡萄酒香气更加浓郁、优雅，口感更加细腻、柔和，并且葡萄酒在橡木桶中陈酿可以汲取橡木中的芳香物质、多糖、水解单宁等物质，让葡萄酒的香气口感更加复杂。此外橡木桶酒很少会出现还原味。

根据橡木桶材料的产地和制作工艺，橡木桶分为欧洲橡木桶和美国橡木桶，欧洲橡木桶可以赋予酒液烘烤、烟熏和坚果风味；而美国橡木桶则更多的是带来香草和椰子风味，并且比欧洲橡木桶有更多的内酯，窖藏过的葡萄酒更加香甜，所以常被用来陈酿口感强劲的葡萄酒。

橡木桶有 225 L、228 L、300 L 和 500 L 等不同的体积，体积越大桶板面积相对于酒液容积的占比就越小。橡木桶在制作过程中还会经过烘烤程序，分别为生（无烘烤）橡木桶、轻度烘烤、中度烘烤、重度烘烤等多个级别，烘烤程度越重，给葡萄酒带来的香气就会越重。桶厂通过改变烘烤时间和温度又可以演变出多种不同的组合，酿酒师可以根据酒自身的情况合理选择橡木桶以达到最佳效果。木桶是有使用年限的，通常为 3～5 年，因为年限越长橡木桶中的可汲取物质也就会越少。经过 6～18 个月橡木桶陈酿之后就需要将酒液从桶中抽取出来，之后会根据桶的品牌及桶的年份、烘烤程度单独存放用于调配。

（二）橡木桶管理

1. 陈酿条件　　橡木桶陈酿要求比较严格，温度一般控制在 10～15℃为宜，相对湿度保持在 60%～80%，以避免橡木桶的干裂或受潮发霉；要求通风良好，空气清新洁净。

2. 橡木桶添桶　　正常的存储条件下，一年的时间会蒸发掉橡木桶里 10% 左右的葡萄酒，这样就会造成橡木桶内顶空而导致葡萄酒提前老化，因此添桶是陈酿过程中非常重要的工作。一般添桶的工作每 15 d 即一个节气进行一次，应用相同品种、相同年份、相同质量的酒及时添满。

3. 倒桶　　倒桶即将橡木桶中的葡萄酒倒入另一个空桶。为保证葡萄酒在橡木桶中稳定和澄清，每 3～4 个月通过虹吸等方式倒桶 1 次，分离沉淀。倒酒后的桶应立即清洗、蒸汽杀菌后使用。合理的倒桶可以实现葡萄酒的不过滤灌装。

4. 木桶清洗 新木桶在使用之前需要先用洗桶机进行淋洗，然后用热水对一只桶两个桶面外部浸洗 0.5 h，再灌满清水浸润 2 d 使木桶充分膨胀后方可使用。新木桶要避免把其不良味道带到酒里，并要在使用之前发现所有可能的渗漏。

出酒后的旧橡木桶必须马上清洗。旧桶中有酒石和其他沉淀，需要用高压水枪进行冲洗，倒出；旧桶最好用蒸汽消毒 2～5 min，蒸汽消毒后马上使用清水冲洗；情况良好的旧桶可以不用浸泡，但必须消毒。沥干后，使用硫片进行熏硫（10 g/ 桶），避免硫滴进桶内。

三、瓶内陈酿

（一）瓶内陈酿条件

葡萄酒装瓶后，需要一定时间的瓶储融合才能上市销售，瓶储时间为几周到十几个月，取决于葡萄酒风格特点和市场定位。为了保存新鲜丰富的果香，果香型葡萄酒需要的瓶储时间较短，而陈酿型干红葡萄酒随着瓶储时间的延长，要比刚装瓶时更加复杂、优雅和柔顺，瓶中储存有利于稳定酸度、柔顺酒体、发展复杂香气。瓶储的温度不能超过 20℃，以 12～15℃为宜，白葡萄酒略低，最好恒温，避免大的温度波动；与橡木桶陈酿不同，瓶内陈酿的环境相对湿度要求不高，可以低一些，要避免瓶塞发霉；通风良好、空气清新洁净也是必要条件；储存区应避免阳光照射，采用弱光源，避免震动；酒瓶平放或斜放，保证软木塞保持湿润膨胀。为了方便装卸、提升工作效率，酒瓶应放在瓶储筐中。

（二）葡萄酒生命周期

葡萄酒是有生命的。从葡萄变成酒，再到装入瓶中，它始终都在进行各种各样的变化，有变化就意味着有顶峰，有低谷。葡萄酒在灌装之后都会经历一个质量上升期，此时随着瓶内微氧化和单宁的缩合口味会逐渐趋于细腻。之后品质逐渐达到最高状态，并保持一定时间，这个时期也叫作适饮期，品质顶峰也被称为"最佳饮用期"，之后质量开始下降。不同酒适饮期的出现时间和持续时间不同，需要指出的是，过了适饮期不代表酒坏了。陈酿潜力好的酒适饮期出现较晚，但到达适饮期后品质往往较高，持续时间也较长；果香型酒适宜提早饮用，适饮期比较快，但持续时间较短。图 4-15 给出了果香型葡萄酒和陈酿型葡萄酒的生命周期图示。

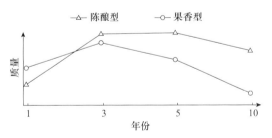

图 4-15 果香型葡萄酒和陈酿型葡萄酒的生命周期

四、酒窖管理

（一）温度、湿度控制

酒窖需要尽量保证恒温恒湿的环境条件，一般需要空调设施。北方一定深度的地下室，可以在很大程度上保证葡萄酒陈酿所需要的"恒温恒湿"环境。陈酿的温度不要剧烈变化，适宜在 12～15℃，温度过高，葡萄酒容易氧化过快，引起品质下降；温度过低，容易使葡萄酒中的酒石酸盐析出，附着在桶壁上，从而影响浸提的效果。另外，要保持较高的湿度，空

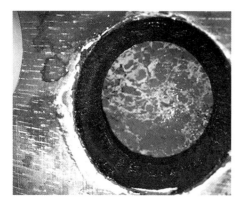

图 4-16　发霉的桶口导致葡萄酒被杂菌感染
（作者摄于法国）

气过干会导致橡木桶外表面发生龟裂；但如果酒窖湿度过高，容易导致墙壁、橡木桶等发霉，适宜的相对湿度为 60%～80%。

（二）卫生

酒窖的卫生也十分重要，因为湿度较高，酒窖中极易滋生霉菌。酒窖通风透气良好可以避免霉菌的滋生。要经常擦拭橡木桶表面，特别是操作过程中滴上酒的部位，桶口尤其是易感染霉菌的部位，并容易导致葡萄酒的感染（图 4-16），要用 75% 乙醇溶液擦拭干净。酒窖地面也应经常打扫防止积水发霉。

第五节　酒庄酒灌装

一、感官分析及调配

经过陈酿后酿酒师会把不同类型、不同品质甚至不同品种的酒进行调配，分类可根据品种、工艺、橡木桶等划分，有时候还会调入其他年份的酒。不同品种的属性不同，有的香气浓，有的结构感强，通过调整也可以做出更加平衡的酒。

调配不是简单的 1＋1＝2，而是要综合考虑每款酒的个性、特点，通过取长补短、相互促进、相互融合达到每款酒的最佳状态，做到 1＋1＞2。通常调配要考虑以下几点。

（一）颜色

虽然颜色不是调配考虑的最重要因素，但很好的外观会给葡萄酒加分。颜色必须符合葡萄酒产品的特点，如老年份的葡萄酒与新葡萄酒的颜色不同。陈年葡萄酒颜色通常会出现棕色调，可以考虑调入少量新年份或颜色深的葡萄原酒提高紫色色调。

（二）香气

应注意不同原酒的香气和谐统一，好的香气应该优雅、馥郁，通过调配更可以增加复杂度。例如，往酒中调入橡木桶陈酿的酒可以增加额外的咖啡、巧克力香气来增加复杂度。

（三）口感

好的葡萄酒口感要平衡细腻、结构紧实、回味悠长。例如，通常梅鹿辄葡萄酒都会缺乏结构感，往其中调入些许赤霞珠葡萄酒可以得到一定的改善；同样往赤霞珠葡萄酒中加入西拉葡萄酒可以很好地增加酒的圆润度。

调配通常是根据酿酒师的感官品尝结果，可能会与消费者喜好有一定差别，所以现在最客观的方法是做消费者口味测试，在目标市场选取目标消费群体品尝，获取一定样本量数据，再通过分析软件计算出消费者喜好度，之后根据消费者喜好度进行口味调整是最为科学的做法。另外，调配还需要考虑到当地的法规和标准，如中国对单品种葡萄酒的要求是该品种的含量要≥80%的比例，所以要想做单品种葡萄酒，其他品种的调配比例不应该大于20%。

二、产品分级

首先，一款合格的葡萄酒不能有缺陷，这里说的缺陷有挥发酸过高（但不超标）、杂菌污染带来了异味、出现不正常的浑浊、不良香气和口感等。

其次，好的葡萄酒应具有很好的平衡，广义上的平衡是指葡萄酒整体颜色、香气、口感之间的平衡；狭义上是指口感中甜味、酸味、苦涩味之间的平衡。葡萄酒中的苦涩味来源于酚类物质，甜味来源于残糖、甘油和酒精，酸味来源于各种有机酸（苹果酸、酒石酸和乳酸等），对于平衡的葡萄酒每一个味道都让人很愉悦，没有一个感觉是突兀的，图4-17为红葡萄酒的味觉平衡图。对于白葡萄酒而言，就是甜味和酸味的平衡了，因为白葡萄酒中几乎没有苦味。

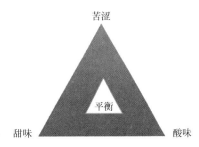

图4-17　红葡萄酒的味觉平衡

除了满足没有缺陷、平衡外，好的葡萄酒还需要有典型性，如产区、品种、酿造工艺等典型性等。

如果一款葡萄酒满足了以上几个特点的同时，还具有独特性和辨识度，就形成了产品的风格，那么这款酒就可以称为伟大的葡萄酒了！

酒庄葡萄酒产品的分级一般在葡萄园和原料阶段就初步开始了，葡萄园的分级以勃艮第最为出名，葡萄酒的级别早就由"出身"确定了。大部分酒庄对自有基地也进行了初步划分以确定葡萄原料等级。葡萄酒发酵后，原酒在稳定后进行进一步分级。通常邀请酿酒师、车间主任、总经理等共同盲品确定葡萄酒的等级，有条件的酒庄可以邀请专家进行分级，一般为2～4个级别。葡萄酒分级通常从以下几个维度来确定：①香气浓郁及持久度；②口味平衡性、酒体饱满度；③陈酿潜力及陈年潜力；④市场因素考量。

三、稳定性试验及稳定性处理

（一）稳定性试验

为避免葡萄酒装瓶后出现外观上的浑浊和沉淀，装瓶前需要进行稳定性试验，并采取相应的处理措施。葡萄酒进行调配后即可进入灌装前的稳定性试验，通过冷稳定测试酒中的酒石酸盐是否稳定，通过热稳定测试酒中蛋白质是否稳定，通过氧化试验测试酒的抗氧化能力等。因为一旦完成灌装，再出现不稳定的情况对于产品来说是不可逆转的缺陷，所以灌装前一定要认真对待稳定性试验。

1. 热稳定试验　将葡萄酒装入无色透明玻璃瓶中密封，放入60℃的保温箱中，每天观察葡萄酒是否出现浑浊，如果72 h内出现浑浊失光现象，则证明该葡萄酒存在蛋白质不稳定情况，反之认为葡萄酒蛋白质稳定。

2．冷稳定试验　　将葡萄酒装入无色透明玻璃瓶中密封，放入−5℃的冰箱中保持 7 d，观察透明度变化，如果 7 d 后酒样依然澄清，且瓶底无沉淀或结晶说明该酒在冷冻情况下是稳定的。反之则需要离心分离，观察沉淀物，若为无色晶体则为酒石沉淀；如果是絮状物沉淀，则是蛋白质或胶体；如果含有颜色，则沉淀是色素导致的。

3．抗氧化能力试验　　将葡萄酒装入三个烧杯中，每杯 30 mL，一个作为对照组，另两个分别加入 5 mL 30% 过氧化氢溶液、3 mg 焦亚硫酸钾，搅匀后密封，常温下放在避光处。3 d 后如果三者均未出现浑浊则证明该酒样有较强抗氧化能力；如果过氧化氢组浑浊，其他两款澄清则证明该酒款有一定抗氧化能力；如果加入焦亚硫酸钾的产品出现浑浊则证明该酒样抗氧化能力较差。可以通过适当提高二氧化硫添加量来提高抗氧化能力，但是切记国家标准对于二氧化硫的含量有着严格的要求，请根据酒的种类适量添加。

（二）稳定性处理

需要指出的是，如果葡萄酒未通过稳定性试验并不能说明这款酒有问题，而是灌装后很有可能会出现浑浊、沉淀。以往葡萄酒消费刚起步阶段，消费者会认为浑浊、有沉淀的葡萄酒存在着质量问题，所以酒厂灌装前通常会采用大量稳定性处理，通过下胶、冷冻、过滤等操作以保证葡萄酒的"绝对"稳定性，但是这样做的代价是葡萄酒风味浓郁度会降低，包括葡萄酒的颜色、香气和口感。现在越来越多的消费者已经逐渐开始了解葡萄酒，认为只要在一定时间内保持稳定性即可；对于酒庄酒生产者而言，风味的浓郁度成为葡萄酒做稳定性处理之前首先要考虑的问题。

1．下胶　　葡萄酒中通常含有一定量的蛋白质、不稳定的色素等物质，往往会导致装瓶后的葡萄酒浑浊，所以灌装前如果没有通过热稳定试验则要利用下胶去除这些物质。红葡萄酒通常使用蛋清粉、大豆蛋白等下胶剂，主要是依靠蛋白质与酚类物质结合以去除不稳定的色素物质。白葡萄酒或桃红葡萄酒建议使用皂土，可以有效去除酒中的蛋白质。切记下胶量需要通过下胶试验来确定，用最少的使用量，达到最好的口感，因为下胶会导致口味变化，一定要按照试验严格执行，另外下胶试验一定要有对照组。

2．冷冻　　如果冷稳定不合格，就需要对酒进行冷冻处理，将酒通过速冻机将温度降至接近葡萄酒冰点的温度，葡萄酒冰点的绝对值（℃）＝酒度 /2。保持 15 d 左右让酒石酸盐析出，这类盐主要有酒石酸氢钾和酒石酸钙（统称为酒石），当然冷冻葡萄酒还会析出色素和蛋白质等物质。随后在葡萄酒低温状态下过滤（同温过滤）即可达到冷冻稳定性的效果。

3．过滤　　当葡萄酒通过过滤介质时，过滤介质可以阻止或截留大于其孔径的物质。通过过滤可以达到澄清及除菌的目的，所以也是葡萄酒灌装前不可或缺的一步。

（三）不过滤灌装

当然对于部分酒庄而言，下胶、冷冻、过滤被认为会影响葡萄酒的风味浓郁度，所以现在很多精品酒庄开始尝试直接灌装或仅仅是粗滤后灌装，这样虽然在瓶中会有很大概率出现沉淀，但是对于改善风味而言，是值得尝试的。这类葡萄酒的工艺要点，应该是做到有适当的微氧处理、及时转罐（转桶）等。

四、灌装

灌装也是葡萄酒生产的最后一环。灌装标志着葡萄酒货架期的开始，从原酒转化为成品酒。现代化的机械灌装设备可以达到每小时 5000 瓶甚至更快的灌装速度，并且配合氮气保护等技术也大大延长了葡萄酒的陈年潜力，拉长了葡萄酒的生命曲线。

（一）灌装材料

一台现代化且高效的灌装机是必不可少的，但灌装时也不可忽视以下几个方面。

1. 除菌过滤　大部分葡萄酒，特别是对于非干型葡萄酒在灌装前，酒液要再做最后一次除菌过滤，保证装进瓶子的酒都是安全卫生的。

2. 瓶子　通常瓶子的容积有 187 mL、375 mL、750 mL、1500 mL 等规格，不难发现都是成倍数增长的，根据中国相关法律法规，酒标上要标注产品容积，那么不要忽视了热胀冷缩，这些所谓的容积都是在 20℃ 时标定的。瓶子在使用前要用纯净水清洗，防止杂物出现在成品中。

3. 塞子　对于葡萄酒的封瓶，使用最多的是软木塞，软木塞是栓皮栎的皮制成的，其主要产地是葡萄牙。影响葡萄酒陈年的主要因素之一是软木塞的透气性（透氧量），越长的软木塞、木质越密即孔隙越小，其密封效果也就越好，当然价格也会越高。有一定比例的天然塞总会有 2,4,6-三氯苯甲醚（TCA）污染的风险或者漏液的问题，市场上也出现了很多可控透氧量且没有 TCA 污染的塞子，如超微颗粒塞和发泡树脂塞等。另一种密封方法是使用螺旋盖，通过螺旋盖的使用可以避免 TCA 污染和漏液风险，但是对于传统的消费者而言，螺旋盖还是不被接受。

4. 检查　在灌装线设置灯板，对酒进行检查，挑出有异物的产品至关重要。虽然大多数时候，异物只是塞子屑，但是对于消费者而言没有异物的产品才是合格的。

5. 灌装流程

（1）清洗　酒瓶通过链道传输到洗瓶机，通过高压纯净水将瓶内冲洗干净，之后沥干进入第二个步骤。

（2）充气　通常现代化的灌装机是氮气保护式灌装机，在清洗过后会往瓶内注入氮气，之后瓶子被传送入灌装机。

（3）灌装　通过除菌过滤的酒液被储存在灌装机的酒舱内，将灌装头插入瓶内，一般灌装机都会有多个灌装头，灌装头的数量也决定了灌装机的速率。

（4）液位调整　葡萄酒的容积必须满足酒标上标称的容积，在这一步骤会有一个灌装头深入瓶中，调整葡萄酒液位高度，使之满足标定高度及合格的容积。

（5）打塞　打塞是灌装最后一个步骤，软木塞被打入瓶中，打塞装置是可以更换模块的，相较于传统的橡木塞，可以更换成螺旋盖密封头。打塞后，一瓶葡萄酒就被灌装完成了。不需要瓶内陈酿的葡萄酒可以进入下面的程序，需要瓶储的葡萄酒被放进储酒笼并进入酒窖开始瓶储。

（二）贴标装箱

根据订单进行包装，提前检查库存，确定酒的数量和包装材料的数量。酒在贴标前应进

行清洗擦拭，有时瓶身和塞子上会出现发霉现象，务必清洗干净。在夏天因为酒窖和车间的温度差会导致瓶身有水汽，需要将瓶子提前一天拿出使之回温，这样可以保证贴标时瓶身无冷凝水气，否则标容易脱落。

1. 酒帽　有热缩帽、铝塑帽、锡（铝）帽、蜡封等。热缩帽是使用加热的方式使帽锁紧；铝塑、锡（铝）帽通过螺旋的方式锁紧；对于大瓶的葡萄酒因为没有合适的缩帽设备可以使用食品级封口蜡来进行封口。对于使用螺旋盖灌装的，不需要再封酒帽。

2. 酒标　酒标一般有正背标，有的还有瓶颈标。所以贴标机的标站至少有两个。此外如果瓶身上有标志（logo），则需要使用带定位功能的贴标机，保证标可以和标志对齐。

3. 喷码　喷码即将生产日期、批号等信息喷涂到酒标、酒帽上，这是必不可少的。也可以选择将信息利用激光刻到瓶身上。如果酒庄没有此类设备也可以选择直接将生产日期打印到背标上，但是这样会有局限性，必须要准确知道灌装日期，同时这批标也只能用一次。

4. 保护　在装箱前还需要经过一个包装过程。根据经验，如果此时直接装箱，酒标会跟箱子摩擦导致酒标磨损影响销售，所以在最终装箱前还要对酒标加以保护，可以使用保鲜膜、网兜、硫酸纸等材质包裹瓶身。

5. 装箱　最后检验合格的产品方可封装。包装箱材质种类众多，通常为纸质和木制。可以根据消费者要求进行包装，但原则上需要注意最好卧放，相互隔绝。

第六节　酿酒辅料管理

酿造优质葡萄酒的关键是优质原料，而在有了优质原料的基础上如何才能酿造出优质葡萄酒，在现代葡萄酒工艺上，辅料发挥了一定作用。葡萄酒辅料主要包括发酵助剂和酿酒添加剂，辅料的作用主要是弥补原料缺陷、促进发酵，更大程度上体现出葡萄原料的品质。本节着重介绍目前常用的辅料及其作用。

一、酵母

酵母种类很多，已知的约有56属500多种。酵母在缺氧时会进行无氧呼吸将糖转化成酒精和二氧化碳并释放热量，并产生其他副产物，很多副产物也是葡萄酒的风味物质，对酵母的选择也往往考虑酒精和副产物的产率。

（一）天然酵母

在传统葡萄酒酿造过程中，人们都是借助附着于果皮上的天然酵母完成发酵，这种自然发酵法会增加酿酒的风险和产品的不确定性，因为表皮的微生物复杂多样。所以随着生物技术的发展和酿酒酵母的研究，专门的公司会选择、分离、纯化单一的酵母菌种，生产"人工选择酵母"产品，供酿酒师使用。利用此类菌种产品发酵可以获得质量稳定的葡萄酒。但近年来为彰显产区风土和特色，"自然葡萄酒"的酿造中强调使用本土野生酵母（微生物）。

（二）酿酒酵母

葡萄酒酿造所使用的酿酒酵母（*Saccharomyces cerevisiae*）通常由专业的辅料公司发现

（研发）、提纯、加工、售卖，通常会以活性干酵母的形式包装，酿酒师拿到后复水活化后方可使用。这些酵母多是从优质葡萄园中分离筛选的，相比于野生酵母，优选菌种有更好的抗逆性，能定向释放出芳香类物质，有的还能产生更多的多糖、甘油，提高葡萄酒的圆润度，并且可以产生更少的挥发酸和硫化氢。通常针对不同类型的葡萄酒（干白、干红等）或是不同品种（'赤霞珠''黑比诺'等）都会有不同的酵母产品，酿酒师可以根据实际情况酌情选择。此外还有专门针对二次发酵的起泡酒、含糖量更高的甜型酒及发酵终止需要重新启动的葡萄酒所使用的专属酵母。通常活性干酵母的添加剂量为 200 g/ 吨葡萄汁（数量达到 10^5 CFU/mL），如果原料健康状况较差也可适当增加。

（三）非酿酒酵母

还有一些酵母，如假丝酵母（*Candida*）、戴尔有孢圆酵母（*Torulaspora delbrueckii*）、美极梅奇酵母（*Metschnikowia*）、毕赤酵母（*Pichia pastoris*）等非酿酒酵母产品对于葡萄酒的增酸、增香、抑制细菌繁殖有针对性的作用。目前非酿酒酵母的使用比较流行。

二、乳酸菌

大部分红葡萄酒需要进行苹果酸 - 乳酸发酵，为了让苹果酸 - 乳酸发酵更迅速和平稳，通常会人为添加优选乳酸菌，目前常用的有酒类酒球菌（*Oenococcus oeni*）和植物乳杆菌（*Lactobacillus plantarum*）。传统工艺中酒精发酵结束、皮渣分离后，酿酒师才会接种乳酸菌开始苹果酸 - 乳酸发酵，一般使用酒类酒球菌。无论是在橡木桶中还是在储酒罐中，苹果酸 - 乳酸发酵都受制于 pH、二氧化硫含量、酒精含量、温度等因素。虽然乳酸菌嗜酸，但是过低（pH 3.2 以下）的酸度会导致发酵缓慢甚至难以启动。乳酸菌对二氧化硫的敏感度也低于酵母，高浓度的二氧化硫会抑制发酵，一般情况总二氧化硫含量不要超过 50 mg/L。此外过高的酒度［16%（体积分数）］也会对发酵造成影响，此时可以选择高耐受（酒精）菌种，最高可以达到 17%（体积分数）。最后是温度，虽然酒类酒球菌的适宜温度为 28～30℃，低于 15℃时其生长会受到抑制，但工艺温度一般为 18～22℃。如果以上条件适宜，通常从接种到发酵结束需要 3 个星期。

近些年将酒精发酵与苹果酸 - 乳酸发酵同时进行的工艺称为平行发酵工艺，使用的乳酸菌一般为植物乳杆菌。这个工艺不但可以缩短红葡萄酒整个发酵时间，而且可以降低挥发酸含量，在北方发酵后期环境温度降低的情况下非常适用。

三、酶制剂

酶是一种复杂的、具有催化功能的蛋白质，在葡萄酒酿造过程中会用到果胶酶、聚半乳糖酶、果胶裂解酶、葡聚糖酶、溶菌酶、纤维素酶、蛋白酶等。酿酒师可根据自己的工艺来选择合适的酶制剂。

（一）果胶酶

在酿酒中使用最为广泛的就是果胶酶了，通过添加果胶酶可以在浸渍阶段分解葡萄皮细胞，从而浸提出香气前体物质、优质单宁和花色素，这些物质可以帮助葡萄酒获得更芳香的气味、饱满的口感、浓郁的颜色。此外，果胶酶还具有提高葡萄的出汁率、辅助葡萄汁澄清

等作用。

（二）β-葡聚糖酶

当发酵结束后酵母细胞会发生自溶，如果此时酿酒师选择带酒泥陈酿工艺，则可以让更多的酵母自溶物进入酒中，增加葡萄酒的复杂度及圆润度。此时加入一些 β-葡聚糖酶可以加速酵母自溶速率，促进多肽物质萃取，增加酒中甘露糖蛋白的含量，改善葡萄酒的圆润度。此外，添加 β-葡聚糖酶也可以起到使压榨酒快速澄清、降低浊度、减少酒泥等作用。

通常酶制剂分为粉状和液体状，粉状的更易于保存但在使用前需要进行活化，而液体状可直接使用，但是需要低温储存且保质期也相对短一些，酒庄可根据自身情况进行选择。

四、发酵（营养）助剂

发酵过程中酵母将糖转化为酒精、二氧化碳并放出热量，同时还会产生一些代谢产物丰富葡萄酒的香气、口感。但酵母的生长繁殖除了对糖的需求外，对于氮、矿物质、维生素、氨基酸等都有需求。尤其是现在葡萄的糖度越来越高，要想保证在整个发酵过程中酵母的活力，就需要供给酵母充足的养分。另外缺乏营养还会减少葡萄酒的芳香特征，并可能产生硫化氢等异味物质。酵母营养剂通常由惰性干酵母、酵母提取物、酵母细胞壁等有机物质及磷酸铵、硫酸铵等无机物质组成。

（一）惰性干酵母

可在酵母活化时添加，可以提供给酵母生长时所需要的长链（不饱和）脂肪酸和麦角固醇，维持细胞壁和细胞膜的完整性，提高对酒精的耐受力和对营养物质的吸收能力。

（二）酵母提取物

通常在发酵前期添加，可以为酵母提供充足的有机氮源，有机氮源相比于无机氮源利用率更加高效，而且不用担心添加过量后硫化氢的产生。

（三）酵母细胞壁

拥有很强的吸附能力，通常用于发酵停止或发酵缓慢时吸附毒素（对于酵母而言），确保发酵彻底进行。通常这类产品中也会加入生存因子增加酵母的活力和抗性。

（四）无机氮源

价格相对便宜，可以更快地被酵母利用，是最常用的酵母氮源。通常来说，营养剂添加量要根据葡萄酒（汁）中的可同化氮源情况酌情添加。

五、单宁

单宁属于多酚类物质，广泛存在于植物中，在葡萄皮和葡萄籽中含量丰富，葡萄酒中主要的单宁有缩合单宁（来源于葡萄）和水解单宁（来源于橡木桶）两类，单宁可以构成葡萄酒的"骨架"及结构感，并且还可以稳定花色素。此外，单宁还是天然的抗氧化剂、防腐剂，能够有效避免葡萄酒氧化，提高葡萄酒的陈年潜力。

单宁与蛋白质容易发生缩合反应，所以为了避免葡萄皮中的天然单宁与果实中的蛋白质结合，在葡萄入罐时会加入一些单宁提前与蛋白质结合，避免葡萄自身单宁的损失，称为"牺牲"效应。另外在入罐时添加单宁还可以降低其氧化的风险，所以当原料质量不佳时，可以适当增加单宁用量。

最后在发酵中前期加入缩合单宁，可以通过单宁与花色素的结合作用提高色素的稳定性，保证葡萄酒颜色的持久艳丽，尤其是紫色调。对于一些酚类成熟度差的年份可以根据情况适当添加。

六、下胶助剂

下胶材料本身不会与酒产生任何化学反应，这些物质通过正负电荷相互吸附的原理，帮助葡萄酒或葡萄汁快速澄清，澄清的葡萄酒可以满足感官需求，而澄清的葡萄汁有利于发酵阶段口感和香气清爽度的提升。但无论使用哪种下胶材料，都应提前做好下胶实验，确定合适的剂量。

（一）皂土

皂土也称为膨润土，是酿酒行业最常用的下胶材料，有很强的除蛋白能力，还可以帮助除去不稳定的色素，通常用于干白、桃红葡萄酒（汁）和年轻红葡萄酒的下胶。澄清速度快、价格低廉，但皂土对葡萄酒的口感、颜色、香气会有影响，使用较为麻烦，需提前活化24 h后方可使用。一般用量为500～1000 mg/L。

（二）蛋清（粉）

鸡蛋清广泛用于红葡萄酒的下胶，尤其是优质红葡萄酒，如果直接使用鸡蛋应采用无菌蛋，使用时可加入3%食用盐帮助蛋清溶解，加入酒中循环均匀即可，蛋清可以去除葡萄酒中的蛋白质，也会与酒中不稳定的单宁结合。蛋清对酒质的影响较少，价格相对便宜，但使用较烦琐。目前有商品的蛋清粉，但是如果使用蛋清类制品下胶需要在酒标加以说明，防止对蛋清过敏的消费者在饮用后发生不良反应。

（三）明胶

明胶是以动物皮、骨内蛋白质制成，也是葡萄酒中常用的下胶材料，原理与蛋清类似，但可以避免蛋清过敏，注意明胶使用时需要用热水溶解。一般用量为50～100 mg/L。

（四）聚乙烯吡咯烷酮

聚乙烯吡咯烷酮（PVPP）是一种水溶性很高的高分子聚合物，被广泛应用于医药、化妆品、食品等行业。PVPP可以用于葡萄汁和葡萄酒的澄清下胶。PVPP通过与酚类物质结合会除去白葡萄酒"褐色"的氧化产物，也可以用于除去压榨酒中的劣质酚，减少葡萄酒的苦涩味。

七、硫产品

硫产品具有抑制细菌、抗氧化和帮助澄清等功效，即使在科技发达的今天我们也没有找

到比二氧化硫更为有效的产品。二氧化硫在干型葡萄酒中的添加量不允许超过 250 mg/L，通常酒庄葡萄酒的添加量为 50～80 mg/L，相对来说是很安全的剂量，长期饮用也不会对人体造成损害。

（一）二氧化硫溶液

酒庄使用的二氧化硫溶液通常含有 6% 的有效成分，即往 1 L 酒中加入 1 mL 二氧化硫溶液，酒中的二氧化硫含量约为 60 mg/L。二氧化硫溶液刺激性较重，使用时要注意通风和防护，使用后立即密封。

（二）焦亚硫酸钾

焦亚硫酸钾（偏重亚硫酸钾）也是经常使用的硫制品，将焦亚硫酸钾溶于水中就可以使用了。焦亚硫酸钾有效成分占比为 53%，通常使用按 50% 计，如果想让 1 L 酒中含有 50 mg 的二氧化硫，那么需要加入 100 mg 的焦亚硫酸钾。焦亚硫酸钾气味较小、使用方便，更适合葡萄酒添加使用。

（三）抗酒花漂片

抗酒花漂片其实本质上不是硫制品，但是它起到了类似的作用。葡萄酒与空气接触的液面部分难免会因微生物活动产生一层酒膜，酒膜具有氧化（烂苹果）气味。为了避免污染，将大蒜素封装在具有细小孔隙的载体材料内制成抗酒花漂片，将其放在液面上就会持续释放大蒜素，抑制微生物繁殖，减少微生物破败风险。

二氧化硫由于有使用上限，所以切不可过量添加，导致产品不符合相关法律法规。此外在葡萄酒中起保护作用的是游离态二氧化硫，而上限计算的是总二氧化硫，不可混淆。

八、橡木制品

橡木桶的价格昂贵，大部分酒庄不可能对全部葡萄酒使用橡木桶陈酿，实际上也没有必要。市场对于橡木味（咖啡、巧克力、烟熏味）又比较追捧，这时候酒庄可适当使用橡木制品，以较低廉的成本获得更复杂的口感和香气。橡木制品的使用类似于调料作用，当然对于葡萄酒而言，橡木单宁也可以为葡萄酒提供一些单宁物质，帮助葡萄酒在陈酿过程中稳定颜色，提高抗氧化能力。

常见的橡木制品有橡木屑、橡木片、橡木球（链）、橡木条（块）、橡木板等，有不同烘烤程度的产品。新鲜橡木制品（未烘烤）通常在入罐时或入罐后加入葡萄醪中参与酒精发酵，可以提高葡萄酒的结构感，增强抗氧化能力，尤其针对成熟度欠佳的年份；轻度烘烤的橡木制品可以在发酵时加入，也可以在苹果酸 - 乳酸发酵和陈酿时加入，它给葡萄酒带来结构感的同时，能够提高入口的圆润度，并且帮助葡萄酒提升水果芳香和清爽感；中度烘烤的橡木制品较轻度烘烤的橡木制品果香减弱，烘烤的气息增强，尤其是香辛料、香草气味明显；重度烘烤的橡木制品含有更浓郁的焦糖、巧克力等烘烤气味，并且甜美度提升明显。

需要指出的是，橡木制品虽然可以带来橡木桶一样的味道，但是缺乏微氧化和浓缩的作用，橡木桶对于酒质的提升还是要比橡木制品更加完善。

参 考 文 献

埃德·麦卡锡，玛丽·埃文 - 莫利根. 2004. 法国葡萄酒［M］. 尹雅娟，译. 北京：机械工业出版社.

高树贤，高畅，沈忠勋. 1998. 葡萄酒工程学［M］. 西安：陕西人民出版社.

李根. 2020. 一种葡萄白酒的生产工艺及产品研发［D］. 银川：宁夏大学硕士学位论文.

李华，王华，袁春龙，等. 2005. 葡萄酒化学［M］. 北京：科学出版社.

李华，王华，袁春龙，等. 2007. 葡萄酒工艺学［M］. 北京：科学出版社.

李华. 1993. 利口葡萄酒和蜜甜尔的酿造［J］. 葡萄栽培与酿酒，（2）：28-32.

李前隽. 2018. 贵腐酒——葡萄酒中之王［J］. 生命世界，（4）：38-41.

彭海容. 2014. 装在瓶子里的西班牙阳光——雪莉酒［J］. 中国食品，（16）：98-101.

汪蕾. 2017. 宁夏贺兰山东麓威代尔贵腐葡萄特征研究［D］. 银川：宁夏大学硕士学位论文.

张军翔. 2014. 我国葡萄酒在陈酿及灌装环节的质量安全问题及对策［J］. 食品科学技术学报，32（3）：
6-9.

张秀玲，谢凤英. 2015. 果酒加工工艺学［M］. 北京：化学工业出版社.

赵亮. 2016. 闪蒸工艺对干红葡萄酒质量影响分析［J］. 化工管理，（20）：256.

周广州. 2016. 莎翁最爱之雪莉酒装在瓶子里的西班牙阳光［J］. 健康与营养，（6）：74-75.

Linton S J, Vine R P, Harkness E M. 1997.Winemaking: From Grape Growing to Marketplace [M]. New York:
Kluwer Academic/Plenum Publishers.

Ribéreau-Gayon P, Glories Y, Maujean A, et al. 2006. Handbook of Enology [M]. Chichester: John Wiley.

Robinson J. 1999. The Oxford Companion to Wine [M]. Oxford: Oxford University Press.

Ronsheim J R, Johnson H, Robinson J. 1990.Vintage: the story of wine [J]. The Antioch Review, 48(1): 111.

第五章 酒庄运营管理

　　运营管理就是对运营过程的计划、组织、实施和控制，是与产品生产和服务创造密切相关的各项管理工作的总称。酒庄运营管理简单来说就是酒庄对生产和销售过程进行组织、计划、实施和控制。

　　在现阶段经济发展趋势中，酒庄要想维持稳定性，保证未来的可持续发展，首先要从酒庄的内部管理开始调整——对酒庄内部控制机制进行科学且合理的构建和完善。内部控制机制是酒庄内部经营管理的核心机制，只有对酒庄内部控制机制高度重视，才能让酒庄在运营管理方面获得成效并取得较好的收益。

　　随着进口葡萄酒不断地进入我国，国内葡萄酒市场竞争的激烈程度不断加大。国内酒庄还应重视自身的文化建设，重视酒庄文化的宣传。酒庄文化从外延上有很多的体现，历史、风土、工艺、产品等涉及葡萄酒生产到消费的方方面面，但从内涵和本质上来讲，酒庄文化体现在每个酒庄人员的道德规范、工作态度、价值观念和思想意识等方面，是酒庄内在精神的具体体现，同时也是酒庄的核心和灵魂，对酒庄的发展有着不可或缺的作用。酒庄文化能够帮助酒庄开展运营管理工作、整合资源，从而提升酒庄运营管理工作的效率和质量，进一步提高酒庄的经济效益，从而提高酒庄在国内甚至是国际市场中的竞争力。因此，酒庄文化推广及培养也十分重要。

第一节　酒庄人员管理

一、岗位（管理）职责设置

　　酒庄的系统岗位（管理）设置结构如图 5-1 所示。

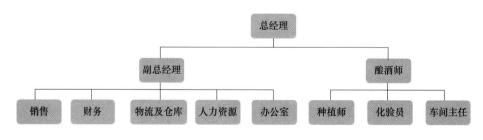

图 5-1　酒庄岗位架构

（一）总经理

　　全面负责酒庄生产、管理、销售、运营、财务等工作顺利开展，有权处理酒庄内部任何事情，直属董事会管理。工作职责如下。

1）负责主持酒庄全面工作，组织并督促部门人员全面完成本部职责范围内的各项工作任务，建立酒庄健全的组织管理系统，使之合理化、精简化、高效化；主持定期办公例会，阅读消防和质量检测情况汇报，传达董事会的有关指示、文件、通知，协调各部门之间的关系，使酒庄有一个高效率的工作系统。

2）贯彻落实本部岗位责任制和工作流程，密切与各个部门的工作联系，加强与有关部门的协作。

3）督促生产部，根据《葡萄酒》（GB/T 15037—2006）及其他相关食品法律法规贯彻落实生产。

4）与销售部积极协调，合理地安排全年产量，落实工作流程及规章制度，保障安全生产。

5）协同生产部制订生产工艺流程、工艺单，监督各种记录单据的齐全、完善。

6）进行成本预测、控制、核算、分析和考核，降低消耗、节约费用、提高赢利水平，确保公司利润指标的完成。

7）注重酒庄日常管理的各项事务，参与制订酒庄经营方向和管理目标，包括制订一系列规章制度和操作规范，规定各级管理人员和员工的职责，并监督其贯彻执行。

8）完善产品质量，积极研发新品，提高市场竞争力。

9）提升各部门员工工作能力，提高业务水平；协助选聘、任免酒庄中层管理人员等，决定酒庄机构设置、员工编制及重要人事变革；负责酒庄管理人员的录用、考核、奖惩、晋级等。

10）进行生产许可证的申请及年检，完善跟酒庄生产相关的各项政策法规，接待政府各部门审查。

11）关心员工、以身作则、群策群力、搞好民主管理，使酒庄有高度的凝聚力；关心员工的生活和福利，抓好企业文化和精神文明建设。

12）完成董事会安排的其他工作。

（二）副总经理

负责酒庄内部管理工作，主抓人事、财务、销售及办公室日常工作。

1）负责主持酒庄各项日常工作，协助总经理处理重大、突发事件。

2）审阅公司财务报表、进销，控制公司财务状况。

3）签署职员的任用、解聘合同，决定员工报酬、奖金。

4）签署日常行政文件，审计印发各种报表、文件、资料。

5）编撰公司重要规章制度，负责各项章程的执行及修改。

6）对所属部门工作进行考核。

7）对外搞好公共关系，融洽处理政府、媒体、客户间关系。

（三）酿酒师

全面负责酒庄生产部分的工作，开展车间及酒窖管理、葡萄园管理、制定产量、工艺流程等。

1）负责主持酒庄生产的全面工作，组织并督促部门人员全面完成本部职责范围内的各

项工作任务。

2）贯彻落实本部岗位责任制和工作流程，密切与营销、财务等部门的工作联系，加强与有关部门的协作配合工作。

3）严格监督产品化验及自检，根据《葡萄酒》（GB/T 15037—2006）及其他相关食品法律法规贯彻落实生产。

4）与销售部积极协调，合理安排全年产量，落实工作流程及规章制度，保障安全生产。

5）制订生产工艺流程、工艺单，监督各种记录单据的齐全、完善。

6）进行成本预测、控制、核算、分析和考核，降低消耗、节约费用、提高赢利水平，确保公司利润指标的完成。

7）制订葡萄园管理方案，提高葡萄质量。

8）注重产品质量，积极研发新品，提高市场竞争力。

9）注重培养部门员工工作能力，提高业务水平。

10）进行设备管理及维护，保证设备安全正常地使用。

11）进行生产许可证的申请及年检，接待政府各部门审查。

12）完成上级领导安排的其他工作。

（四）车间主任

积极执行工艺单、酒窖出入桶工作和灌装任务等。

1）在部门领导的指导下，具体负责车间、酒窖的管理工作。

2）负责酒庄日常用品的采购。

3）进行日常设备维护及安全检查，保证车间、酒窖整洁卫生。

4）管理辅料及耗材，保证储藏条件符合规范。

5）进行包材的采购及管理，保证灌装进度。

6）不断提高员工的思想水平和业务工作能力。

7）完成上级领导安排的其他工作。

（五）操作工

独立、准确、安全地完成车间及酒窖的各项工作。

1）在部门领导指导下，具体负责车间、酒窖、灌装工作的执行。

2）认真执行工艺单的工作，并认真填写相关单据。

3）按照规定、说明书和流程使用设备，注意安全使用和维护设备以保证设备使用寿命。

4）严格按照工艺单要求添加辅料，完善出入库手续。

5）提高业务水平，主动学习相关知识。

6）完成上级领导安排的其他工作。

（六）化验员

完成酒厂产品及半成品的化验，化验设备仪器的年检。

1）在部门领导指导下，具体负责葡萄、原酒、成品酒的理化指标检测与记录。

2）认真执行食品管理规定，并认真填写相关单据。

3）按照规定及流程使用试验仪器，注意安全并保证设备使用寿命。

4）提交检验报告，完成实验仪器年审工作。

5）提高业务水平，主动学习相关知识。

6）完成上级领导安排的其他工作。

（七）种植师

完成葡萄种植任务，妥善管理葡萄园，提高葡萄的品质，减少病虫害的发生。

1）在部门领导指导下，具体负责葡萄基地管理。

2）合理制订葡萄的产量，提高葡萄的质量。

3）对葡萄园机械进行维护保养。

4）进行葡萄园水肥管理。

5）根据葡萄园管理规范，合理安排葡萄出土、上架、剪枝、采摘、修剪和埋土日期。

6）进行病虫害防治，行间管理。

7）对临时农民工进行工作指导与管理，确保各个环节顺利进行，培养相关技术人才作为储备。

8）完成上级领导安排的其他工作。

（八）办公室主管

完成各项内勤任务。

1）办理行政外勤事务，处理内外协调，联络工作。

2）处理公司后勤事务、人事档案、社保资料。

3）负责公司重要会议活动的会务和酒庄接待工作。

4）协助公文制发、档案管理、安全保卫、环境卫生等行政工作。

5）完成领导交办的其他工作。

（九）物流及仓库主管

完成采购及发货任务。

1）在部门领导指导下，具体负责采购、仓储、物流、发货等任务。

2）合理安排原料、物料采购时间及流程，确保各部门生产经营平稳有序。

3）负责产成品的管理，协调生产，保证合理库存。

4）熟悉物流成本，合理安排发货。

5）熟悉葡萄酒供应商产品及价格。

6）完成上级领导安排的其他工作。

（十）财务负责人

完成各项财会及产成品检核任务。

1）按时、准确完成每月的核算和报表制作。

2）完成日常费用报销、发票开具等工作。

3）完成每月的各项统计工作。

4）完成每月的产成品检核管理工作。

5）积极配合国内各项审计、报税等工作。

6）完成领导安排的其他工作。

（十一）人力资源部负责人

做好人员面试、员工培训、岗位调动等工作。

1）负责岗位招聘信息的发放与公布，组织应聘人员的面试录用。

2）负责培训制度的制订、完善、修订等工作。

3）负责年度计划、预算的制订与分解，严格把控培训的实施情况与费用的使用情况。

4）负责各项培训的策划、组织、验证工作。

5）负责培训物料的采购申请、保管、发放、盘点等工作。

6）进行外部培训机构的资质审核、课程甄选。

7）检查、评估培训的实施情况，进行培训效果的跟踪和评估。

8）做好培训的服务与保障工作。

二、员工培训

员工培训是一项非常重要的人力资源投资，同时也是一种有效激励员工的方式。酒庄可以通过培训，向职工植入公司的价值观，培养员工良好的行为规范，使职工自觉地按规章工作，从而形成良好、融洽的工作氛围。

如今，我们处在一个飞速发展的社会，激烈市场竞争的关键是人才竞争，而人才的价值往往在于其积极的工作态度、卓越的专业技能和广博的知识。由于现今知识的不断更新与科学技术的高速发展，个人的知识和技能必须及时更新，所以酒庄的员工要及时接受培训和学习。通过对员工的教育、培训，提高他们的自身素质，增强他们自我激励的能力，对于实现酒庄的目标具有重大意义。

（一）员工培训的主要内容

针对酒庄培训内容主要有以下几个方面。

1. 入职培训　对新入职员工，酒庄的人力资源部应立即组织培训，使新员工在短时间内熟悉公司的制度、结构、部门、工作环境、各岗位职责、薪资待遇、福利等基本情况，这有助于他们更好地适应新环境、新工作。

2. 安全培训　定期对酒庄工作人员进行安全知识培训，因为在葡萄酒的生产过程中遇到的安全问题很多，所以不仅负责安全工作的人员要向员工培训安全知识，还要请经验丰富且在酒庄工作较久的老员工进行讲解，将在车间容易出现的安全隐患及预防措施教给其他员工。

3. 生产培训　在每个生产关键时期和环节，都需要提前对员工进行培训，不要小看这个短时间的培训，这往往可以达到事半功倍的效果。

4. 职责培训　对领导进行领导力、管理技能、处理上下级关系、责任感等能力的培训；对员工进行奉献、心理素质、个人工作态度、工作习惯等素质培训。

5. 专业技能培训　葡萄酒相关的专业技能培训，包括酿酒师、品酒师、侍酒师、栽培师等的培训，根据员工岗位及需求对其培训，来提高员工的整体职业技能。现有的葡萄酒技能培训课程如下。

（1）国家酿酒师 国家酿酒师是行业内唯一国家认证的职业资格证书。酿酒师职业资格考试是由人力资源和社会保障部职业技能鉴定中心推行的，证书统一登记管理、编号入网、OSTA（职业技能鉴定）全国联网查询，在全国范围内通用。酿酒师共设三个职业等级，分别为助理酿酒师（国家职业资格三级）、酿酒师（国家职业资格二级）和高级酿酒师（国家职业资格一级）。

（2）国家品酒师 与酿酒师一样，是由人力资源和社会保障部职业技能鉴定中心推行的。国家品酒师同样设三个职业等级，分别为初级品酒师、中级品酒师和高级品酒师。

准确地说，国家酿酒师、品酒师证书是认证证书，是对自身水平的认证，是一种考核，不单单是一种培训。

（3）葡萄酒及烈酒教育基金会（Wine & Spirit Education Trust，WSET） WSET成立于1969年，它致力于高品质葡萄酒及烈酒教育。自成立以来，WSET拥有得到社会认可的授予葡萄酒教育认证的资格。WSET设置的葡萄酒认证课程分为四个等级，按难度从低到高依次为一级（WSET Level 1 Award）、二级（WSET Level 2 Award）、三级（WSET Level 3 Award）和四级（WSET Level 4 Diploma）。在通过了四级课程认证后，相当于拥有了葡萄酒的专业文凭，在此之后，继续深造的人还可以学习葡萄酒大师协会（Institute of Master of Wine）提供的葡萄酒大师（Master of Wine）课程，在通过后可以获得"葡萄酒大师"的称号。WSET的培训可以针对销售部或者品牌推广部的员工进行，这可以让他们的专业知识更全面。

（4）国际侍酒师认证课程（International Sommelier Guild，ISG） ISG成立于1982年，总部设在美国佛罗里达州，是全球被最多国家官方认可的葡萄酒培训认证课程。ISG按难度从低到高依次为初级认证课程（Fundamentals Wine Certificate，FWC）、中级认证课程（Intermediate Wine Certificate，IWC）、高级认证课程（Advanced Wine Certificate，AWC）、侍酒师文凭认证（ISGM）和国际侍酒师教师资格认证（Teacher Education Program，TEP）等。

（5）法国CAFA侍酒师学院（CAFA-FORMATIONS） CAFA成立于1986年，是一所研究葡萄酒及酒精饮料专业品鉴的国际学校。CAFA中国学院引进法国总校的全套教材，并结合中国葡萄酒市场的行业特点和消费供求，科学地编排教学内容，为我国学员提供多种形式的与外籍行业人士交流学习的机会，酒庄主、行业协会、老牌外籍进出口商等方面人士都将带给CAFA中国学员更多的来自葡萄酒行业的最新消息和最真实的观点。

（二）培训中注意的问题

在员工培训过程中也常出现一些问题，如部分员工培训体系存在缺失，甚至缺乏完善的考核机制，没有明确的反馈节点；培训课程推行"拿来主义"，重形式不重实效等。长此以往，势必导致培训工作难以到位，这往往使培训的效果较差。

酒庄在员工培训时需要注意以下三点。

1. 制订精准的培训计划 在制定目标时，要考虑到每个员工的个性差异和与他人的互动能力，并对制订的计划、目标做出明确清晰的描述。

2. 评估考察 对员工培训效果及时进行评估，及时听取员工对于培训工作的真实想

法和感受，并对员工所学的知识进行评估考察，看看这些知识是否可以在实际的生产、生活中发挥关键作用，当员工的培训结束后，人力资源部门要对每个人的考试成绩进行及时记录，并作为重要的数据为以后培训工作及评优、评先提供理论依据和有效借鉴。

3. 需求分析 及时对员工培训需求进行分析，对整体培训效果进行评估，为以后人才培训提供更加详细、全面、科学、合理的依据，从而使员工能够更好地为企业服务。

三、员工手册

通过编写员工手册，明确告知员工权利、义务与责任，便于规章制度实施，增强企业管理水平。学习和贯彻员工手册是一种有效的公司管理的方法。员工手册主要包括劳动合同、薪资、奖惩制度、仪容健康要求等。下面以某酒庄员工手册为例进行简要介绍。

（一）绪论部分

为树立公司的整体形象，执行规范、统一的公司规章制度，特编制了《员工手册》。每一位员工开始工作前应认真阅读、理解本手册，并遵守相关条例，本手册适用于全体员工、临时工及外服人员。

本公司保留对于本手册的解释权。

（二）劳动合同的签署

1. 试用期及合同期 公司会跟你签订正式的劳动合同，首次合同期限为一年，试用期为一个月。合同期满，如双方均有意愿则可续签，第二次签订期限为三年，第三次可签订无固定期限劳动合同。

2. 离职 如果你觉得无法适应工作，或你的表现未达到我们的要求，双方均可提前15天书面提出终止协议，并按照规定办理离职手续；若在榨季（9～11月），需提前30天提出终止协议请求。

3. 劳动时间 因为行业的特殊情况，公司执行不定时劳动时间，但遵守《中华人民共和国劳动法》中对休息时间的规定。

4. 请假 请假最迟需要于上班前12小时以电话、微信、邮件等形式通知主管，车间主任及葡萄园主管应做好考勤记录。

5. 薪资 薪资根据你的表现和职级而定，公司会根据劳务情况及个人表现，每年调整薪资架构。薪资通过银行转账每月固定日期发放至银行账户，包含固定员工及临时用工人员。注意薪资属于敏感信息，请勿与他人讨论。

（三）值班

因为酒庄工作的特殊性，考虑榨季、葡萄采收、灌装等因素，可能会有加班及值班的情况，酒庄会根据个人情况合理制订排班表，请大家务必遵守公司的排班制度。

（四）个人健康及仪容

因为我们是食品行业，要求个人健康及穿着整洁、卫生。不得在室内抽烟，生产区工作时不得佩戴首饰，注意个人卫生。休息后回到工作岗位要洗手、消毒。如果患有疾病，请立即通知主管，待恢复健康后再开始工作。每年公司组织员工办理健康证。

（五）工作纪律

我们尊重每位员工的自尊和隐私，相互尊重和理解是维持一个充满善意和愉悦气氛的工作环境的基础，我们有责任来维持这个环境。员工不得暗示，并利用职权对其他员工造成威胁、恐吓及骚扰；若有此行为，我们将根据公司纪律严肃处理。你有责任遵守纪律并依规定行事，对于公司规定及执行有申诉的权利，可以直接向总经理反应。

（六）行政处分

1. 口头警告   无故迟到或早退，工作态度不认真；工作时间内喧哗、室内抽烟、喝酒、吃零食、看手机及跟工作无关的书籍或干扰其他员工；不注意个人卫生，不遵守公司操作标准；搬弄是非，造成同事间不团结；未经批准，擅自调换排班。

2. 书面警告   举止粗鲁，语言无礼；工作拖拉，影响产品质量及酒庄声誉；因个人疏忽、轻视导致他人及公司财产损失；口头警告后仍无改善者。

3. 解除劳动合同   重大事故责任人；违反公司制度屡教不改。

不同的酒庄根据自己的实际情况可以制订不同的员工手册，员工手册也反映了一个公司的企业文化，但员工手册必须在遵守国家相关法规的条件下制订。

第二节　酒庄设备管理

酒庄设备的维护保养和运行使用需要进行科学的管理，设备管理应作为酒庄内部管理的重点工作。设备管理的定义是从规划设计开始，经过选型购置、安装验收，再到运行使用、保养维修、改造，最后直至报废全过程的管理工作。总的来说，酒庄设备需要科学、系统的管理，是一个比较复杂的过程。很多酒庄没有建立专门的设备管理机构对酒庄设备进行有效的、科学的管理。目前，很多酒庄采用的设备管理模式主要是报故障后维修为主，预防性保养为辅或者缺失。

一、设备维护

（一）酒庄设备维护现状和存在的问题

1. 设备维护岗位的缺失   这是许多酒庄存在的普遍问题，大部分酒庄规模不大，人员较少，很多酒庄在企业内部组织架构中不会专门设置酒庄设备维护机构，也不会招聘专业的设备维护人员对设备做专业化维护。即使部分小酒庄设有设备维护人员，但不够专业，使得酒庄设备维护只停留在设备的使用和故障发生后的维修层面，设备经常处于无保养、超负荷且"带病"工作的状态下，存在比较大的生产和安全隐患。

2. 设备维护制度不规范或根本没有设备维护制度   设备维护制度的定义是对设备维护工作起指导作用并具体制订设备保养、维护、使用的规章制度。设备维护制度的缺失是酒庄设备维护工作的主要障碍，没有设备维护制度就不能指导开展酒庄设备维护的具体工作，

从而使酒庄内的生产设备不能得到科学合理的使用和保养，往往会缩短酒庄生产设备的寿命，增加设备的故障。

3. 设备操作、维护、管理人员缺乏责任感　在酒庄生产中，最直接面对生产设备的人员主要是设备操作人员和维护技术人员。各类人员的操作水平高低不一，操作人员对酒庄设备的工作原理和结构不了解也不熟悉；维护技术人员的技术水平不高、责任心不强、管理维修数据记录混乱，导致酒庄设备管理人员在维修设备时不能全面地了解酒庄设备的具体状况，增加了酒庄设备重复故障发生的概率，降低了酒庄设备后续维修的时效性。

4. 设备维护保养作业不规范　酒庄设备使用过程中不注重基础保养，往往在设备运行中出现了故障，导致不得不停产维修，耽误了生产。设备应该按照规定或在生产空档期定期进行保养、检修，如此一来既延长了设备的使用寿命，又能保证设备在生产季节正常运行。

（二）维护措施

针对酒庄设备管理现状和存在的问题应采取以下维护措施。

1. 健全酒庄设备维护机构　有条件的酒庄可以设立设备维护部门，中小型酒庄可通过专业维护公司进行维护。

2. 完善设备维护相关制度和政策　酒庄应根据自身实际情况建立相应的维护制度和技术规程。酒庄设备维护制度要明确设备维护体制、设备维护机构岗位职责，要管理好酒庄设备维护的记录文件，使后续维护工作更加科学有效。此外，酒庄可以建立设备维护绩效考核制度，提升员工的主观能动性并培养员工的责任心。

3. 招聘专业人才或培养酒庄人员　大的酒庄可以招聘专业人才，中小型酒庄要加强对酒庄人员关于设备使用的技术培训。在培训中要坚持从酒庄实际情况出发，酒庄设备维护人员需要做到"四懂三会"。

1）懂酒庄机械设备结构。

2）懂酒庄生产设备的故障问题，并知道相应的解决方法。

3）懂酒庄生产设备的工作原理。

4）懂酒庄设备在生产中的工作性能。

5）会操作酒庄生产机械设备。

6）会处理各种酒庄生产机械设备故障。

7）会维护酒庄设备。

4. 加强酒庄设备备件的管理工作　酒庄设备维护人员要清楚酒庄生产设备备件的库存数量、参数，了解酒庄生产设备备件的适用指标，能大概估计其使用寿命，以便适时准备酒庄生产设备的备品、备件。备件到库后，酒庄要组织质量检测部门和设备维修人员对其进行质量检查，保证所购设备备件质量满足使用标准和要求。

总之，设备维护需要引起酒庄足够的重视，设备的使用人员和设备维护、维修人员要共同努力、齐抓共管、上下协同，才能将酒庄设备维护工作做好。

二、设备改造

酒庄生产设备应具有先进性、适应性、经济性等特点，应满足葡萄酒生产工艺与加工工艺的要求。设备改造的定义是指根据生产需要结合现代科技成果，改变现有设备的结构，完善其技术性能，使之局部或全部达到先进设备的水平，即对旧设备进行现代化改装。酒庄设备改造可以消除设备有形或无形磨损，扩大设备生产能力，提高酒庄生产工作效率，适应新工艺，是加速酒庄产品质量提升的有效途径。

例如，在储酒罐顶部设氮气管道和罐口氮气进出口及二氧化碳管道和罐口二氧化碳进出口，防止葡萄酒氧化；橡木桶支架上安装滑轮，方便酒泥陈酿时转桶；发酵罐内壁设不锈钢卡槽，可以将橡木条插入槽内，方便橡木制品的使用；发酵罐温度计改装成可自动伸缩式，避免人工压帽时将温度计压坏等设备改造都在不同层面和程度上提升了工艺和产品质量。

第三节　酒庄生产管理

一、生产效率管理

生产效率是指固定投入量下，实际产出与最大产出的比例，可反映达成最大产出、预定目标或是最佳营运服务的程度，同时也可以用来衡量企业在产出量、成本、收入及利润等目标下的绩效。虽然酒庄与其他工业企业在生产季节、产品要求等方面存在着一定的区别，但仍然要充分重视生产效率。

在葡萄酒生产的过程中，影响生产效率的因素主要包括生产制度与计划、机械设备的自动化程度、员工的工作积极性、员工的职业技能水平和团队合作能力等。

（一）生产制度与计划

要提高生产效率，首先需从制度抓起，因为酒庄只有建立完善的生产制度和生产规范，效率才有章可循。例如，葡萄酒发酵制度、设备操作制度、酒窖管理制度等都可以有效地提高生产效率。另外，在制订制度的基础上，酒庄也必须通过建立高效的生产计划来提高生产效率。

（二）机械设备的自动化程度

通过使用机器采摘、机器分选、自动化控温、全自动循环泵、连续式压榨机、全自动灌装线、全自动贴标机等设备，酒庄生产效率大幅提升，成本得到了有效控制，酒庄的综合竞争力得到了显著提高。但需要指出，对于酿造精品葡萄酒而言，纯手工劳作、传统工艺、工匠精神也是不可缺少的，会体现在企业和产品文化中。

（三）员工的工作积极性

员工工作效率一般是指员工工作投入与产出的比值，通俗地讲就是，在进行某个任务时，取得的成绩与所用时间、精力的比值。提升员工工作效率的方式有以下几点。

1. 建立并实行公平的激励机制　　通过这种方法鼓励员工，增加员工对工作的满意程度，以此来使他们的积极性和创造性继续保持和发扬下去，进而提高员工的工作效率。

2. 加强薪酬管理，体现劳有所值　　管理者给员工提供一套令他们满意的薪酬体系，把工作效率与薪酬有效结合，让员工看到希望，看到努力与不努力的差别，在这样的体系下，员工就会自发地认真工作。

3. 强调以人为本，注重身心健康　　酒庄应该充分考虑员工的需求，保证员工事业与家庭的平衡。通常酒庄都是在郊区，所以应配备通勤车，保证员工上下班的稳定性；如果上下班路上的时间较长，可以考虑提前下班；酒庄榨季的工作集中，管理者要调整管理制度，以补足加班费或者调休的方式对加班的员工进行补偿。

（四）员工的职业技能水平

酒庄要想提高工作效率，就要提高员工的职业技能水平。所以招收员工的素质、后期的培训、生产中经验的总结、不断提高员工及管理者的专业水平也是酒庄管理者需要注意的部分。

（五）团队合作能力

葡萄酒的生产有许多环节，想要生产出好酒，每一个环节都不能缺少，需要团队紧密配合。葡萄酒的出品（原料生产、酿造、销售、品牌建设等）也考验一个酒庄的栽培、酿造、营销各个团队的合作能力。所谓"单丝不成线，孤木不成林"，只有提高了酒庄团队协作能力，才能使酒庄管理更上一个台阶。

二、产品质量及控制

产品质量是企业的生命。产品要赢得市场，品质是根本的保证。从本质上讲，市场竞争主要是品质的竞争，产品要赢得市场，赢得消费者信赖，产品的高质量是硬道理。对于葡萄酒，只有安全性稳定、质量上乘的葡萄酒才能赢得消费者的信赖。无论采取何种市场和营销手段，都必须守好产品安全的红线，保证产品质量。

葡萄酒质量和安全问题贯穿于产业链上的每个环节，从葡萄种植、葡萄酒加工、灌装、储运一直到最后的销售，任何一个环节均不能出现问题。法国最大酒商 Castel 创始人卡斯特认为有 6 个因素影响一瓶葡萄酒的风格与品质，分别是葡萄品种、地理位置、气候、土壤、地形和酿造。葡萄酒的生产过程是一个系统性工程，生产过程中的每一个环节都可能影响到葡萄酒的质量，因此影响葡萄酒质量的因素有很多。俗话说："七分原料，三分工艺"，影响葡萄酒质量的最主要因素是葡萄原料质量和葡萄酒酿造的工艺。而葡萄的质量由品种、环境条件、气候条件、成熟度等多种因素决定，葡萄酒的酿造也受工艺过程的影响。本节主要讨论酿造工艺的质量控制。

葡萄酒食品质量安全是基础，品质是关键。葡萄酒要符合食品安全和相关标准的要求，这是底线，其次要追求优质。要保证葡萄酒的品质，葡萄酒酿造工作者必须重视酿造过程中的每一个细节，从原料→分选（挑选）→破碎、去梗→调整成分→主发酵（前发酵）→分离（压榨）→后发酵→添桶→换桶→陈酿→调配勾兑→澄清（下胶）→冷稳定→澄清过滤→成品→灌装→贴标→装箱，要在每一个环节和流程都做到把控质量、把握细节，将优质葡萄原料和酿酒师精湛的酿造技艺有机结合起来，因葡萄原料的不同而设定最佳的酿造工艺，充分发挥葡萄原料的优点，才能酿造出优质的葡萄酒。

要使葡萄酒有较好的质量，就必须在产品生产全过程的每一环节、每一步骤找出影响产品质量的各个因素，找到关键控制点。要针对生产过程的具体环节、具体步骤制订有效的质量控制办法，并使各具体环节、步骤有机协调地联系起来，更大程度地控制和保证最终产品质量。

一个酒庄应该建立一个全面、规范、系统的质量标准体系，从而有效地保障产品质量。质量标准体系分为两部分：一部分是针对原料、辅料、原酒质量和包装质量等制订的质量标准和检验规则体系；另一部分是针对机械设备使用及运用状况、人员操作情况、卫生管理状况制订的现场管理制度和相关设备操作规范。

为了真实反映现场工作人员的工作情况、设备操作运行情况、酒的增加或减少情况及各部门之间的信息传递过程，可设计系列表格，并使之规范化、标准化、数据化，有利于监督管理，从而建立起规范、系统的表格记录监督体系。该表格体系包括原料控制、设备运维、发酵控制、原酒管理、灌装管理等。

（一）原料控制

原料的感官分析和理化分析在前文已有提及，对于酒庄实际操作人员可以通过表格进行科学管理。每车原料在入罐前酒庄都应如实填写对应原料控制表（表5-1）。

表 5-1　原料控制表

基本信息						原料质量					入罐辅料添加量 /（g/kg）			其他		
编号	品种	地块	树龄	总重量	采摘时间	采摘方式	含糖量 /（g/kg）	总酸 /（g/kg）	pH	葡萄成熟度	有无病害及霉烂果	二氧化硫	果胶酶	其他	入罐号	录入人	备注
1	赤霞珠	2园13	15	20吨	2021-10-03 8:00~16:00	手工采摘	236	6.6	3.5	糖分及酚类物质成熟度	生长期内无病害及霉烂	30	20	干冰500，护色单宁200	13	× × ×	

（二）设备运维

酒庄设备管理也应登记造册，防止遗忘或过度保养，使用人在操作前应检查设备运行及保养记录，防止出现安全事故，造成人员或财产损失，表5-2为设备维修卡。

此外还应制作设备运行中的挂牌，用于运行中的大型设备，防止操作人员误触或提醒非操作人员远离。

（三）发酵控制

发酵期间应填写发酵记录表（表5-3），这样可以不仅帮助员工严格执行酿酒师工艺，还可以更好地帮助员工了解葡萄酒发酵进程。

表 5-2　设备维修卡

基本信息								
编号	设备名称	所属车间	品牌及产地	规格型号	是否接气	是否接电	生产日期	其他
1-3	气囊压榨机	前处理	xz 法国	x50	是	380 V 动力电 5 kW	2015-01-03	

维修信息						维修记录				
编号	维修事项	维修人员	维修日期	是否更换零件	其他	编号	保养事项	保养人员	保养时间	保养周期	其他
1	舱门密封垫更换	×××	2017-08-30	是		1	日常保养	×××	2016-09-01	每周	打油处打入润滑油脂
2						2	榨季前保养	×××	2017-08-25	每年	设备除尘、电控系统检测、机械部分检查、链条除尘润滑、更换压缩机机油、打油处打入润滑油脂、设备试运行
3						3					
4						4					
5						5					
6						6					
7						7					
8						8					
9						9					

（四）原酒管理

　　酒庄需要给原酒建立对应的档案卡（表 5-4），并将其直接悬挂在储酒罐上。通过档案卡所有信息一目了然，减少操作失误的风险，也提高了酒庄工作效率。

（五）灌装管理

　　1. 葡萄酒调配及稳定性检验　　葡萄酒灌装前需要按相关的标准和操作规程对葡萄酒进行调配并进行稳定性检验和处理。调配一般是由酿酒师（团队）进行的，稳定性操作和检验由现场工作人员（化验员）和质检部门共同控制。合格后可进入罐装环节。

　　2. 灌装　　该过程包括三个环节，主要质量控制点如下。

表 5-3 发酵记录表

基本信息						
罐号	重量 / 吨	品种	入罐时间	总糖 /（g/kg）	总酸 /（g/kg）	pH
1	12	赤霞珠	2021-10-03 18:00			

	操作记录					指标		辅料添加					
编号	操作事项	设备	操作人	开始日期	结束时间	相对密度	温度 /℃	1 辅料	添加量 /g	2 辅料	添加量 /g	3 辅料	添加量 /g
1	温控	温控系统	×××	10-04 3:00	10-05 5:00	1101	24						
2	循环	循环泵	×××	10-04 3:01	10-05 5:01	1102	16	酵母营养	1500	酵母* ceca	1600		
3													
4													
5													

* 酵母 ceca 为西北农林科技大学葡萄酒学院团队分离的宁夏本土酵母菌种，用于酿造高品质干红葡萄酒

表 5-4 原酒档案卡

基本信息				
罐号	重量 / 吨	品种	年份	总硫含量 /（mg/L）
1	15	赤霞珠	2021	80
入罐时间	状态	质量登记	酒度 /%	总硫含量（mg/L）
2021-12-28	原酒，待调配	优级	15	25

1）葡萄酒进入灌装机前，必须进行外观检验，检验合格方可入灌装车间。

2）装瓶、打塞后对葡萄酒瓶、打塞整齐度、瓶内是否有沉淀、容量（液位）等进行检验。

3）贴标后对贴标整齐度、喷码等进行检验。

（六）成品酒质量管理

入库、库存内部的产品由质检部门不定期抽查，如出现质量问题需及时反馈并与正常酒分开。出库时对葡萄酒做最后的检查，合格后方可进入销售过程。

不合格产品是在生产、销售过程中因各种原因不能正常销售的产品，数量较少，需经质检部门检验，提出合理处置方案后统一处理。表 5-5 为灌装前原酒质量检验单，表 5-6 为调配酒记录表（5-6），表 5-7 为包装工序质量检验单，表 5-8 为成品检验单。

关于葡萄酒的一些生产规范也是需要酒庄进行了解的，下面列举了一些与葡萄酒相关的标准名称（表 5-9）及编号可供查阅。

表 5-5 灌装前原酒质量检验单

车间：   编号：

品名		批号		数量		编号	
检验项目	感官指标	色泽					
		澄清度					
		香气和滋味					
		检验人： 日期：					
	理化检测						
	卫生指标						
	检验人： 日期：						
出酒记录	时间						
	数量						
	时间						
	数量						
	检查人： 复核：						
备注							

表 5-6 调配酒记录表

品名		调成日期		数量		罐号		调配依据
调酒方案	原酒名称	数量	罐号	辅料名称	规格	数量	产地	
	调配日期： 入罐号： 操作人： 复核：							
调酒工艺处理	日期	出罐	入罐	处理方法	设定条件	酒的状况	操作人	
检验分析记录								
备注								

表 5-7　包装工序质量检验单

编号：

品名		批号		规格		生产日期		数量	
检验项目	灌装线	洗瓶							
		容积误差							
		澄清度							
		打塞							
		烫帽							
		喷码							
		贴标							
	包装线	擦瓶							
		卷纸							
		装箱							
		封箱							
		入库							

备注：

表 5-8　成品检验单

产品名称			生产日期	
抽样数量			抽样日期	
检验依据			抽样基数	
外观	色泽			
	澄清程度			
	香气和滋味			
理化	酒度［20℃，%（体积分数）］			
	总糖 /（g/L）（以葡萄糖计）			
	滴定酸 /（g/L）（以酒石酸计）			
	挥发酸 /（g/L）（以乙酸计）			
	游离二氧化硫 /（mg/L）			
	总二氧化硫 /（mg/L）			
	干浸出物 /（g/L）			
	铁 /（mg/L）			
微生物	菌落总数 /（个 /mL）			
	大肠菌群 /（个 /100 mL）			

结论

检验：　　　审核：　　　审批：

盖章：

年　　月　　日

表 5-9　葡萄酒相关标准名称及编号

序号	标准号	标准名称
1	GB/T 15091—1994	食品工业基本术语
2	GB/T 17204—2008	饮料酒分类
3	GB 15037—2006	葡萄酒
4	GB/T 25504—2010	冰葡萄酒
5	GB/T 27586—2011	山葡萄酒
6	GB/T 11856—2008	白兰地
7	GB 2758—2012	食品安全国家标准发酵酒及其配制酒
8	GB 2760—2014	食品安全国家标准食品添加剂使用标准
9	GB 7718—2011	食品安全国家标准预包装食品标签通则
10	GB 12696—2016	葡萄酒厂卫生规范
11	GB/T 23543—2009	葡萄酒企业良好生产规范
12	HJ 452—2008	清洁生产标准葡萄酒制造业
13	GB/T 191—2008	包装储运图示标志
14	BB/T 0018—2021	包装容器葡萄酒瓶
15	GB/T 23778—2009	酒类及其他食品包装用软木塞
16	SB/T 10712—2012	葡萄酒运输、贮存技术规范
17	GB/T 5009.49—2008	发酵酒及其配制酒卫生标准的分析方法
18	GB/T 15038—2006	葡萄酒、果酒通用分析方法

三、SOP 标准作业程序制定

SOP 即标准作业程序，是 standard（标准）、operating（操作）和 procedure（程序）三个单词中首字母的大写，指将某一产品生产标准、操作和程序以统一的格式描述出来，用于指导和规范日常的工作。SOP 的精髓是将细节进行量化，通俗来讲，SOP 就是对某一程序中的关键控制点进行细化和量化。实际执行过程中，SOP 的核心是符合本企业实际情况并可执行，不流于形式。标准作业程序是在有限时间与资源内，为了执行复杂的日常事务所设计的内部程序。从管理学的角度看，标准作业程序能够缩短新进人员面对不熟练且复杂事务所花的学习时间，只要按照步骤指示就能避免失误与疏忽。标准作业程序形成的理由，通常有下列三点（功能）。

1）标准作业程序可以节省时间，因为时间是宝贵的。

2）标准作业程序可以节省资源的浪费，因为资源是稀少的。

3）标准作业程序可以增强稳定性，因为稳定是组织继续存在的主要动力。

SOP 是对一个过程的描述，不是一个结果的描述。同时，SOP 不是制度，也不是表单，而是流程下面某个程序中关键控制点如何规范的程序。

SOP 是一种操作层面的程序，是实实在在的，具体可操作的，不是理念层次上的东西。如果结合 ISO 9000 体系的标准，SOP 属于三阶文件，即作业性文件。

不是随便写出来的操作程序都可以称作 SOP，而是经过不断实践总结出来的、在当前条件下可以实现的、最优化的操作程序设计。说得更通俗一些，所谓的标准，就是尽可能地将相关操作步骤进行细化、量化和优化，细化、量化和优化的度就是在正常条件下大家都能理解又不会产生歧义。

SOP 不是单个的，而是一个体系。虽然我们可以单独地定义每一个 SOP，但真正从企业管理来看，SOP 不可能只是单个的，必然是一个整体，是企业不可或缺的。一个企业管理要有公司的策略，即作战指导纲领；也要有作业指导即 SOP，而且这个标准作业程序一定是要做到细化和量化。

酒庄日常操作 SOP 见附录二。

第四节　酒庄供应链管理

21 世纪以来，国际供应链管理经验越来越丰富，模式越来越完善，可以作为国内酒庄的借鉴，以制订出与自己酒庄相适应的供应链管理方法。酒庄供应链管理作为酒庄管理的重要部分之一，应不断地进行管理模式的优化，使酒庄供应链管理水平不断提高。酒庄可以通过有效的库存管理，建立属于自己的库存数据库，以便随时查询酒庄库存的动态信息，让酒庄决策者能及时、准确地了解库存，更好地实施酒庄决策。酒庄高效、准确的供应链管理，可以保证酒庄保持一个良好的运行状态。

一、供应链的定义

供应链的定义是通过前馈的信息流（需方向供方流动的信息流）和反馈的物料流及信息流（供方向需方的物流及伴随的供给信息流），从而将供应商、制造商、分销商、零售商直到最终消费者连成一个整体的链式模式。对于酒庄来说，它是一个范围比较广的企业结构模式，从原材料的供应开始，如酒塞和酒瓶，需要经过供应链中不同企业的制造、加工、组装、分销等过程直到酒庄。

二、酒庄库存管理

（一）酒庄库存管理的范围和目的

酒庄库存管理的范围主要包含几大类，如原辅料、包装材料、半成品、产成品等。因为这些物品种类繁杂、数量繁多，要做好生产物料的管理就要关注生产物料的全过程。

在内部管理上，首先酒庄应根据生产物料的重要性对其进行分类管理，让有限的资金发挥最大效益；其次就是要优化采购管理模式，因为有了生产物料的分类管理作为基础，酒庄就可以根据不同的生产物料采取不同的采购方案。例如，对关键生产物料，如酒瓶、橡木塞、亚硫酸等产品，严格根据采购周期设置安全库存，以确保生产的连续性；而对于一般生产物料则可以减少库存甚至零库存，提高利用率，达到降低成本的目的。另外，需要考虑供应商的供货周期及物流等因素，如橡木桶、蛋清粉、活性干酵母、气囊压榨机等这类需要从国外进口的物料，更需要关注国际物流的时效，通常海运时间都较长。除此之外，订货前期的各种变化，货物在运输途中由于天气等原因而造成送货时间的延迟等，这就要求酒庄为了

维持供应、生产和销售的正常进行，必须在供应链的各个节点保有一定量库存。实施有效的库存管理，可以降低企业平均资金的占用水平，提高存货的流转速度和总资产周转率，从而提高企业的经济效益。有效的库存管理能够避免或减少企业因无法准确预测客户需求变化而造成的缺货损失；对供需之间的不平衡进行调节；快速响应顾客，缩短订货提前期，提升竞争力；防止生产中断，有效保障供应，使生产顺利进行。

此外，酒庄传统库存管理对供应链中的不确定性因素分析预测效率低，对酒庄现有的库存信息利用不充分。可以通过大数据分析和历史数据分析进行智能化预测，合理预估酒庄未来销量和库存变化，这样就可以提高供应链的效率，提高酒庄安全库存。

（二）酒庄库存管理的基本制度

生产部、质量技术研发部和葡萄酒销售部依据市场部月销售计划、订单、合同或要货通知，审核半成品、成品的库存动态情况，提出物料需求计划清单。物料需求计划与生产计划一同下达。

市场部负责编制销售计划、接受客户合同及履行合同等相关工作。

供应部负责按生产需求，编制原辅料采购计划并实施采购以确保物资的正常供给。

设备能源部负责编制设备及备品配件、工具采购计划，实施采购，确保生产设备正常运行和工具的正常配备。

物料采购部门依据生产计划及公司规定仓库物资的最大储存量和最少库存量标准，审核仓库库存动态情况，编制物资采购计划，经有关领导逐级审批后，组织实施。物料采购部门与生产部门及相关仓库管理部门根据进货和生产周期协商设定安全存量，经公司总经理批准后组织实施。

仓库物流部负责按照要求进行成品（库存商品）的入库、发出及配送等工作。及时将物料出库情况进行记录、存档、上报，便于有关部门或上级领导随时掌握仓库物料储存情况。

每月底，仓库管理进行存货盘点，按规定时间编报库存周报和库存月报。对于成品库存，要和公司财务出入账对上。仓库管理员对于所经管的存货应予严密稽核清点，各仓库应随时接受部门经理和财务审核人员的抽查。

仓库应做好各种防患工作，以确保物资的安全保管，如防火、防盗、防锈、防腐、防霉、防鼠、防虫、防尘、防爆、防漏电。切实做好安全保卫工作，严禁闲人进入库区。

生产部门应及时掌握物料到位情况，发现问题，及时纠正，或通知采购部门、上报公司领导，尽量避免停工断料现象。另外，根据物料的消耗定额，加强对车间物料工作的管理和考核。

各车间按照周生产计划的安排，根据材料定额标准及合格率情况，填写领取物料单，经车间主任批准后，向仓库负责人领取物料，仓库负责人依据批准的领料单核对、发放物料。各个车间也应该严格控制物料的使用，做好物料使用情况信息记录，严格监控，以防止浪费现象的发生，降低产品消耗。

参 考 文 献

曹经纬. 2018. 企业运营管理选择与实施策略初探［J］. 现代营销（经营版），（12）：142.

陈超. 2019. 浅谈小微企业设备管理存在的问题和对策［J］. 内江科技, 40（11）: 9-10.

陈磊. 2017. 葡萄酒综合标准化研究［C］. 中国标准化协会. 第十四届中国标准化论坛论文集. 中国标准化协会: 中国标准化协会: 1628-1634.

孔莉莉. 2019. 大数据背景下企业运营管理模式创新探析［J］. 现代商贸工业, 40（32）: 69-70.

林勇. 2008. 供应链通用件库存管理［M］. 武汉: 华中科技大学出版社.

刘婷, 于鹏. 2019. 工业4.0背景下企业运营管理的影响研究［J］. 中国集体经济,（35）: 38-39.

束金暄, 曾昌耘, 郑建新. 1992. 大型设备技术改造实例［M］. 成都: 四川科学技术出版社.

孙百亚. 2019. R公司生产物料管理改进研究［D］. 南京: 南京理工大学硕士学位论文.

唐成, 徐章法. 2019. 使用信息化手段提升企业运营管理效率研究［J］. 现代营销（下旬刊）,（11）: 49-51.

王亚宾, 安鲁, 李甲贵, 等. 2019. 基于不同年龄分段的葡萄酒消费行为差异研究［J］. 中国酿造, 38（3）: 210-214.

王延龄, 丛海龙. 2019. 葡萄酒灌装电气自动化生产线设备维修管理体制研究［J］. 现代食品,（19）: 1-3.

徐洁昕, 张仲序. 2002. "过程控制"管理及其在葡萄酒质量管理中的应用［J］. 酿酒科技,（5）: 65-66, 68.

杨和财, 朱新元, 李华, 等. 2018. 食品生产许可资料审查、现场核查的解析及调适建议——以葡萄酒企业为例［J］. 食品工业, 39（2）: 241-245.

佚名. 2010. 新型错流过滤机大大提高葡萄酒生产效率［J］. 食品与发酵工业, 36（12）: 164.

余冀徽. 2019. 企业库存管理方案优化与设计［J］. 智库时代,（45）: 37-39.

张冲, 赵征. 2007. 冷饮新产品口味测试方法的研究［J］. 内蒙古科技与经济,（2）: 106-107, 114.

张颖. 2019. 内部控制机制在私营企业运营管理中的应用分析［J］. 商讯,（34）: 87-88.

张远林. 2019. 论如何提高企业员工的工作效率［J］. 商场现代化,（17）: 107-108.

赵宗红, 李旭波, 牟敬强. 2019. 浅谈机械设备维修保养要求与提高设备维护水平措施［J］. 中国设备工程,（21）: 76-78.

郑海洲. 2019. 建筑监理如何有效地进行工程质量控制［J］. 建材与装饰,（35）: 182-183.

郑霖. 2019. 企业文化建设与企业管理及经济效益的关系研究［J］. 企业改革与管理,（20）: 201-216.

第六章 酒庄成本及利润管理

酒庄作为一个企业，永远不能避开企业的目标——创造利润，创造利润是酒庄得以生存和发展的基础。想要了解酒庄的成本及利润，那么请务必记住"利润＝收入－成本"的公式，这个公式将会贯穿全文。

第一节 成 本

任何产品和服务都是有成本的，葡萄酒所需要的葡萄、包装材料等物品都是有成本的，为来酒庄旅游的游客提供服务也是有成本的。那么成本都有哪些？它们又是如何构成的？想要管理好酒庄首先要了解这些成本。

一、会计学成本及构成

经济学、管理学都对成本进行过界定，基于不同的研究对象和范畴，这些定义具有一定的差异化，本书的研究对象为酒庄，作为经济社会运行的基本单元，属于微观范畴，故偏重从管理学视角的会计方向进行界定和分析。成本也经常被以适用性为标准进行分类。会计成本又称实际成本，表示实际的花费或价值，是真实的数字；是会计记录在公司账册上的客观和有形的支出，包括生产、销售过程中原料、辅料、燃料、工资、租金、广告、利息等的支出。按照我国财务制度，总成本费用由产品成本、管理费用、财务费用和销售费用等构成。

（一）产品成本

产品成本是生产单位为生产产品或提供服务而产生的各项费用，包括各项直接支出和制造费用。直接支出包括直接材料（原材料、辅助材料、备品备件、燃料及动力等）、直接工资（生产人员的工资、补贴）、其他直接支出（如福利费）；制造费用是指以企业内的分厂、车间为组织和管理生产所产生的各项费用，包括分厂和车间管理人员工资、折旧费、维修费、修理费及其他制造费用（办公费、差旅费、劳保费等）。产品成本可以是一定时期为生产一定数量产品而产生的成本总额，也可以是一定时期生产产品单位成本。

产品成本有狭义和广义之分。狭义的产品成本是指企业在生产单位（车间、分厂）内为生产和管理而支出的各种费用，主要包括原辅材料、燃料和动力、生产工资和各项制造费用；广义的产品成本还包括生产发生的各项管理费用和销售费用等。

产品成本是酒庄生产经营管理的一项重要指标，通过分析产品成本便能了解一个酒庄整体生产及经营管理水平的高低。通过产品总成本、单位成本和具体成本项目的分析，便能掌握成本变化的情况，找出影响成本升降的各种因素，促进酒庄综合成本管理水平的提高。

产品成本是产品功能价值的直接体现，因此产品成本也是产品定价的重要依据。

在现实经济活动中，对某些不形成商品产品价值的部分也列入产品成本，如废品损失、财产保险费等，形成了现实成本即产品成本的概念。

针对酒庄而言，产品成本的构成相对简单，主要由葡萄、酿酒辅料、包装材料、厂房及设备折旧、能源、酿酒所需人工等要素构成。

（二）管理费用

管理费用是指企业行政管理部门为管理和组织经营而产生的各项费用，包括管理人员工资和福利费、公司一级折旧费、修理费、技术转让费、无形资产和递延资产摊销费及其他管理费用（办公费、差旅费、劳保费、土地使用税等）。管理费用是期间费用（期间费用是指企业日常活动发生的不能计入特定核算成本的费用）的一种，它主要是指企业行政管理部门为组织和管理生产经营活动而产生的各种费用，具体包括的项目有工资福利费、折旧费、工会费、职工教育经费、业务招待费、房产税、车船使用税、土地使用税、印花税、技术转让费、无形资产摊销、咨询费、诉讼费、坏账损失、公司经费、劳动保险费、董事会会费等。

（三）财务费用

财务费用包括企业生产经营期间的利息支出（减利息收入）、汇兑净损失（有的企业如商品流通企业、保险企业进行单独核算，不包括在财务费用之中）、金融机构手续费，以及筹资产生的其他费用（如债券印刷费、国外借款担保费等）。

酒庄建设周期长、投入成本高、固定资产占比大，投资回报周期也相对较长，如果前期从金融机构融资，那么财务费用也会是一笔不小的开支。

（四）销售费用

销售费用是指企业在销售产品、自制半成品和工业性劳务等过程中产生的各项费用，包括由企业承担的包装费、运输费、装卸费、展览费、广告费、租赁费（不包括融资租赁费），以及为销售本企业产品而专设的销售机构的费用，包括职工工资、福利费、差旅费、办公费、折旧费、修理费、物料消耗和其他经费。销售费用属于期间费用，在发生的当期就计入当期的损益。

营销费用也属于销售费用的范畴。葡萄酒有较高的需求弹性和较大的附加值增值空间，高档葡萄酒的附加值远高于其功能产品的成本，因而对于产品附加值的挖掘会直接影响产品的销售费用，因为市场竞争激烈，需要投入大量精力、物力、人力用于葡萄酒市场品牌建设，用于提升产品价值和零售价格。随着品牌影响力的提高，产品附加值及销售收入和利润也会随之提高。对于酒庄管理者而言千万不可忽略营销投入的成本，这部分费用包含了广告费、促销费、赠品费用、消费者活动费用、公共关系、评奖比赛费、展销会等。之后的章节会着重介绍葡萄酒营销相关知识。

如果企业规模较小没有独立的销售机构，销售费用可以纳入管理费用。

（五）税费

目前葡萄酒产品在我国不属于农业范畴，所以税费相对国外而言仍然较高。进口设备、酿酒辅料、软木塞、橡木桶等都会征收关税，导致成本较高。一个葡萄酒庄如果是一般纳税

人，除了 13% 的增值税外，还会征收葡萄酒出厂价 10% 的消费税，25% 的企业所得税。其中消费税为从量征收税种，只要生产无论是否销售都要征收，这样也会加重酒庄的税务负担。例如，一瓶零售价为 100 元的葡萄酒，其中税费可以占到售价的 1/3 左右。

二、管理学成本

上面文章提到的成本计算是在会计学中的定义，然而站在管理学的角度要如何分析成本问题呢？

（一）固定成本

固定成本是指成本总额在一定时期和一定业务量范围内，不受业务量增减变动影响，能保持不变的成本。

固定成本通常可区分为约束性固定成本和酌量性固定成本。

固定成本是为了维持企业提供产品和服务的经营能力而必须开支的成本，如厂房和机器设备的折旧、财产税、房屋租金、管理人员的工资等。由于这类成本与维持企业的经营能力相关联，也称为经营能力成本（capacity cost）。这类成本的数额一经确定，不能轻易改变，因而具有相当程度的约束性。

也有一类固定成本是企业管理当局在会计年度开始前，根据经营、财力等情况确定的计划期间的预算额而形成的固定成本，如新产品开发费、广告费、职工培训费等。由于这类成本的预算数额只在预算期内有效，企业领导可以根据具体情况的变化，确定不同预算期的预算数额，所以也称为自定性固定成本。这类成本的数额不具有约束性，可以斟酌不同的情况加以确定。

固定成本总额只有在一定时期和一定业务量范围内才是固定的，这就是说固定成本的固定性是有条件的。举个简单例子：有一家年产 200 吨（红葡萄酒）的酒庄，近些年因为品牌营销成功，产品供不应求，今年酒庄又收购了 300 亩新的葡萄园准备扩大生产，预计三年后产量翻 1 倍达到 400 吨原酒，原本 500 亩葡萄园也将改变架势提高产量，这样一来导致设备、人员不足。管理者不得不采购新的苗木、拖拉机等，并且车间也需要新添置一批发酵罐应对未来的产能提升。

（二）变动成本

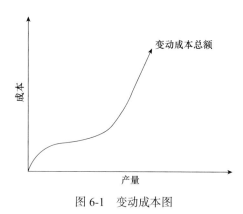

图 6-1　变动成本图

变动成本与固定成本相反，变动成本是指那些成本的总发生额在相关范围内随着业务量的变动而呈线性变动的成本。直接人工、直接材料都是典型的变动成本，在一定期间内它们的发生总额随着业务量的改变呈比例变动，但单位产品的耗费保持不变。如图 6-1 所示，根据变动成本发生的原因可将变动成本分为两类：一类是技术性变动成本，另一类是酌量性变动成本。技术性变动成本是指单位成本由技术因素决定，而总成本随着消耗量的变动而呈正比例变动的成本，通常表现为产品的直接物耗成本；酌量性变动成本是指可由企业管理者决策加以改变的变动成本。

以上文酒庄为例，这家企业三年后做到了增产 1 倍的目标，因为产量提升，设备利用率提高（前处理设备、灌装设备等设备为更新）导致了成本下降，市场竞争力提高，利润率也较之前有了大幅提高。酒庄管理者决定推出简易包装产品进一步降低产品成本来抢占市场份额。

三、成本管理方法

高水平的管理可以降低浪费，增加收入。当然收入的提升很多时候还要依靠外部环境和客户的配合。除去外部因素，酒庄如何才能提升利润？最主要的方法就是减少费用，即要做好酒庄管理的工作。

（一）产品质量变动对成本的影响

质量和成本是一个辩证的关系，一方面，高质量在一定程度上确实意味着高成本，在价格不变的情况下，企业的盈利可能会减少；另一方面，低质量的产品必然会影响长期的销售额，从而直接影响企业的利润。如果不能正确理解产品质量与成本的关系，长此以往，将会给企业造成人力、财力持续浪费的恶性循环，产生成本也会更高。所以，企业需要摆正质量和成本的关系，选择能够取得合适经济效益的质量水平。

全面质量管理是提高质量降低成本的有效工具。企业在生产消耗水平不变的前提下，产品质量提高必然会使单位产品成本降低。由于影响产品质量的因素很多，因此判断质量好坏的指标也是很多的，如合格品率、等级品率等。合格品率是指生产过程中成品的比例，废品是生产过程中的损失，这种损失最终是要计入产品成本的，因此合格品率的高低会直接影响产品成本水平。产品等级系数变动也会对成本产生影响。有过酒庄生产经验的人都知道，通常酒庄采用同一批葡萄，相同工艺生产葡萄酒，但最终产品质量也会有差别，这些产品通常用"产品分级"来表示，产品分级越高，高级产品产量就越大，产品的成本水平也会相应降低。最需要注意的是材料消耗量变动对成本的影响。材料费用在产品成本中占有很大的比重，企业提高材料利用率，对于节约消耗、降低单位产品材料成本有重要的影响。提高材料利用率的主要途径有改进生产工艺、合理下料、综合利用等。企业材料的利用率越高，消耗定额越低，单位产品中的材料成本越低，如通过窖罐节约酵母、苹果酸 - 乳酸的自然发酵、PVPP 回收使用、周转箱重复利用等都可以为酒庄节省不小的开支。对于包材而言，在保证产品质量的前提下，合理地代用低价的材料，也可以大幅降低成本，如瓶形不变的情况下将重型瓶替换为轻型瓶可以在酒瓶成本、运输等相关费用上为酒庄减少开销。酒庄管理者可以考虑是否通过改变产品设计，取消不必要的功能，降低材料消耗，如针对餐饮渠道或酒吧等商户是否可以采用简易包装降低包装箱成本及其他费用。

（二）提升生产组织能力

合理的生产组织，会显著提高生产效率，降低单位产品固定费用，从而降低产品的成本。提升生产组织能力包括提高设备利用率、合理组织生产等。

酒庄每年的生产相对固定，这对于管理者来说是一件好事，每年 9～10 月酿酒，11 月入桶陈酿，6 月及 12 月灌装。这样对于酒庄的组织生产都变得相对简单，但非常考验管理者的生产组织能力，是否能够合理规划、细致统筹这些生产活动。例如，6 月灌装要提前制订灌装计划，那么酒庄就需要在 5 月开始采购灌装所用包材，如瓶子、塞子等，可能 4 月就要开始对原酒进行下胶、冷冻、过滤等处理，检修所用设备，清理瓶储区域，灌装临时工招募也要在灌装前全部确定，这样在 6 月预定的灌装日期到来时才能有条不紊地进行生产，如果其中出现一项差错，那么其他工作都可能徒劳，不仅不能完成灌装任务，还增加了额外的成本。此外在生产过程中也要环环相扣，流水化作业，减少人员等待时间，提升生产效率，这样才能达到节约成本的效果。试想下如果灌装速度很快，但是往储酒笼中码放的速度跟不上，那么是不是会导致灌装机停工造成效率浪费，从而提高费用。最后需要注意，一定要根据生产要求采购适量的包材，之前有酒庄一次订购了很多瓶子放在仓库闲置，在使用前必须冲洗或者擦拭，这样不但减低了酒庄资金的周转率，而且提高了管理费用。

优秀的组织能力会合理利用资源，如利用不同品种成熟期的时间差，同一台发酵罐一年可以用来发酵两次，这样的利用率就可以显著降低生产成本，此外还可以考虑利用发酵产生的热量帮助苹果酸 - 乳酸发酵阶段对葡萄酒进行升温，这样不仅环保节能，还可以节约电费。

（三）提高预算观念

预算管理是企业内部成本控制管理的一种方法，预算管理体系也是帮助现代企业在成本管理上成熟与发展的有效系统。企业通过建立预算管理系统，可以提升战略管理能力，加强核心竞争力，有效规避与化解经营风险，节约管理成本，提高利润收入。建立以市场和消费者需求为导向的预算机制，扩大成本控制范围。

任何企业运营都离不开资金的支持，如采买原料、支付人工工资等，与其他企业不同，酒庄资金支出呈阶段性特点，如榨季购买原料和灌装线包材采购占了绝大部分比重，那么使用预算制度进行管理，不仅可以保证生产的正常进行，随着预算观念的深入还能提高管理水平，减少费用及成本浪费。

预算就是一个数字化、精细化的计划，预算编列的过程就是一种计划过程，且预算提供了非常详细的指标体系，规定了能花多少钱，能挣多少钱，包括了收入预算、支出预算、重大投资等。

通过对预算的编列和执行可以帮助酒庄管理者控制成本和费用，严格控制预算外支出，做到每笔费用都明明白白。而且可以做到公司的财务稳定，管理者更能从预算编列和执行了解公司的运行状况。

预算的规划要有时间性和预见性。管理水平高的公司不仅有月预算、季度预算和全年预算，甚至有更长期的预算，涵盖的方面包括了生产预算、采购预算、成本预算、销售预算等几个方面，酒庄最应该控制的是现金流预算和利润预算。在酒庄运行过程中多个部分通过预算可以有效协同。预算是酒庄管理的重要活动，帮助酒庄建立财务纪律。但是预算也不能盲目制订，也要根据实际情况随机应变。酒庄的规律性生产活动也使得预算的编列更加容易。

（四）建立 KPI 体系

KPI 就是 key performance indicator 的缩写，即"关键业绩指标"，酒庄想要创造良好的业绩和利润，无论是生产还是销售都应该建立自己的详细 KPI 考核体系。业绩指标的制订要合适、有空间、有目标，且要根据每个部门、每个岗位设立相应的考核指标。

KPI的核心数据永远都是利润率，围绕着提高利润率制订的，各个部门岗位都应设定自己的目标，KPI专注的是"关键"行为——真正能为企业创造价值的行为，通过对行为的设定、规范和量化，并建立考核、评价及激励方法等一系列操作，不仅可以帮助企业做好关键行为，更可以为员工提供指引，帮助其不断进步。表6-1为某酒庄生产运营部门KPI考核表。

表6-1　某酒庄生产运营部门 KPI 考核表

项目	分级	考核指标	说明
安全生产	重大人员伤亡	考核分数扣 50 分	伤情属于轻伤以上事故
	人员受伤事故	考核分数扣 20 分	伤情属于轻伤级别
	轻微事故	考核分数扣 10 分	伤情属于轻微伤级别
生产设备	因操作造成重大设备故障	考核分数扣 50 分	设备报废或大修
	因人为操作造成设备故障	考核分数扣 20 分	设备维修费低于 5000 元
	因人为操作造成轻微设备故障	考核分数扣 10 分	设备维修费低于 1000 元
成品管理	木塞味污染	DIAM*、发泡树脂塞、橡胶塞、螺旋盖小于 0.1% 不扣分。超出扣 10 分	排除包材本身质量问题
		1＋1 合成塞、高分子合成塞、天然塞小于 3% 不扣分。超出扣 10 分	排除包材本身质量问题
	成品检验出现 A 类不合格	考核分数扣 20 分	根据 GB 15037 检验规定
	成品检验出现 B 类不合格	考核分数扣 10 分	根据 GB 15037 检验规定
	出现客户投诉产品内出现异物	考核分数扣 1 分	包装完好且木塞未打开，出现清晰肉眼可见异物
产出率（出酒率）	干红和桃红（不入桶）	成品率（自留酒＋压榨酒）大于 55% 不扣分。不足扣 20 分	10 吨葡萄入场最终灌装数量大于 5.5 吨
	干白	成品率（压榨酒）大于 50% 不扣分。不足扣 20 分	特殊气候及工艺品种除外
灌装	瓶塞	DIAM、发泡树脂塞、橡胶塞、螺旋盖损耗小于 1% 不扣分。超出扣 20 分	设备均以进口设备为基准
		1＋1 合成塞、高分子合成塞、天然塞损耗小于 1.5% 不扣分。超出扣 20 分	
	酒瓶在 2 元以内	损耗率小于 3% 不扣分，超出扣 20 分	
	酒瓶在 3 元以上	损耗率小于 1% 不扣分，超出扣 20 分	
	酒标	机器贴标损耗小于 3% 不扣分，超出扣 20 分	
		手工贴标损耗小于 5% 不扣分，超出扣 20 分	
	胶帽	PVC 帽＋合成帽＋锡帽＋铝帽损耗小于 3% 不扣分，超出扣 20 分	
	纸箱	纸箱损耗小于 1% 不扣分，超出扣 20 分	
瓶储	破损率	小于 0.5% 不扣分，超出扣 20 分	金属瓶储笼为主

注：生产运营部KPI考核（考核分为三级：90分优秀，80分合格，小于80分不合格。考核按季度开展，起始分数为100分）

*DIAM 为一种新型超微颗粒聚合软木塞，其特点是杜绝了 TCA 污染

指标制订时管理者要把握住"关键"行为，为酒庄提供正确方向，指标制订也应更加细致，把结果指标细分为行为指标、过程指标，通过把这些指标分解、下放、落实在不同岗位上，有助于指标联系，形成协作及组织合力。

最后需要了解 KPI 指标虽然能够提供有效的管理，但是 KPI 体系建立后也要不断地进行修正，修正的数据来源于系统的运行、考核。通过不断调整、提高企业的运行效率从而达到利润最大化这个目标。

并且现代企业的成本管理是一个综合的体系，它包括企业的所有人员和全部生产过程。因此，应该让所有人都加入这个 KPI 体系中来，真正做到人人管成本，成本人人管。

（五）提升人力资源管理

人是企业管理中最活跃也是变数最大的因素。工人操作水平的提高，特别是管理人员水平的提高可以有效减少成本。所以，加强人力资源管理是企业最能获得潜力成本的一项措施，特别是在劳动力成本增长成为必然趋势的今天。通过培训增强劳动者技能和素养，加大激励制度和约束能力，鼓励员工注重节约增效，把员工利益跟企业利益结合。最后要最大程度地信任员工，发挥员工的潜能，挖掘员工的价值。

此外劳动生产率变动也会对成本产生影响：劳动生产率的提高，可以降低单位产品工时消耗定额，即降低单位产品的工资费用，但产品中的工资费用又受平均工资增长率的影响。毕竟效率高的工人薪资也会提高，因此计算劳动生产率增长对成本的影响，要看劳动生产率的增长速度是否快于工资增长速度。

（六）成本管理创新

成本管理中的产品创新要以企业全局为对象，从企业所处的竞争环境出发，综合分析包括企业内部、竞争对手及行业在内的整个价值链，结合成本管理，进行创新。成本管理创新意识主要体现在产品的设计上，在企业间的技术差别越来越小的今天，只有从创新入手才能有效地降低成本。企业只有不断创新，不断用有效的方式激励创新，才能实现企业健康、快速发展。

以年产 200 吨（红葡萄酒）酒庄为例，之前使用天然软木塞每年成本约为 75 万元，有时还存在 TCA 污染、漏酒等风险，导致客诉、退换货，不仅浪费成本还会对品牌形象、产品质量造成影响。酒庄综合考虑后，采用超微颗粒木塞，可在一定程度上降低 TCA 污染和漏酒的风险，同时木塞采购成本可以减少 30%。

（七）其他成本

当交易发生，会同时有内部成本和外部成本。内部成本就是产品单价，外部成本是指不参加交易的人受到的影响。这个成本的承担者可能是个人或者整个社会，且成本不能用货币衡量。它包括了污染、事故等类似的东西，整个社会将以某种方式为之"付账"，但这不包含在交易价格内。

社会成本是企业成本和外部成本的综合，它既包含厂商生产活动的内部成本也包括外部成本。

例如，买一瓶 200 元的酒，200 元就是酒庄的"企业成本"。如果有人喝了酒开车发生事故造成财产损失，这些就是"外部成本"，生产者并不支付这部分成本也不包含在价钱里面，它们在市场结构之外，企业并不会为司机的损失掏钱，所以企业还要考虑社会责任等多方面的无形成本。

第二节　利　润

酒庄在经营管理学中属于重资产运营。酒庄建设涵盖了葡萄园、酒堡、车间等一系列固定成本，葡萄种植周期至少三年，葡萄酒酿造周期至少一年，所以一旦经营不善就会造成大规模的亏损。

但是从经济学成本去理解，酒庄所投入的资金与利润比例不是很高，那是否意味着投资酒庄不是一件有效益的事呢？当然投资行为也不能只站在经济学角度考虑投资回报最大化，同时也要考虑社会意义和自我价值体现。本节内容就是从财务及管理学角度认识利润，以及如何经营好酒庄提高利润。

一、利润概念

如何理解利润呢？简单地说从你口袋中花出去的钱都是费用，即成本，而你收到的钱都是收入，这部分收入减去成本就是酒庄的利润。我们可以简单理解为"利润＝收入－成本"。

从会计学角度理解利润是指企业在一定会计期间的经营成果。利润包括收入减去费用后的净额、直接计入当期利润的利得和损失等。利润按其构成的不同层次可划分为营业利润、利润总额和净利润。

正常利润包括机会成本。企业想要盈利就要保证利润是正数，但正常利润一词则既可以是正数，也可以是负数（损失），这就是包括机会成本的原因：完全竞争市场的情况下，当边际成本等于边际收益，利润最大化或损失最小化的条件产生。若市场价格低于总平均成本，这意味着正常利润为负，企业家便需要比较损失和平均变动成本的数值。企业要继续经营的话，正常利润必须不低于平均变动成本，否则企业家宁可关闭企业，也不会继续承担这部分损失。

经济利润在完全竞争市场和垄断性竞争市场有着特别的用途，正数的经济利润能够吸引更多企业进入该市场，增加竞争并将市场均衡价格推低，把一些缺乏竞争力的企业排除在市场以外，达到长期均衡；相反，负数的经济利润能将市场原有的部分企业淘汰，因为供给减少的缘故，市场均衡价格会被推高，同样能达到长期均衡。两种情况所导致的结果，就是经济利润在各个厂商消失，厂商的总收入处于平均成本的最低点。

如果没有理解上面的这段话不要着急，里面有很多经济学的专有名词，我们一个一个来解释，这样不仅可以更好地理解商业逻辑，而且可以方便管理者了解利润的真正含义。

（一）机会成本

企业经营决策过程中面临多项选择，这些不同的选择会形成被选择的价值和被放弃的价值，机会成本就是指多种选择中被放弃的最高价值。就是俗语的"世界上没有白吃的午

餐""鱼与熊掌不可兼得"。

假设有一家酒庄的葡萄酒一瓶可以卖 200 元，如果不小心将这瓶酒打碎了，那么其会计成本为 0 元，因为打碎了就得不到钱，那么机会成本是 200 元，因为酒庄卖这瓶酒就可以得到 200 元。

在经济学理论里，成本如果没有特殊说明就是指机会成本。

再举个葡萄酒的例子：酒庄有一批'黑比诺'葡萄，可以用来酿造干红葡萄酒，也可以用这批'黑比诺'酿造桃红葡萄酒，当然通常来说干红的售价要大于桃红，如果用来生产了干红，那么机会成本就是桃红的价值，反之亦然。酒庄为了达到利润最大化做出了合理的选择——生产干红，因为干红能卖 80 万元，而桃红只能卖 50 万元。那么桃红的机会成本是 80 万元，而干红则是 50 万元。

英国经济学家弗里德里希·冯·维塞尔（Friedrich von Wieser）认为只要有选择、取舍存在，机会成本便存在。理性的经理人力求把机会成本降至最低，是因为为了现行选择所付出的代价也是最低。机会成本是经济学中广泛应用的概念，不仅在个人决策中应用，还可扩展至商品财货的生产、交换和分配等经济领域。

最后需要酒庄管理者了解的是酒庄都拥有自己的葡萄园，不能因为产品滞销就停止生产，因为每年成熟一季的葡萄都必须被酿造成酒，这也是酒庄在灵活性上与酒厂的差别，酒厂可以根据实际销售情况决定产能，而酒庄必须根据葡萄产能决定产量。如果将葡萄直接销售，那么机会成本就是这些葡萄酿成的酒。因此在实际生产中也有不少酒庄会出售葡萄或多余的散酒给其他酒庄或酒厂。

（二）边际成本

在经济学和金融学中，边际成本（marginal cost）也作增量成本，是指每增产一单位的产品（或多购买一单位的产品）所造成的总成本的增量。

这个概念表明每一单位产品的成本与总产品量有关。这里再举个酒庄常见的例子：有一位酒庄大客户常常购买葡萄酒饮用，价格为 200 元/瓶。有一天他找到酒庄想定制 60 瓶葡萄酒用于婚礼的个性化产品（定制标、特殊瓶型），酒庄报价 288 元/瓶。思考下价格提升真的就是标和瓶子的价格么？还是因为产量少导致的直接成本提高？

考虑到机会成本，随着生产量的增加，边际成本可能会增加。还是这个例子：如果酒庄给出建议，将 60 瓶 750 mL 的葡萄酒替换成 15 瓶 3 L 的葡萄酒，仍然按照 12 000 元总价给客户，此时酒庄用了更少的成本却创造出更多利润，而且给客户的体验也是不同的。

边际成本和单位平均成本不一样，单位平均成本考虑了全部的产品，而边际成本只考虑新增加的，且边际成本根本不考虑固定成本。

"边际成本定价"是销售商品时使用的经营战略。其思想就是边际成本是商品可以销售的最低价，这样才能使企业在经济困难时期维持下去。因为在固定成本相对很低的情况下，理论上边际成本可以使企业无损失地继续运转。

（三）边际收益

边际收益（marginal revenue）是指如果再多销售一个单位的产品将会得到的收益，或目前最后卖出一个单位的产品所得到的收益。边际收益在实现利润最大化中是一个非常重要的经济量，一般认为当边际收益等于边际成本时企业达到利润最大化。因为当边际收益等于边际成本时，如果再多销售一单位产品并不增加企业的利润。由于边际成本递增，再增加产品的销售量可能反而会使边际收益小于边际成本，使企业的利润减少。

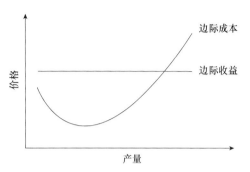

图 6-2　边际成本与边际效益在产量与价格间的关系

仔细分析当边际收益等于边际成本时企业达到利润最大化。如果不能够理解，可以把企业想象成上升的火箭，随着火箭起飞，起初速度很低之后加速很快，后期又开始减速直到速度为 0，这一时刻它的高度是最高的，如图 6-2 所示。利润最大化就是相当于火箭最高点的时刻，之后火箭开始跌落相当于实际利润减少。

那么知道了利润最大点，还有一个问题如何计算出企业的盈利点呢？这就需要计算盈亏平衡点了。

（四）盈亏平衡点

盈亏平衡点（break even point，BEP）又称零利润点、保本点、盈亏临界点、损益分歧点、收益转折点，通常是指全部销售收入等于全部成本时（销售收入线与总成本线的交点）的产量。如图 6-3 所示，以盈亏平衡点为界限，当销售收入高于盈亏平衡点时，企业盈利；反之，企业就亏损。盈亏平衡点可以用销售量来表示，即盈亏平衡点的销售量；也可以用销售额来表示，即盈亏平衡点的销售额。式（6-1）和式（6-2）给出了盈亏平衡点销售量和销售额最基础的公式。

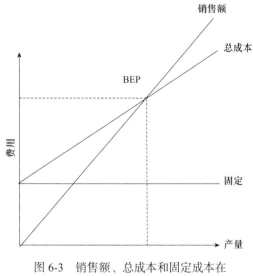

图 6-3　销售额、总成本和固定成本在费用与产量间的关系

盈亏平衡点（销售量）＝固定成本 /（单位产品销售收入－单位产品变动成本）　（6-1）
盈亏平衡点（销售额）＝固定成本 /（1－变动成本 / 销售收入）　（6-2）

假设一个酒庄的固定成本为 100 万元，变动成本每瓶为 15 元，一瓶酒的出厂价为 50 元，那么酒庄想要达到盈利状态，根据式（6-1）计算必须生产且销售掉约 2.8 万瓶酒，此时该酒庄才能达到不亏损的状态，之后卖出的酒才是利润，即只有当酒庄的销量高于这个值时，酒庄才是盈利状态，如果产量低于这个值，酒庄是处于亏损状态的，当然这里还有税收等细节，不在此详述；根据式（6-2）计算，酒庄的盈亏平衡点销售额约为 140 万元。

通过盈亏平衡点，我们不难发现若要提升酒庄利润必须把控销售量和成本两个方面，通过降低固定成本、变动成本和费用，或者通过提升销售量的方式，是可以达到提升利润的目的，但现实中情况相当复杂。

（五）净利润

净利润（收益）是指在利润总额中按规定交纳了企业所得税后公司的利润留存，一般也称为税后利润或净收入。

净利润的计算公式为

$$净利润＝利润总额×（1－所得税率）$$

净利润是一个企业经营的最终成果，净利润多，企业的经营效益就好；净利润少，企业的经营效益就差。它是衡量一个企业经营效益的主要指标。

利润总额是指税前利润，也就是企业在所得税前一定时期内经营活动的总成果。利润总额包括营业利润（产品销售利润）、其他业务利润、投资净收益和营业外收支净额四部分。营业利润是企业在其全部销售业务中所得的利润，又称经营利润，它是一个企业的主营业务利润。

想要提升净利润要么提升利润总额，要么减少税费。提升利润总额就需要提升销售收入，说白了就是多卖货。而减少税费则相对复杂，很多地方政府都有税收减免或返还政策，企业在投资时也应着重考虑相关情况，作为投资建厂的依据。

（六）投资回报率

投资回报率（return on investment，ROI），为经济学名词，指投资后所得的收益与成本间的百分比例。

投资回报率一般可分为总回报率（持有期间回报率）和年回报率。总回报率是不管资金投入时间，直接计算总共的回报，即总回报率＝利润/投入成本。

投资期间的总利润通常包含资本利得（资本收益）与非资本利得性质收益。若以股票回报率来举例，投资期间的资本利得为买进、卖出间的价差，非资本利得性的收益通常为现金股利。因此股票的持有期间回报率又可拆解为其资本收益率及股利收益率的总和。

年回报率则是计算平均资金投入一年所得到的回报率，又可以分为两类。

1）平均回报率。其算法是直接将总回报率除以资金投入的年数。例如，投入三年，赚30%，年平均回报率即10%。

2）内部回报率。或称为复利回报率，将每年获利的再投资也考虑进去，可以更精确地反映回报的多少。其算法为 $\sqrt[年数]{总回报率＋1}-1$。例如，投入两年，赚44%，年内部回报率＝$\sqrt[2]{1.44}-1=20\%$。

二、利润管理

我们已经知道利润、成本、费用，那么如何才能提升酒庄的利润呢？本节通过几个管理方法指导企业管理者提升收入。

（一）利润最大化

在早期西方资本主义纯经济学的角度上，企业的行为目标就是利润最大化（profit maximization）。近期的经济学也加入伦理学的角度。相信以长线而言，只有具商业信誉、社会责任的企业，其利润才会有最大化。当边际成本等于边际收益，即边际利润为零时，利润达到最大化。

一般经济学中所说的企业利润最大化行为，是假设所生产的产品能够完全销售出去，可用下面的式（6-3）计算：

$$利润＝收入－费用＝商品售价 × 生产数量－费用 \qquad （6-3）$$

图 6-4 以完全竞争市场为例，在产量小于利润最大产量点时，边际收益大于边际成本，因此增加产量会增加利润。在产量大于利润最大产量点时，边际成本大于边际收益，因此减少产量会增加利润。在水平价格线与边际成本曲线相交之处即利润最大产量点。回到酒庄的例子，作为一个 200 吨（红葡萄酒）产能的酒庄，如果要产 400 吨酒，直观上感觉产量翻倍成本应该下降才对，但实际生产中会遇到很多问题，首先是设备及场地容量，要考虑设备的处理能力，产能设计余量，配套水、电、气是否能满足增产需求，最终可能由于设备不到位、人工的增加、工作效率下降、不良率提升、销售费用增加等原因反而会使边际成本提高。同理在葡萄园也是这样，无限制地往葡萄园投入并不会使得葡萄的质量持续提升，并且产量也不会呈线性增长，无限制的投入并不能换回无限制的利润。

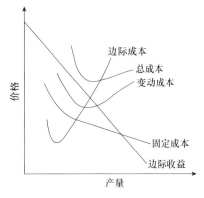

图 6-4 利润最大产量图

（二）作业成本法

作业成本法也称为 ABC 分析法，虽然也可作为一个会计系统使用，但分析特定点上产品盈利能力的高低才是它的真正作用。由于成本动因和企业的业务是变化的，为确保过去的数据和分析结果仍然有效，作业成本法分析也需要定期进行修订。这种修订应当促使定价、产品、顾客重点、市场份额等战略的改变，从而提高企业的盈利能力。成本管理是按照现行的会计制度，依据一定的规范计算材料费、人工费、管理费、财务费等的一种核算方法。这种管理法有时不能反映出所从事的活动与成本之间的直接联系。作业成本法相当于一个滤镜，它对原来的成本方法做了重新调整，使得人们能够看到成本的消耗和所从事工作之间的直接联系，这样人们可以分析哪些成本投入是有效的，哪些成本投入是无效的。作业成本法主要关注生产运作过程，加强运作管理，关注具体活动及相应的成本，同时强化基于活动的成本管理，分析过程如下。

1）定义业务和成本核算对象（通常是产品，有时也可能是顾客、产品市场等）。这一过程很耗时间。如果两种产品满足的是顾客的同一种需求，那么在定义业务时，选择顾客要比选择单个产品更为恰当。

2）确定每种业务的成本动因，即成本的决定因素，如订单的数量。

3）将成本分配给每一成本核算对象，对各对象的成本和价格进行比较，从而确定其盈利能力的高低。

作业成本法就是分析各个产品的机会成本，帮助管理者最大化地利用资源，将不创造利润的资源转而成为创造利润的资源，对于已经创造利润的，将其利润提升。

再举个简单例子：酒庄在面对客户的时候应该都有这样的经验，有的小客户有很多定制化产品（OEM）的需求，并且对价格比较敏感，往往花费很多时间和服务成本，最后算下来这些客户的利润贡献率特别低；相反一些优质客户，采购量大，没有很多定制化产品，大客户本身也比较专业，不需要过多服务和解释，他们的利润率就很高，如果把所有产生的间接费用，先归集后分摊，就很难凸显出两个客户率润贡献的差别，也就无从管理了。所以这就要求酒庄管理者从细致出发，记录好每项成本的归属才能更好地统计利润率，目的就是留住优质客户，而这个核算方法就叫作业成本法。

产品的成本计算也是这样，一定要追溯是什么引发了成本，将每一笔费用都统计到具体的产品下。例如，酒庄采购一批橡木桶，如果简单用橡木桶成本除以年产量，这样就无形中降低了入桶酒的成本，因为有一部分费用被没有入桶的产品分摊了，如果用成本乘以系数作为定价，入桶陈酿的酒有可能实际是亏损的，亏损的金额又由未入桶产品补出来，从而影响了管理者的判断。

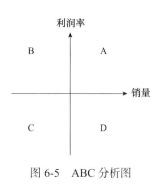

图 6-5　ABC 分析图

实例：假设某酒庄有 A、B、C、D 四个产品（图 6-5），A 产品销量高利润高属于酒庄爆款，这类产品应该保持住优点，尽量多开发此类产品，一般都是价格有优势，口味讨喜的产品，如果香型干红葡萄酒；B 产品虽然销量不高但是利润率较高，此类产品应该属于酒庄高端产品，此类产品应当不断提升品质、包装，如陈酿型干红葡萄酒；C 产品销量低，利润率也低，酒庄可以考虑如何提升品质，先提升销量之后考虑利润率提升，如干白葡萄酒；D 产品销量高，利润率低，通常可以带来很好的现金回报率，产品部分品质不错可以通过管理上的提升将其利润率提升，如半甜桃红葡萄酒。

（三）消费者剩余

消费者剩余又称为消费者的净收益，是指消费者消费一定数量的某种商品愿意支付的最高价格与这些商品的实际成交价格之间的差额（图 6-6）。这个差额越大，消费者的心理满足感就越强。说白了就是消费者的感知价值，试想消费者普遍认为一瓶拉菲酒需要花费上万元才能买到，这时候当他看到一瓶几百块钱的拉菲传奇自然会觉得很划算，会很爽快地购买，而且会觉得自己占了便宜，但其实商家还是有很多利润。商家就是利用消费者的这个心理制订自己的销售策略，只要提高消费者的感知价值，购买的概率就会提高。

消费者剩余源于递减的边际效用。更确切地说，它表现为一种物品的总效用与其市场价格之间的差额：人们之所以能够享受"消费者剩余"，并从他们各自的购买行为中获得福利感，其根本原因就在于对所购买的某一物品的每一单位，即从第一单位到最后一单位，支付了相同的价格，而且所支付的又都是最后一单位的价格。然而，"边际效用递减规律"告诉我们：对同一物品因占有的次序不同给人们带来的满足感不同，因而人们所愿意支付的价格也就不同。随着人们对同一物品占有数量的增加，边际效用是递减的，即每增加一单位商品的效用是递减的。

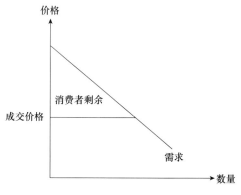

图 6-6　消费者剩余关系图

第三节　葡萄酒定价规则

了解上述概念后，对于葡萄酒该如何定价呢？定价又有哪些规则呢？本节内容着重介绍葡萄酒定价规则。

一、价格政策

（一）出厂价

出厂价即酒庄卖给经销商的价格，通常此价格包含税费、利润、成本，也可以酌情增加物流费用及保费。

（二）经销价格

经销价格是经销商卖给零售商的价格，此价格通常包含税费、利润、成本及物流费用。

（三）on trade 价格

零售商卖给消费者的价格，其中 on trade 渠道指消费者直接饮用的渠道，如餐厅、酒吧、酒店等，通常价格较 off trade 渠道价格高 2～3 倍。on trade 渠道价格高是因为需要给餐厅、酒吧的服务溢价买单。

（四）off trade 价格

零售商卖给消费者的价格，off trade 渠道指消费者不立即饮用的渠道，如烟酒店、超市等，通常价格较 on trade 渠道价格较低。此价格也可以是产品的建议零售价。

（五）团购价格

团购价格是给大客户的优惠价格，如企业团购客户。通常此价格是建议售价的 80% 左右，但是团购需要有一定的起订量。

二、如何定价

（一）额定利润定价

国际通用的，也是最简单的定价规则即额定利润定价法，用我们产品的生产成本乘以 1.3 即产品的出厂价，也可以说是产品的毛利润是 30%，此方法要求酒庄有较高的管理水平来控制管理费用，以增加净利润。通常要求酒庄能拥有 4%～7% 的净利润。

（二）产品力定价

产品力定价可以根据酒庄产品本身的质量来定价，如果产品力较强，市场供不应求，我们可以根据产品本身的实力来定价，以获取更多的净利润，但是此方法要求酒庄的产品质量高且稳定。

（三）品牌溢价

如果酒庄拥有很高的知名度，那么消费者会为了品牌溢价买单，如拉菲、柏翠等品牌，消费者愿意花更多的价钱去追求品牌。同样地，酒庄也要花费更多的宣传费用去维持品牌溢价，成本不菲但是利润同样可观。

总之产品定价是一个整体决策考量，要考虑市场、消费端、经销商、竞争对手等多种因素，过高的定价虽然可以获得更高的利润率但是会影响销量，只有多方考量合理定价才能在激烈的竞争中脱颖而出。

三、期酒定价

（一）期酒

期酒类似于预售的概念，要知道葡萄酒的上市周期很长，2～3年上市是常态，所以在这期间酒庄会面临巨大的资金压力，通过提前售卖期酒可以帮助酒庄快速回笼资金。

（二）期酒运行规则

通常酒庄会在发酵结束的第二年春天发售期酒，期酒售价通常较低，以吸引经销商提前采购，此时酒依旧在陈酿阶段，酒质也还处于变化之中，未来的成品质量只能通过经验预估，有可能会很好，但也不排除经过陈酿后变差的情况。而且经过1～2年的陈酿后再上市，宏观经济学环境也会出现变化，如像疫情一类的不可控因素会导致全球市场萎缩，产生有价无市的窘况。但也有可能酒价上涨导致上市价格远远高于期酒发售价格，此时酒商会获得丰厚的利润。

（三）期酒交割

前期酒商按照期酒价格采购后酒庄会记录下数量，该酒上市后，会按照相应数量交付给酒商，或者也可以逆向采购，按照一定的价格从酒商手中买回该批次产品，再销售给其他客户。期酒的产生满足了酒庄的现金流需求，也可以帮助酒商降低采购价格，更重要的是让葡萄酒产生了金融属性。通过期酒交易，酒商即使没有一瓶酒入库也有可能赚得丰厚回报。

（四）期酒定价规则

期酒定价首先就是要能预估出产品上市后最终的质量等级、陈年潜力等因素，此外还必须考虑其他酒庄及其他产区的产量、价格等因素，最终决定期酒发售量及价格。还应该对未来宏观经济走向有一个预判，制订合理价格，既可以帮助酒庄补充现金，也不至于过低定价降低利润率。

第四节　酒庄建设价格实例

一个酒庄从建成到投入生产又需要投入哪些费用呢？哪些是为了生产？哪些是为了销

售？哪些是用来管理？哪些是固定支出？哪些又是可变支出呢？

一、葡萄园相关费用

（一）土地费用

葡萄园土地性质直接影响酒庄经营的成本及风险。如果是酒庄或酒庄庄主自有土地，基本上不存在租金或流转费用问题。如果是租赁土地，则需向土地所有者缴纳一定租金，具体租金缴纳方式由双方协商确定。以宁夏贺兰山东麓银川市为例，2021年葡萄园平均租金为700元/亩。集体土地流转方式租金会基于市场情况及协议周期按照一定比例每5～10年调整，且租金通常以小麦或玉米国家收购价折算。

（二）建设费用

酒庄的葡萄园在栽植葡萄前需要开荒、深翻，还有园区基础建设费用，如工具房、泵房、园区道路硬化、照明设施设备、灌溉设备等一系列配套设施，有些可能是配套设施已经建成，有些可能需要酒庄自行修建。无论酒庄决定种植多少株葡萄，种植的行距、株距、种植密度这些基础建设费用都是固定的，每年的养护成本也是相对固定的。葡萄园建设费用不同产区有所差异，贺兰山东麓葡萄园建设费用约为17 678元/亩，参见本书第二章第四节。

（三）葡萄园管理费用

葡萄园投入分为两部分，建园投入和日常管理投入，为了方便管理，实际生产中都会用金额/亩数得到一个每亩花销去衡量。葡萄园成本除了会随着种植面积变化外，还与种植所在区域的风土条件、种植品种的适应性等相关；除此之外，不同的架势和栽植密度也会影响葡萄园的成本。但葡萄园的投入（资金）与产出（质量）很多时候不呈正比，这是因为葡萄园投入要遵循边界成本效应，即使随着投入的无限制增加，葡萄的质量及产量也不会无限制增加，所以需要找到一个最佳的投入点，即最佳亩产投入，既保证葡萄酒质量，也不会过度增加葡萄种植成本，贺兰山东麓葡萄园管理费用约为1723元/亩，参见本书第二章第五节。

（四）固定人工成本

葡萄园受到大自然影响，即使出现天灾导致绝收，葡萄园管理人员的成本也不能因此省去，这样才能保证葡萄园正常运转。所以这部分人工成本在葡萄园中是固定成本。随着人工成本的增加，世界上大部分葡萄园采用占比很高的机械化管理，但机械管理目前还不能做到精细管理，所以一些名酒庄的优质葡萄园人工占比很高，所以葡萄原料的成本也相应较高。

二、酒堡相关费用

（一）建设用地

酒庄的建设首先需要招拍挂一块工业用地，才能合法进行商业行为。工业用地通常价格

不菲，但在其他性质的土地上建设酒庄是违法行为，故在政策未做调整前要谨慎操作，避免后期出现问题。

以宁夏贺兰山东麓为例，这里酒庄众多，一块 15 亩的工业用地费用在 200 万元左右。当然这 15 亩工业用地足够修建一座建筑面积为 7000 m² 左右的酒堡，完全可以满足 200 吨（红葡萄酒）年产能，且兼具旅游接待等功能。

（二）基建费用

酒庄建设可以采用整体框架、砖混、钢架等多种结构，价格和使用年限及后期养护成本各异。如无特殊工艺要求和保温要求，酒庄建设价格与普通建筑价格无明显差异。

以宁夏贺兰山东麓某年产能 200 吨（红葡萄酒）的酒庄为例。表 6-2 给出了某酒庄的建设成本参考。

表 6-2　宁夏贺兰山东麓某酒庄建筑造价

序号	项目	建筑面积 /m²	单位造价 /（元 /m²）	投资额 / 万元	备注
1	综合楼	2200	5000	1100	含精装
2	生产车间	1700	4400	748	钢结构
3	酒窖	1200	4000	480	含装修
4	访客中心	1100	6500	715	框架
5	研发中心	1000	4500	450	框架
6	其他设施	500	3000	150	
合计		7700		3643	

（三）其他设施

其他包含给水设施、污水处理设施、输电变压设施、能源站（LNG）、道路硬化、绿化、消防等设施。

（四）酿酒设备

如果没有特殊工艺需求，按照上文介绍的设备购买就可以满足一个酒庄日常生产需求，进口设备和国产设备价格相差数倍，可以根据自身情况进行选择。国产设备可以直接从厂家购买，功能上能够满足生产需求，价格低廉并且维修保养费用也相对较低；进口设备需要通过进口商购买，采购周期较长，需要提前计划避免耽误榨季，进口设备后期维修保养费用相对较高，当然，国外设备的技术、工艺更新周期也较短，整体水平较为先进。需要注意的是，设备维修保养费用在未来可能会成为一大笔开销，尤其是进口设备，零整比较高，并且因为零件从国外邮寄维修时间较长，在设备采购时应注意。需要注意设备要按照使用年限进行折损，而设备维修保养费用则直接计入生产成本。表 6-3 为宁夏贺兰山东麓某酒庄设备采购费用。

表 6-3 宁夏贺兰山东麓某酒庄设备采购费用

序号	项目	单位	数量	投资额 / 万元	序号	项目	单位	数量	投资额 / 万元
1	分选平台	台	2	22	14	自动灌装机	台	1	70
2	提升机	台	1	11	15	15 吨发酵罐	个	20	120
3	除梗机	台	1	34	16	10 吨发酵罐	个	10	40
4	破碎机	台	1	7	17	5 吨储酒罐	个	10	30
5	蠕动泵	台	2	24	18	2 吨储酒罐	个	10	18
6	气囊压榨机	台	1	51	19	食品级管线	个	3	10
7	离心泵	台	3	1.2	20	控温设备	套	1	30
8	活塞泵	台	2	12.6	21	化验室设备	套	1	8
9	硅藻土过滤机	台	1	16.7	22	100 kW 变压器	个	1	20
10	橡木桶	个	230	184	23	蒸汽锅炉	台	1	12
11	橡木桶清洗机	台	1	6.6	24	供排水系统	套	1	5
12	速冻机	台	1	30	25	污水处理系统	套	1	35
13	错流过滤机	台	1	45					
合计									843.1

这部分费用是酒庄建设的必要条件，即使建成后一瓶酒不生产，这些费用也依然存在，即每年的折损是固定的。

三、葡萄酒生产费用

（一）葡萄原料

葡萄品种、种植难易度及产量要求，都会导致葡萄原料成本有差异。除此之外，气候导致的产量差异最终也会影响葡萄的成本。为了便于计算葡萄酒的成本，首先要根据葡萄园管理费用、产量、建园摊销、折旧等，计算出每千克葡萄的成本。贺兰山东麓葡萄的成本在 4～6 元 /kg。本章不再详述。

（二）辅料

根据酿酒工艺不同，辅料也会有不同的选择。通常酿酒必须用到的辅料包括酵母、果胶酶、单宁、乳酸菌、酵母营养剂、橡木制品、二氧化硫（焦亚硫酸钾）、下胶材料等。根据产地和功能的差别，价格也会有不同。有时因为包装原因会有剩余，在成本核算中浪费部分也应划入辅料成本中。

表 6-4 为一个年产 200 吨（红葡萄酒）酒庄的基本辅料预算表，所有辅料都为进口辅料。

表 6-4　年产 200 吨（红葡萄酒）酒庄的基本辅料预算表

序号	项目	单价 /（元 /kg）	采购量 /kg	总额 / 元	备注
1	单宁	500	100	50 000	防止氧化、保护颜色
2	果胶酶	4 600	12	55 200	增加浸渍效果
3	酵母	500	40	20 000	发酵
4	乳酸菌	20 000	2	40 000	进行苹果酸 - 乳酸发酵
5	酵母营养机	400	50	20 000	保证发酵顺利进行
6	橡木片	200	200	40 000	增加风味
7	二氧化硫	80	20	1 600	抗氧化、杀菌
8	蛋清粉	200	100	20 000	下胶
合计				246 800	

（三）包材

与辅料类似，有完整的上游供应商，可以根据自身情况选择。通常包装一瓶酒需要瓶子、塞子、酒帽、酒标、包装纸、包装箱这几个部分。当然不同规格、重量、外形的瓶子价格也有差别。其他包材也是同样道理，不同材质、规格、质量的价格差异较大，酒庄可根据自身情况合理选择。包材成本即各种包材之和，外加生产过程中损耗的包材成本。

表 6-5 为 200 吨（红葡萄酒）年产能酒庄每年所需采购包材及预算。

表 6-5　200 吨（红葡萄酒）年产能酒庄每年所需采购包材及预算

序号	项目	单价 /（元 / 个）	采购量 / 个	总额 / 元	备注
1	瓶子	2.4	260 000	624 000	含运费
2	塞子	2.9	260 000	754 000	天然塞
3	酒帽	0.4	260 000	104 000	铝塑帽
4	酒标	0.6	260 000	156 000	不干胶滚筒标
5	包装纸	0.17	260 000	44 200	拷贝纸
6	包装箱	6	43 333	259 998	5 层瓦楞纸箱，6 瓶一箱
合计				1 942 198	

四、营销及管理费用

（一）营销费用

1. 展会费　为了推动葡萄酒销售迅速展开，积极参加国内外葡萄酒展销会十分必要，国内有名的如成都糖酒会、Prowine 上海酒展，国际有名的如 Prowine 德国酒展、波尔多 Vinexpo。参展费都是按平米及位置核算。此外为了达到最佳展示效果，展位装修的费用也非常可观。通常标准展位花费在数万元，大型特装展位花销在数十万元。

2．广告费　　无论是线上广告还是线下广告，广告对于品牌力的提升功不可没。但是对于小酒庄而言如何精准地投资广告就变得非常重要了。得益于大数据分析，广告的投放已经越来越精准和有效了。酒庄广告费每年数万到数百万元，完全根据销售和市场状况而定。

3．参赛费　　消费者总是会青睐得奖酒，参加比赛可以帮助产品名声大噪。通常国外比赛的报名费为5000元左右每款，国内比赛为1000元左右每款，而且考虑到运费因素，参加国外比赛的成本会更高，但是得到的效果也会更好。国际知名葡萄酒比赛有Decanter大赛、布鲁塞尔葡萄酒大赛、德国柏林葡萄酒大赛等，国内口碑不错的有wine100葡萄酒比赛。

4．促销费　　促销费包含打折、买赠、品鉴等直接费用；也有如活动场地费、执行费等间接花费。好的促销活动可以帮助产品迅速打开市场，提高市场渗透率，刺激消费者购买，提升酒庄的美誉度和产品口碑。葡萄酒品鉴及推广活动通常在高档酒店宴会厅举行，场地费需要数万元，活动执行还需要印制各种资料和宣传企划品，费用如表6-6所示。

表6-6　200人促销活动费用明细举例

序号	明细	单价/元	数量	总价/元
1	名牌、酒刀、餐纸、手提袋、纸杯、信封、贴纸	96	200	19 200
2	矿泉水	3	600	1 800
4	品鉴笔记、地图	24	200	4 800
5	笔记本印制	17	200	3 400
6	宣传材料	7 000		7 000
7	活动用酒	8 216		8 216
8	运费	7 000		7 000
9	场地费	70 000		70 000
合计				121 416

（二）管理费用

1．工资福利　　员工分为两个部分，一线生产部门的工资是计入产品成本的，只有管理行政岗位的人员工资可以计入管理费用，通常工资、奖金、社保、福利等费用每人每年需6万～10万元。

2．设备折旧维修　　酒庄设备折旧年限通常为10年，橡木桶折旧时间更短，通常为3～5年。设备维修费用会根据年限的增加逐年递增。通常小酒庄的设备维修预算每年在3万～5万元。

3．办公费及差费　　办公费用对于一个小酒庄而言10万元即可，但如果酒庄远离市区，行政及销售人员不方便在酒庄办公的话就需要在市中心租赁办公场所，这样会增加额外的办公费用。差费通常与产品销量销售额呈正比，对于一个面向全国市场的小酒庄，差费占销售额的1%～3%都是比较合理的。

4．其他费用　　其他费用包含工会费、教育经费、招待费、车船税等。根据情况会略有不同，对于一个小酒庄而言每年花销大概15万元。

五、其他费用

（一）给排水

除了日常办公生活、餐饮服务需要的水外，酒庄生产部分用水量较大，需要单独提供足够流量的清水。此外酒庄生产还需要一定量纯净水，有条件的酒庄可以安装 RO 反渗透净水设备和纯净水储水罐以应对日常生产需求。解决了给水问题，还面临排水问题，酒庄生产难免要排放废水，那么污水处理设备就必不可少。污水处理设施除了前期建设费用外，后期维护费用也必不可少，包括设备、辅料、人员维护等，并根据现行法律，每季度需提交检测报告。

自来水接入费用根据实际情况收取，后期日常使用根据当地统一定价收取。如果使用自打井满足日常用水，也必须向当地有关部门申请，并缴纳资源使用费用，相关信息具体可以咨询当地有关部门。需要注意农业用水及工业用水价格差距很大。

（二）电

酒庄电路应当分为两条，即办公生活区和生产区两个线路，尤其是要给酒庄生产车间留足用电。另外，对于酒庄的制冷设备和电锅炉等大功率用电器也应单独走线，留足功率，防止影响其他设备正常运转。

变压器需要当地电力机构统一架设，功率不同，价格不等。后期电费则根据当地统一定价收取。与水费类似，农业用电与工业用电价格差距较大，酒庄的电费类型根据各地方政策各有不同，管理者可以与政府沟通划分好用电类型，为酒庄节约一定费用。

（三）气

酒庄选址通常在郊区，难以实现天然气直通，多考虑修建液态天然气降压（气化）设备，预留位置和管线，注意防火安全。直通天然气可以提升酒庄运营的生活便利性。如果酒庄有通气条件，那么天然气公司会收取一部分天然气并网费用，之后使用费用按照统一定价执行。氮气机、空压机组因为噪声也必须单独安置，设备成本不高但是后期压力容器维修、保养、审验成本不菲。

（四）临时用工成本

这里所谓的临时用工可以理解为因产量提高或需要，额外增加临时工参与生产，这部分额外的用工成本就是可变成本范畴。

随着人工成本的不断提高，该部分成本占总成本比例提升。特别在劳动力匮乏的产区，即使有较高的人工预算，还有可能雇佣不到合适的工人。所以如何管理好人员，提高工作效率是每一个酒庄管理者都面临的问题，提高流水线作业的配合度、加强工人培训这些都是必不可少的。

临时用工支出可以根据工作的实际情况，按工作量计费或按照时间计费。按照工作量计费会导致质量下降但是工作效率高，按照时间计费则反之。当然，也可以寻找合适的外包公司减低公司的管理成本。

参 考 文 献

彼得·德鲁克. 2005. 卓越成效的管理者［M］. 许是祥，译. 北京：机械工业出版社.

戴维·帕门特. 2012. 关键绩效指标［M］. 北京：机械工业出版社.

弗雷德里克·S·米什金. 2011. 货币金融学［M］. 郑艳文，荆国勇，译. 北京：中国人民大学出版社.

格里高利·曼昆. 2009. 经济学原理［M］. 北京：北京大学出版社.

刘希宋. 1999. 新的成本管理方法：作业成本法：机理、模型、实证分析［M］. 北京：国防工业出版社.

斯蒂芬·J·罗宾斯，玛丽·库尔特. 2008. 管理学［M］. 孙健敏，译. 北京：中国人民大学出版社.

温兆文. 2015. 全面预算管理［M］. 北京：机械工业出版社.

约翰·J·怀尔德. 2007. 会计学原理［M］. 北京：中国人民大学出版社.

张清溪，许嘉栋，刘莺钏，等. 2011. 经济学［M］. 台北：双叶书廊.

张晓明，贾宗武. 2000. 基础会计学［M］. 西安：陕西人民出版社.

第七章　市场营销管理

在我国，葡萄酒市场还处于发展阶段，加之国内葡萄酒企业长期缺乏营销意识和品牌宣传意识，导致国内消费者长期盲目崇拜进口葡萄酒。近年来随着国内个别明星产区的崛起和优秀酒庄的出现，一些酒庄酒逐渐在市场上占据一席之地，这些酒庄的成功离不开优秀的营销团队，因为好的产品是成功的基础，而优秀的市场营销和品牌布建才是成功的关键。本章重点介绍葡萄酒庄该如何规划自己的营销方案。

扫码见本章彩图

第一节　市场营销概述

一、定义营销及其过程

市场营销（marketing）又称为市场营销学、市场行销或营销管理，简称"营销"。它是指个人或群体通过创造并同他人交换产品和价值，以满足需求与欲望的一个社会和管理过程。

按照产品细分，葡萄酒属于快速消费品行业，所谓快速消费品（fast moving consumer goods，FMCG）（简称"快消品"），又作"快速消耗品"，意指销售速度快、价格相对较低的货种，也可称为民生消费性用品（consumer packaged goods，CPG）。尽管快速消费品的绝对利润相对较低，但因其销售量巨大，故类似商品的累积利润可以很高。

但相较于其他快消品，葡萄酒又有其特殊属性，尤其是在欧洲传统葡萄酒产区，葡萄酒不但像艺术品一样具有保值甚至升值的空间，还成为投资的手段，由此出现了各种老酒拍卖会及期酒交易。

在我国，葡萄酒市场还处于发展阶段，随着经济的发展和人民生活水平的提高，葡萄酒也逐渐摆脱生活非必需品的属性，开始慢慢走入百姓日常餐桌，成为交际宴请的主流酒水之一。同时因为中国节日文化的影响，端午节、中秋节、春节等节日依旧是葡萄酒消费的旺季，销售额通常可以占到全年销量的 50% 以上。

二、市场营销学及市场营销管理哲学的产生与发展

（一）市场营销学的产生与发展

市场营销学的产生主要分为 4 个阶段：①1900～1930 年初创于美国，后来流传到欧洲、日本和其他国家，并在实践中不断完善和发展，基于泰勒的"科学管理"理论产生。②1929～1933 年的经济危机震撼了整个资本主义国家，产能过剩，供过于求，产生买方市场，企业家开始重视市场，解决产品的销售问题。③第二次世界大战之后，市场营销学从概念到内容发生深刻变化，战后的和平背景和科技进步，促进了生产力的高度发展，将传统的"生产 - 市

场"关系颠倒过来，使企业基于市场需求来组织生产及其他企业活动，彻底改变了市场营销的指导思想。④20世纪三四十年代，市场营销学曾在中国有一轮传播，由丁馨伯先生编译的《市场学原理》是最早的教材；1978~1983年市场营销被再次引入中国，并处于启蒙阶段；1984~1994年市场营销学开始在中国迅速传播；1995年后，开始对市场营销理论研究进行深入的拓展，至今得到了蓬勃的发展。

（二）市场营销管理哲学的发展

1. 生产导向阶段　　生产导向阶段（19世纪末至20世纪初）也称为生产观念时期，以企业为中心阶段。由于处在工业化初期，市场需求旺盛，社会产品供应能力不足。消费者希望随处买到价格低廉的产品，企业也就集中精力提高生产力和扩大生产分销范围，增加产量，降低成本。在这一观念指导下，一般认为这一时期是重生产、轻市场时期，即只关注生产的发展，不注重供求形势的变化。

2. 产品导向阶段　　产品导向阶段（20世纪初至30年代）也称为产品观念时期，以产品为中心时期。经过前期的培育与发展，市场上消费者开始更喜欢高质量、多功能和具有某种特色的产品，企业也随之致力于生产优质产品，并不断精益求精。因此这一时期的企业常常沉迷于研究自己的产品，而疏于关注产品在市场是否受欢迎，是否有替代品出现。

3. 销售导向阶段　　销售导向阶段（20世纪30~50年代）也称为推销观念时期。由于处于全球性经济危机时期，消费者购买欲望与购买能力降低，而在市场上，商家货物滞销已堆积如山，企业开始收罗推销专家，积极进行一些促销、广告和推销活动，以说服消费者购买企业产品或服务。

4. 市场导向阶段　　市场导向阶段（20世纪50~70年代）也称为市场观念时期，以消费者为中心阶段。由于第三次科技革命兴起，研发受到重视，加上第二次世界大战后许多军工转为民用，使得社会产品增加，供大于求，市场竞争开始激化。消费者虽选择面广，但并不清楚自己真正所需。企业开始有计划、有策略地制订营销方案，希望能正确且快捷地满足目标市场的欲望与需求，以达到打压竞争对手，实现企业效益的双重目的。

5. 社会长远利益导向阶段　　社会长远利益导向阶段（20世纪70年代至今）也称为社会营销观念时期，以社会长远利益为中心阶段。由于企业运营所带来的全球环境破坏、资源短缺、通胀、忽视社会服务，加上人口爆炸等问题日趋严重，企业开始以消费者满意及消费者利益相关者的长远利益为企业的根本目的和责任，提倡企业社会责任。这是对市场营销观念的补充和修正，同时也说明，理想的市场营销应该同时考虑消费者的需求与欲望、消费者和社会的长远利益及企业的营销效应。

（三）葡萄酒营销的产生与发展

很多新进入葡萄酒领域的酒庄大多都会经过这个阶段，企业重心放在生产中，基于自我认知盲目地生产产品，弱化甚至忽略了消费者喜好、消费习惯，只会根据企业自己的认知设计包装，当进入一个市场销售产品时，也只是注重价格，通过降价吸引消费者。

后来部分酒庄开始寻求变革，为了更好地吸引消费者，酒庄开始注重产品口味的优化、包装的精进，当然这些改进都是酒庄自发开始的，缺少了消费者的参与。酒庄普遍意识到，仅仅通过提高产品品质和包装也很难吸引消费者，酒庄对于市场的选择也很被动。

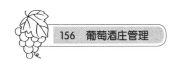

至此酒庄开始借鉴其他行业成功案例，加强宣传和推广力度，酒庄开始出现品牌意识，逐渐注重品牌布建，会主动选择合适的市场，但力度和时间都难以持续，最后发现投入大量人力、物力，效果却差强人意。

随着科技发展，精准式营销概念出现，酒庄开始有策略地制订营销方案，对于不同目标市场、目标人群的定制，对于消费者习惯和行为的研究也使得酒庄的产品更具多元性和针对性。酒庄也开始注重与消费者沟通，通过社交媒体、线下品鉴会、KOL（keg opinion leader，关键意见领袖）等多种途径与消费者建立联系，培养消费者的忠诚度，酒庄也更有品牌意识，市场的选择也更加有针对性和目的性。

在未来，葡萄酒竞争会更加激烈，健康、绿色、环保是未来消费者重点关注的，对市场及消费人群的研究和细分将会是酒庄的重点。提高沟通效率、降低沟通成本也是酒庄需要注意的。消费行为和习惯的碎片化也将改变传统的营销模式，酒庄也应随之推出更加合适的产品以应对越来越多元化的市场和人群。酒庄管理者也应不断了解新的技术和应用，5G 和 AI 的不断发展、区块链技术的广泛应用都会对未来酒庄的营销方向产生至关重要的影响。

第二节　了解市场和顾客价值

一、市场营销环境分析

营销环境（marketing environment）是指市场营销以外的，能够影响营销管理层的建立及对目标顾客的关系进行维护的外部因素和力量。企业必须时刻关注并适应瞬息万变的环境。企业的营销环境包括微观环境和宏观环境。

（一）微观环境

微观环境是指与公司关系密切，能够影响公司向消费者提供服务能力的组织和个人，包括公司本身、供应商、营销中介、客户、竞争对手和公众。其中，客户是微观环境中最重要的因素。整个价值传递系统的目的是服务客户并建立牢固的关系。

（二）宏观环境

宏观环境是影响微观环境的更大的社会力量，包括人口、经济、自然、技术、政治和文化因素。宏观环境包括影响微观环境参与者的更广泛的因素，企业和所有其他参与者都是在一个更大的宏观环境中运作的，宏观环境对企业而言可能是机会，也可能是威胁。即便是最有影响力的企业也容易受到不断变化的市场条件的影响。有些力量无法预测和控制，而另一些则可以通过管理技巧来进行预测和控制。那些了解并适应环境的企业会顺利发展，反之则会陷入困境。

二、管理营销信息

一个好的产品和营销计划需要对客户有全面的了解，同时也需要对竞争对手、分销商和其他参与者及市场力量的信息进行全面的了解。营销人员不仅要收集信息，还必须通过这些信息来获取强大的营销信息和顾客洞察。

（一）营销信息和顾客洞察

营销信息本身并没有多大价值，从这些信息中获取的顾客洞察及营销人员如何利用这些洞察做出更好的决策才是其真正的价值。为了给顾客创造价值并与之建立良好的顾客关系，营销人员首先必须对顾客的需求和欲望有清晰和深入的了解。这样的顾客洞察来自良好的营销信息，企业应该利用这些顾客洞察来发展竞争优势。虽然顾客洞察力对于创造客户价值和建立客户关系非常重要，但要获得这些洞察信息是非常困难的。消费者的需求和购买动机通常并不明显——消费者经常不能准确地说出他们自己需要什么及为什么购买这些产品。营销、管理人员必须从大量的资源中有效地管理市场信息，从而获取更好的顾客洞察。

（二）开发营销信息

开发营销信息的关键不仅仅是寻找信息，世界上充斥着来源多样的信息，真正的挑战是从内部和外部资源中找到正确的信息，并将该信息转化为顾客洞察。营销人员可以从企业的内部数据库、营销情报和市场调研中获得他们所需要的信息。许多企业建立了大型内部数据库，这些数据库是从其内部网络收集的消费者和市场信息的集合。竞争营销情报是对有关消费者、竞争对手和营销环境变化的公共信息的系统收集与分析。

（三）营销调研

营销情报需要积极监控整体营销环境，而营销调研则更专注于获取与特定营销决策相关的顾客洞察力的研究。营销调研是指组织针对具体的营销问题，对相关数据进行系统的设计、搜集、分析和报告。酒庄在很多时候都需要营销调研数据的支撑。例如，营销调研可以帮助营销人员理解顾客的购买动机、购买行为和顾客满意度；评估市场潜力和市场份额；衡量营销策略的效果。

1. 消费者行为调查　消费者行为调查（consumer research）即针对特定的消费者进行观察与研究，有目的地分析他们的购买行为、消费心理演变等。通过消费者行为调查，我们可以掌握目标市场或目标消费人群的购买心理、购买习惯、购买价格、饮用习惯（场景）等数据，对解析消费者的行为习惯有重要作用。只有掌握了消费者的行为习惯才能更好地提高产品质量、口味、制订价格策略和营销模式。

消费者需求研究通常会通过问卷、访谈、座谈、讨论、观察、写实等调查形式和手段，对目标消费者（包括个体和组织）进行全面研究。挖掘出消费者的潜在需求，帮助企业正确地进行产品定位和目标市场定位，减少企业在产品选择和市场选择上的失误。在充分调查研究的基础上，进一步评估潜在市场的吸引力，评估企业在该市场的竞争力，并制订相应的营销策略。通过研究不同消费群体对某一类产品（或场所）的消费心理、消费行为、消费需求、消费动机、消费决策过程及信息获取渠道等，获取企业产品市场定位及营销决策的重要依据。消费者研究模型可以帮助企业深入了解自己的消费者，为产品定位、需求分析和确立核心竞争力奠定基础。

消费者行为调查可以帮助我们更客观且科学地看待自己的产品，了解消费者对产品名称、包装、价格等的认知及偏好。

2. 消费者口味调查　　葡萄酒是佐餐饮品，中餐菜式繁杂口味众多，不同地区消费者口味差异众多，口味差异显著。消费者口味调查针对酒庄而言就更加重要，因为区域口味的显著差异导致其对葡萄酒的口味要求也各有不同，只有对目标市场消费者的口味了若指掌才能更加合理地调整产品口味，适应消费者的口味习惯。事实也已经证明，只有更贴近消费者日常饮用（口味）习惯的产品才会引发持续的购买行为。

但是考虑到消费者对于葡萄酒的认知程度，将专业的品评和分析如何转化成更为简单的描述，并且如何科学、客观、准确地表述出这些描述就极为困难，这就需要酒庄测试人员制订严格的测试表格和分析流程。

问卷应包含被访者姓名、采访日期、编号，被访者基本信息之后是筛选信息，为了调查的客观性通常不能告知参访人员相关产品信息，同样为了避免同行或者相关从业者干扰调查的准确性，我们也要进行人员筛选去除不符合要求的被访对象。最后还应加上性别、民族、年龄、学历、收入等部分以方便后期进行交叉分析。

案例：本案例为一波尔多葡萄酒在银川市所做的调查，样本共计 81 人。用于分析银川市居民对于波尔多此款葡萄酒的喜好度分析，地点为一家餐厅，时间为 2014 年 6 月 13 日（表 7-1）。

表 7-1　银川市民对波尔多某款葡萄酒喜好分析调查问卷

葡萄酒品尝测试

基本信息

姓名　　　　　　　　　　　　　问卷编号

日期　　　　　　　　　　　　　访问员编号

时间

质量控制（QC）：

S1. 您是哪里人

　　北方.....................1　　南方 2

现在我们正从事一项消费品的研究，我想打扰几分钟的时间，请您接受我的访问，谢谢您的合作。

过滤

男..1

女..2

S2. 您的年龄 _____ ？

小于 18 岁..1（结束）

18～30 岁..2

31～45 岁..3

大于 45 岁..4

S3. 您最近 3 个月是否饮用过葡萄酒 _____ ？

是..1

否..2（结束）

S4. 您最近 6 个月是否接受过类似的调查 _____ ？

是..1（结束）

否..2

续表

S5. 您是否在以下行业工作 _____ ？

市调公司..1（结束）

报纸杂志 / 电视台 / 电台..2（结束）

超市 / 商店 / 杂货店..3（结束）

酒厂 / 葡萄酒贸易公司..4（结束）

葡萄酒批发商 / 红酒学校..5（结束）

餐馆 / 酒吧 / 宾馆..6（结束）

以上都无..7（结束）

　　只有符合我们要求的被访对象才是提供更真实可靠且实用的数据。之后的产品测试（表 7-2）部分分为：产品喜好度测试（1～6 分），1 分是一点也不喜欢，随着分数提高喜好度也随之增加，6 分是非常喜欢；此外还有一个部分是关于产品适合度，3 分是最平衡、最合适，高于 3 分是过强，低于 3 分是过弱，需要注意的是 F6 和 F7 两个问题分数越高对于产品描述越好。

表 7-2　产品品尝

产品测试

拿出产品记录产品编号为（　　　　）

请品尝【　　　】，至少喝一口后，请回答下列问题

Q0. 总体来说您觉得这只产品 _____ ？

非常喜欢..6

很喜欢..5

喜欢..4

还算喜欢..3

有一点喜欢..2

一点也不喜欢..1

Q1. 您对于这个产品的「颜色」是 _____ ？

非常喜欢..6

很喜欢..5

喜欢..4

还算喜欢..3

有一点喜欢..2

一点也不喜欢..1

F1. 您觉得这个「颜色」是 _____ ？

太深..5

有一点深..4

正好..3

有一点淡..2

太淡..1

Q2. 您对于这个产品的「香气」是 _____ ？

非常喜欢..6

很喜欢..5

喜欢..4

还算喜欢..3

有一点喜欢..2

一点也不喜欢..1

续表

F2. 您觉得这个「香气」是 _____ ？

太强劲...5

有一点强劲...4

正好...3

有一点淡...2

太淡...1

Q3. 您对于这个产品的「甜味」是 _____ ？

非常喜欢...6

很喜欢..5

喜欢...4

还算喜欢...3

有一点喜欢...2

一点也不喜欢..1

F3. 您觉得这个「甜味」是 _____ ？

太甜...5

有一点甜...4

正好...3

有一点淡...2

太淡...1

Q4. 您对于这个产品的「酸味」是 _____ ？

非常喜欢...6

很喜欢..5

喜欢...4

还算喜欢...3

有一点喜欢...2

一点也不喜欢..1

F4. 您觉得这个「酸味」是 _____ ？

太酸...5

有一点酸...4

正好...3

有一点淡...2

太淡...1

Q5. 您对于这个产品的「苦涩」是 _____ ？

非常喜欢...6

很喜欢..5

喜欢...4

还算喜欢...3

有一点喜欢...2

一点也不喜欢..1

F5. 您觉得这个「苦涩」是 _____ ？

太苦涩..5

有一点苦涩...4

正好...3

有一点淡...2

太淡...1

Q6. 您对于这个产品的「口感」是 _____ ？

非常喜欢...6

很喜欢..5

喜欢...4

还算喜欢	3
有一点喜欢	2
一点也不喜欢	1
F6. 您觉得这个「口感」是 _____？	
很柔顺	5
有一点柔顺	4
普通	3
有一点粗糙	2
太粗糙	1
Q7. 您对于这个产品的「尾味」是 _____？	
非常喜欢	6
很喜欢	5
喜欢	4
还算喜欢	3
有一点喜欢	2
一点也不喜欢	1
F7. 您觉得这个「尾味」是 _____？	
很长	5
有一点长	4
普通	3
有一点短	2
太短	1

个人信息

D1. 您的工作是 _____？	
全职	1
兼职	2
学生	3
家庭主妇	4
无业	5
D2. 您的月收入 _____？	
低于 3000 元	1
3001～5000 元	2
5001～8000 元	3
大于 8001 元	4
拒绝回答	5
D3. 您的学历是 _____？	
中学	1
高中	2
本科	3
研究生及以上	4
D4. 个人状态 _____？	
结婚	1
未婚	2
其他	3

　　之后通过录入、整理访谈录的数据后通过软件进行分析就可得到相应的结果。表 7-3 为作者测试的波尔多酒在银川的表现情况，样本为 81 人。最终结果表明银川消费者对波尔多

酒盲品的喜好度不高，主要集中在还算喜欢，最喜欢的点是酸度（酸度适中），最不喜欢的是甜味（不够甜）。通过交叉分析得出女性比男性喜好度略高，18～30岁人群中该产品喜好度较高。

表7-3　葡萄酒测试报告

地点	银川泰和会所				调查人员	×××	
产品名称	灰堡酒庄 波尔多产区				调查时间	日期：6-14	时间：9:00～17:30
有效样本数	81						
测试对象	年龄	18～45岁	性别（男/女）	37/44	平均月收入	5125元	
测试温度	室外气温	33℃	室内温度	25℃	产品温度	4℃	
测试方法	单一产品测试（不告知品牌）						

描述性（样本数 $N=81$）

样酒	平均值	样酒	平均值
整体喜好度	3.12	酸度	3.86
色泽	3.69	苦涩味	2.9
香气	2.86	口感	3.25
甜度	2.2	尾味	3.19

喜好度 top2，很喜欢与非常喜欢占比（样本数 $N=81$）

样酒	百分比/%	样酒	百分比/%
整体喜好度 top 2	4.94	酸度 top 2	12.35
色泽 top 2	3.70	苦涩味 top 2	1.23
香气 top 2	2.47	口感 top 2	4.93
甜度 top 2	1.23	尾味 top 2	2.46

喜好度指针分布（百分比/%）

样酒	一点也不喜欢	有点喜欢	还算喜欢	喜欢	很喜欢	非常喜欢
整体喜好度	0	3.70	85.19	6.17	4.94	0
色泽	0	0	34.57	61.73	3.70	0
香气	8.64	25.93	38.27	24.69	2.47	0
甜度	20.99	43.21	32.10	2.47	1.23	0
酸度	0	0	25.92	61.73	12.35	0
苦涩味	0	28.40	54.32	16.05	1.23	0
口感	0	0	81.48	13.58	3.70	1.24
尾味	0	9.89	65.43	22.22	1.23	1.23

单样本测试

	样酒		
	描述性	适合度	
	平均值	平均值	Sig. 显著性
样本数 N=	81	81	
色泽	3.69	2.88	—
香气	2.86	1.9	***
甜度	2.2	1.68	***
酸度	3.86	3.19	***
苦涩味	2.9	3.58	***
口感	3.25	2.93	—
尾味	3.19	3.07	—

注：描述性对应问卷中 Q 系列问题其中一点也不喜欢为 1 分，有点喜欢为 2 分，还算喜欢为 3 分，喜欢为 4 分，很喜欢为 5 分，非常喜欢为 6 分

适合度对应问卷中 F 系列问题，3 分是最平衡，最合适，高于 3 分是过强，低于 3 分是过弱，需要注意 F6（口感）、F7（尾味）两个问题分数越高对于产品描述越好

Sig. 显著性中"—"表示此项目不具备显著性，"*"表示在 95% 置信区间内有显著性，"**"表示在 99% 置信区间内有显著性，"***"表示在 99.9% 置信区间内有显著性

通过上述的测试可以为企业生产提供依据，帮助酿酒师认识自己产品，并为如何打造消费者喜欢的产品指明了方向。

3. 竞品调查 对竞争对手营销组合（产品、价格、渠道、促销）进行研究，从而制订更加合理的企业营销策略。当然竞品的选择范围可不仅仅局限于国内酒庄产品，也可以涵盖国外酒庄产品，当然除了简单的分析外，竞品调查的目的是合理规划扬长避短。

最主要的数据如各葡萄酒企业销售占比（量、额）、某类产品销量中各企业占比（量、额），都能通过大型的市场调查公司得到。竞品新产品研发上市、竞品市场营销活动等数据可以通过市场走访了解。甚至有些国外的葡萄酒行业协会还会分析调查竞品葡萄酒成分及真实原产地和酿造方式，通过此行为了解竞品真实情况，这些足以证明竞品调查的重要性。

三、理解消费者和购买行为

（一）消费者购买行为

消费者购买行为是指最终消费者，即个人和家庭为了个人消费者而购买产品和服务的行为。消费者每天都会做出大量的消费决策，而消费决策正是营销人员关注的焦点。消费者购买行为受到文化因素、社会因素、个体因素和心理因素的强烈影响，这些因素大部分是营销人员无法控制的，但必须把它们列入考虑范围。

（二）消费者市场

所有的消费者合起来构成了消费者市场。全球的消费者在年龄、收入、受教育水平和偏好方面存在着巨大的差异。他们选择购买的产品和服务多种多样，这些多样化的消费者如何

与其他消费者及周围世界的其他因素相联系，会在很大程度上影响他们对不同产品、服务和企业的选择。

（三）消费者购买决策

消费者购买决策主要有 5 个阶段：需求识别、信息收集、备选方案评估、购买决策和购后行为。显然，购买过程早在实际购买之前就开始了，并在之后很长时间继续进行。营销管理人员需要关注整个购买过程，而不仅仅是关注购买决策。

第三节　营销战略和整合营销

一、顾客驱动型营销战略（STP）

（一）市场细分（segmenting）

好的划分可以带来好的市场营销效果。不同区间可能有不同的行业结构及或高或低的吸引力。有了正确区分，可以购买正确的产品、拥有更好的广告效果、提高顾客满意度。在实际操作中葡萄酒行业通常按照这三类划分市场：地理变量、人口统计变量、行为变量。地理变量：中国国土面积广阔，气候、习惯差异巨大，在做市场划分时应该充分考虑。人口统计变量：人口统计变量通常按照性别、年龄、受教育程度、职业、收入、宗教信仰来划分。行为变量：行为变量通过生活方式、品牌的忠诚度（认知程度）、对葡萄酒的痴迷程度、购买葡萄酒的动机、葡萄酒饮用习惯和方式等因素划分。

（二）目标市场（targeting）

企业（酒庄）都是期望于进入一个有利可图的市场，如果市场规模狭小或是持续萎缩，企业进入后难以获得发展，此时需要审时度势，市场规模是否还具有可开发性或后续发展潜力？新开发市场虽然没有竞争者但是酒庄需要投入大量精力开发市场，如教育消费者、培养消费者饮用习惯，而且后期会出现新进竞争者坐享其成；但是对于成熟市场，虽然消费者已经培养了葡萄酒饮用习惯，但是酒庄间竞争也十分激烈，通常会导致价格战、广告战等，这些会导致公司的成本增长、利润衰退严重。如果该市场存在众多且强大的竞争者，那么这个市场对于新进入者的吸引力就很低。此外对于很多酒庄而言，还要考虑是否拥有潜在替代产品。

相较于大型葡萄酒企业无差异的目标市场策略，酒庄很难做到这一点，不仅是因为酒庄产量较小，而且消费者的口味偏好具有地域差异性，因此酒庄适合使用差异性、多元化目标市场策略，针对不同目标市场特点，制订不同的产品营销计划，并且按照不同的市场生产不同的产品，以满足不同消费者的需求。当然对于规模更小的小酒庄也可以使用集中性目标市场策略，集中酒庄的优势力量，针对某个市场采取营销战略，以取得市场上的优势地位。

（三）市场定位（positioning）

市场定位也称作"营销定位"，是在目标市场里某产品在"竞争性比较中相对所处的位置"，这种"定位"是目标市场在心目中所感知到的。一个产品的"定位"是潜在购买者如何看待该产品，尤其是在市场上的终端客户和潜在客户心中的形象或个性。"定位"的表达与竞争者的"位置"相关联。

酒庄的定位通常根据其产品进行设定，通过产品属性特征或是依据价格、使用类别、场合等做出定位。

二、市场营销策略（4P）

市场营销策略包括四个方面，即产品（product）、价格（price）、促销（promotion）和通路（place）。

（一）产品（product）

产品其实不单是贩卖给消费者的商品，而是通过满足诉求的解决方案满足消费者痛点。产品包含产品种类、产品质量、产品设计、包装规格、售后服务、质量保证等。

1. 产品种类　产品种类不外乎颜色、口感等细分，酒庄是选择全面发展，还是专攻一种产品，这不仅是决策者的智慧，也应伴随酒庄的发展和市场情况做出适当调整。但需要注意的是，葡萄酒应注重其风土特点，尊重当地气候和饮食习惯，如东北地区适宜冰酒酿造，当地酒庄就应以冰酒作为主打产品。产品选择切不可盲目跟风。

案例：2004年有一部非常有名的葡萄酒电影《杯酒人生》，因为该片获得了第77届奥斯卡奖而名声大噪，该片讲述了几位好友在加利福尼亚州葡萄酒产区自驾游的故事。在片中男主角对黑比诺葡萄酒喜爱有加、推崇备至，导致了之后大量消费者跟风购买黑比诺葡萄酒，而在加利福尼亚州因为气候炎热不适宜'黑比诺'的种植，但是因为消费者的喜爱导致'黑比诺'在未来几年的广泛种植，很多酒庄挖掉自己的'赤霞珠''仙粉黛'等品种改种'黑比诺'，几年后当'黑比诺'开始挂果，产的酒开始上市时，电影的热度早已过去，'黑比诺'的质量也不如'赤霞珠''仙粉黛'等宜栽品种，导致'黑比诺'价格暴跌，酒庄损失惨重。因为种植和陈酿的原因，葡萄酒的周期远比其他产业要长，所以每一步选择都要十分慎重，稍有差池便可能会导致后期损失惨重，且恢复正轨也需要更长时间。

2. 产品质量　产品质量很大程度上取决于葡萄的质量，葡萄质量不仅受风土影响，也受葡萄园的管理水平、葡萄产量、葡萄树龄、当年气候等因素影响，有些因素可以通过物质投入改变，有些则不能。同样的酿造工艺中高新设备的投入、更细致的酿造方法、橡木桶的合理使用等都被证明可以在某些方面提高葡萄酒质量。换句话说，高质量的葡萄酒跟普通质量的葡萄酒生产成本必定是不同的。同样的葡萄被酿造成原酒，其中一部分可能会进入橡木桶中陈酿，有些可能就在不锈钢储酒罐中陈酿，这样两款酒在前期种植及发酵时是同样的工艺，仅仅是在陈酿阶段的差异就会导致成本相差1倍甚至更多。酒庄在推出产品时也应实际考虑质量与成本的关系。

3. 产品设计　产品设计的好坏直接影响消费者对产品的第一印象。一个响亮的品牌、一个吸引眼球的酒标都可以帮助产品更好地提升知名度。产品设计要考虑哪些因素呢？首先要考虑受众即目标消费人群和消费场景：针对年轻人的设计和老年人肯定是不同的；针对高收入人群和大众消费人群肯定也是不一样的。此外，当产品设计有了主题，还应考虑到一致性。前文提到过，品牌的定位、酒庄的设计风格、产品外包装设计都应一致，包括瓶塞、胶帽、瓶体、酒标等一系列元素要统一。

4. 包装规格　　在国际上葡萄酒的包装规格比较简单，都是以 750 mL 作为标准瓶，12 瓶作为一箱；国内常见的规格也是 750 mL，一箱通常是 6 瓶。其他规格都是以 750 mL 作为基础而衍生出来的，如 187 mL 是瓶的最小单位，而 187 mL 正好是 750 mL 的 1/4；375 mL 也是常见的包装规格，它正好是 750 mL 的一半；再有就是 1.5 L 的大瓶，它就是 750 mL 的 2 倍。以此类推，还有 3 L、6 L 等。

那么酒庄要生产哪种规格呢？我们思考一下使用场景：187 mL 的小瓶比较适合一个人饮用，那么飞机上的配餐是否特别合适呢？如果是两个人在餐厅点餐想喝一瓶红酒，他们是否经常会说点一瓶喝不完呢？那么 375 mL 不是很适合他们吗？而 750 mL 的葡萄酒被认为是性价比最高的包装，这是因为灌装同样体积的葡萄酒，灌成其他规格的都比灌成 750 mL 的花销大（灌装效率及包材成本），那么结合使用场景和包装成本，酒庄要推出哪些包装就一目了然了。

至于是每箱的规格，是 12 瓶一箱还是 6 瓶一箱，是整箱贩售还是单瓶零售，都应尊重市场规律和消费者需求。

（二）价格（price）

应根据不同市场、产品定位及不同渠道制订合理的价格策略。

最基本的定价策略是成本加成法定价原则，即成本加上一定的利润，这种方式需要酒庄精细核算产品的成本。还有一种叫作竞争定价法，以竞争对手价格作为基准，随行就市地制订价格，但是要求酒庄管理水平高于平均水平才能有好的盈利。此外，还有所谓客户价值定价法，此方法适用于知名酒庄，客户不以产品价值认定，而是以需求满足程度决定价值，如拉菲酒庄的酒即使卖到上万还是供不应求。

价格包含目录（扫码）价格、折扣、付款期限、信用条件等。

1. 目录（扫码）价格　　目录价格来源于产品名录上的厂家指导价格。在电子商务新时代，纸质商品目录被取代，目录价格也被称为扫码价格，即通过扫描二维码得到建议售价，也被电子商务平台称为划线价。通常这类价格都不是产品的最终成交价，有的甚至远远高于真实成交价格，其意义是给经销商充分的利润空间，给消费者更多的满足感，但是也需要注意，价格切勿虚高乱标。

2. 折扣　　"折扣"顾名思义就是给客户的优惠，折扣可以是现金折扣，也可以是搭赠、买赠等形式的额外产品。但是无论哪种形式，折扣可以满足客户心理，但是过度的折扣也会影响酒庄的价格体系，甚至对产品形象造成影响。

3. 付款期限　　对客户而言，付款期限也是购买时考虑的重要因素，适当的账期可以给客户充足的资金流转周期，刺激消费者采购欲望，但是也增加了酒庄运营的压力和坏账的风险，因此是否给客户一定的付款期限需要根据客户评级综合制订。

（三）促销（promotion）

促销（也可以说是推广）代表各种市场营销者使用的沟通方式，可以让不同的群体更好地了解产品。

促销包含通路促进、广告、消费者活动、人员推销、公共关系等。

1. 通路促销　　通路促销就是厂家给经销商的优惠、返点。通过通路促销刺激经销商出货，增加产品流转。通常直接降价会导致产品形象受损，但是考虑到葡萄酒淡旺季明显，为了在淡季获得良好的出货，通过通路促销是一个很不错的方法。

2. 广告 广告是很好的提高品牌形象的工具，随着大数据的应用和智能算法的普及，对消费者行为习惯的研究和定位变得异常精准，产品广告可以直接投送到有需要的人群手中，千人成本随之降低，而广告到达率大大提高，对于酒庄实施精准营销有重要的意义。

3. 消费者活动 关于传统消费者活动是否会被互联网线上活动取代的问题一直存在争论。但是葡萄酒作为一个需要通过感官品尝来判定好坏的产品仍然需要消费者线下的评判，所以对于新市场的开发或者新产品的推广，线下的消费者活动仍是不可避免的。葡萄酒的定位也围绕着传统的品鉴活动开展。当然线上的推广活动也是需要辅助进行的。

（四）通路（place）

将产品从生产者（制造者/供应商）移转到消费者或使用者的组织或企业，也就是消费者或使用者购买或取得产品或服务的管道。

通路包含地点、渠道、覆盖区域、位置、运输等。

简单来说通路就是产品被销售的场所，葡萄酒的传统销售渠道分为 on trade 及 off trade。所谓 on trade 就是指在通路直接消费，如餐厅、酒吧等消费者购买后直接饮用；与之对应的 off trade 就是指消费者购买后在其他场景消费，如商超、烟酒店等。随着互联网零售的迅猛发展，线上销售所占比重越来越高，尤其是针对年轻族群。

销售地点及位置的选择无论对于哪个行业都至关重要，好的地段、广泛的人流和高质量的消费人群是线下销售的重点。

往大的方面说，产品销售的大区、省、市、县都是产品经理（brand manager）要思考的内容。产品所覆盖的区域要考虑酒庄的实际情况，如产品价格、当地区域消费者喜好、竞品在该区域实力等。

往小的方面说，在一家店铺中产品陈列的位置、摆放的高度都是有很多学问的。葡萄酒也是快消品的一类，好的陈列位置可以帮助消费者在数以百计的商品中迅速抉择。例如，摆放在人体视线平行的货架，或者摆放在知名商品两侧等。

三、市场营销组合（4C）

（一）消费者（consumer）

主要指顾客的需求。企业首先必须了解和研究顾客，根据顾客的需求来提供产品。同时，企业提供的不仅仅是产品和服务，还包括由此产生的客户价值。

零售企业直接面向顾客，要考虑顾客的需求和愿望，树立以顾客为中心的零售理念，以"以顾客为中心"为红线，贯穿于营销活动的全过程。零售企业要站在顾客的立场，帮助顾客组织挑选商品；根据客户的需求和采购行为的要求，组织商品销售；研究客户的购买行为，更好地满足客户的需求；更加注重为客户提供优质的服务。

（二）成本（cost）

成本不单是企业的生产成本，或是 4P 中的价格（price），它也是顾客的采购成本。同

时，这也意味着理想的产品定价应该低于顾客的心理价格，但也能使企业获得利润。此外，顾客的购买成本不仅包括他们的货币支出，还包括他们的时间、体力和精神能量消耗及购买风险。

　　顾客在购买某一产品时，除耗费一定的资金外，还要耗费一定的时间、精力和体力，这些构成了顾客购买总成本。因此，顾客购买总成本包括货币成本、时间成本、精神成本和体力成本等。由于顾客在购买商品时，总希望有较高的顾客购买总价值和较低的顾客购买总成本，以便获得更多的顾客感知价值，因此零售企业必须考虑顾客为满足需求而愿意支付的"顾客总成本"。努力降低顾客采购的总成本，如降低商品成本和市场营销费用以降低商品价格，从而减少顾客的货币成本；努力提高工作效率，尽可能减少顾客的时间支出，节约顾客的购买时间；通过多种渠道向顾客提供详细的信息、为顾客提供良好的售后服务，减少顾客的身心消耗。

（三）便利（convenience）

　　便利即为顾客提供最大的购物和使用便利。4C 营销理论强调企业在制订分销策略时，应更多地考虑顾客的便利而不是自身的便利。要通过好的售前、售中和售后服务来让顾客在购物的同时，还可以享受到便利。便利是顾客价值的重要组成部分。

　　目前，处于过度竞争局面的零售企业，应该认真考虑如何最大限度地为消费者提供便利。如上所述，零售企业在选择地理位置时，应考虑地区抉择、区域抉择、地点抉择等因素，尤其应考虑"消费者的可达性"这一因素，使消费者能够轻松到达门店。即使是偏远的消费者，也能通过便捷的交通接近商店。同时，在店铺的设计和布局上要考虑方便消费者进出、上下，方便消费者参观、浏览、挑选，方便消费者支付结算等。

（四）沟通（communication）

　　沟通则被用以取代 4P 中对应的促销（promotion）。根据 4C 营销理论，企业应通过同顾客进行积极有效的双向沟通，建立基于共同利益的新型企业 - 顾客关系。这不再是企业单方面的宣传和说服，而是在双方的沟通中找到一条同时达到各自目标的途径。

　　为了建立竞争优势，零售企业必须不断与消费者进行沟通。与消费者沟通包括向消费者提供店铺位置、商品、服务、价格等信息；影响消费者的态度与偏好，说服消费者光顾店铺、购买商品；在消费者的心目中树立良好的企业形象。在当今竞争激烈的零售市场环境中，零售企业的管理者应该意识到：与消费者沟通比选择适当的商品、价格、地点、促销活动更为重要，更有利于企业的长远发展。

四、营销扩展

（一）营销类别

　　常见的营销方式包括以下几个种类。

　　1. 整合营销　　整合营销（integrated marketing）强调一致性和广泛性，通常包括线上线下同时进行的全面布局，尽可能多地曝光，力求覆盖市场内的所有群体与受众，在短时间内迅速影响消费者，适用于新产品发布和旺季前产品推广，但由于投资较高，不适用于小型酒庄。

2. 数据库营销 数据库营销（database marketing）是一种营销行为，它通过特定的方式收集消费者在互联网上或线下的消费行为资讯、厂商的销售资讯，并将这些资讯以固定格式累积在数据库当中，在适当的营销时机进行统计分析。数据收集是关键，建立消费者（肖像）模板和消费者行为划分才是难点，而有针对性的数据推送可以事半功倍。

3. 网络营销 网络营销（E-marketing）是企业整体营销战略的重要组成部分，它是以互联网为基本手段，为实现企业整体经营目标而创造的网上经营环境的各种活动。网络营销的职能包括网站推广、网络品牌、信息发布、线上调研、顾客关系、顾客服务、销售渠道和销售促进。

对于酒庄而言，网络平台可以让消费者更简便地获取酒庄信息，直接购买酒庄产品。然而，实际中网络平台推广远比想象中复杂，成本也相对较高，所以网络平台建设和维护更多时候比预想中困难。

4. 标杆营销 标杆营销是以现有竞争对手为比较基准的营销方式，如1976年的"巴黎审判"到现在仍然被产业与学术界作为标杆营销的成功案例，当然要提出这样的营销方式势必要先对自己的产品有一定的信心，否则会给自己的产品造成负面影响。

另外一种更为简单的方式就是在强有力竞争者旁边展示自己产品，如超市货架上或者餐厅酒单上。

5. 直销营销 直销营销（direct marketing）是在没有中间营销商的情况下，利用消费者直接（consumer direct，CD）通路来接触客户并为其提供商品和服务。

直销营销最大的特点是"直接与消费者沟通或不经过分销商进行的销售活动"，是利用一种或多种媒体，理论上可达到任何目标对象所在区域——包括地区上的及定位上的区域，且是一种可以衡量回应或交易结果的营销模式。

通常直销营销所使用的媒体沟通工具不同于大众或特定众多媒体营销（如电视广告），而是以小众或非定众的营销媒体（如电话推销、电视购物、网络销售等）为主。

对于小酒庄而言，可以选择收集客户信息建群，当有特定内卖或是新产品上市时，采购信息会在群内公布，这样的营销模式对小酒庄而言效果更加显著。

6. 关系营销 关系营销是指在很多情况下，公司并不能寻求即时的交易，所以他们会与长期供应商建立顾客关系。公司想要展现给顾客的是卓越的服务能力，其中许多顾客规模庞大且遍布全球。他们可以为不同地区的供应商提供互补的产品或服务，并能快速解决不同地区的问题。

当实施顾客关系管理计划时，组织就必须同时注重顾客和产品管理。同时，公司必须明白，虽然关系营销很重要，但并非在所有情况下都有效。因此，公司必须评估使用关系营销的哪一个部门对哪一种特定的顾客最有利。

无论何种规模的企业，跟采购商保持良好的关系是非常重要的，尤其是针对连锁企业和大企业的采购专员。

7. 口碑营销 口碑营销是首先将好的产品向关键用户销售以获得良好的口碑，通过关键用户传播至各自的交际圈。这种传播方式非常依赖产品本身的品质，也非常依赖传播方式的创新性。越来越多的消费者在网购之前会先参考他人购买经验来决定是否采取购买行为，网络论坛和社区等可提供购买参考。

好的口碑在葡萄酒领域尤为重要，通过在葡萄酒爱好者中的传播，酒庄可以迅速在圈内形成知名度，只要善于营造这种效应，传播的速度会远快于预期值。然而，有时候不良口碑传播得更快，破坏力更强。

8. 病毒式营销　　病毒式营销是一种利用社交网络和各种媒体渠道发布不同寻常的消息来吸引大众对品牌、产品或活动的关注的营销方式。其中最流行的病毒内容形式是网络爆红短片。病毒式营销可以作为口碑营销的升级，通过用户将信息传播给其他用户。相较于口碑营销，病毒式营销要求企业传递的不只是信息，而是某种接管和改变消费者想法的"思想病毒"，这种对信息的立即性接受，与个人对个人接触的结果无异。病毒式营销正迅速感染整个营销社群，一旦了解之后，你会发现它无所不在。但是病毒式营销传播迅速，被消费者遗忘的速度也很快。

（二）营销工具——广告和公共关系

广告能以很低的单位成本向分布在广阔区域的大量购买者传递信息，还能使销售方多次重复一条信息。除了接触到目标受众，大规模的广告宣传还向大众暗示了销售方的规模、知名度和成功。由于广告的公开性，消费者倾向于认为广告产品更合法。广告也有一些缺点，虽然能够快速传递，但它是一种非人员沟通，且只能单向沟通，相比面对面营销互动性较差，信息传递数量和质量都有所降低。

公共关系是大众促销的重要工具，包括企业为了吸引各类公众并与他们建立良好关系而设计的所有活动。公共关系非常具有说服力，新闻故事、专题报道、赞助及事件对读者而言比广告要真实可信得多。公共关系还可以触及许多的潜在顾客，让信息以"新闻和事件"的形式（而非销售导向的沟通方式）传递给购买者。当然，公共关系也可以让产品变得更有吸引力。

1. 酒标　　品牌意识的出现催生了酒标（图7-1），酒标可谓是葡萄酒的"身份证"。在我国这个"身份证"可不是简单地堆叠一些信息，在我国食品安全国家标准——《预包装食品标签通则》（GB 7718—2021）中有关于酒标信息的明确要求，对净含量、酒精度、品名、类型、原辅料、储存条件、产地、厂址、生产许可证编号、执行标准等信息都有着严格的规定，甚至字体大小等细节也做了详细的要求。酒庄产品上市前一定要仔细研究。另外，酒标是消费者最直接了解葡萄酒的方式，通过酒标消费者能更全面地了解葡萄酒，那么标注什么内容就变得尤为关键。无论线上还是线下渠道，货架上很有可能琳琅满目摆放着各式各样的葡萄酒，此时一瓶引人入胜的葡萄酒必然会促成销售。无论是图案还是瓶型，更重要的是当消费者无从下手，不知该如何挑选时，一款包含翔实内容和言语生动的介绍词的酒标可以为消费者提供准确充分的信息，足以让消费者全面了解手中产品，更会加大其购买的冲动。

《时光流转》- 陈宁，"木兰会"

艺品春山

抱璞

2019

桃红葡萄酒
ROSE

酒精度：10%vol
净含量：500ml

图 7-1　葡萄酒酒标
（作者摄于宁夏）

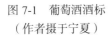

（1）酒标标注内容　　除了上文中提到的国家标准要求的内容外，为了帮助消费者了解葡萄酒从而提高销量，通常葡萄酒标上会明确标注以下内容：葡萄品种、采收年份和葡萄产区。此外，如果有获奖信息、酒庄列级信息、手工采摘、有机酿造等信息也建议标注在酒标上以提升产品价值。在背面也可以写上产区的介绍、酒庄介绍、产品介绍等。另外，也非常建议标注产品的试饮温度和搭配菜肴。

（2）酒标风格设计　　旧世界酒标主题画面多为酒庄建筑、徽章、人物、字母等，酒标也多为规则几何图形；新世界在酒标上往往有更多创新，如动物、风景、花卉等，酒标设计样式也不再是简单的几何图形，而是各种异形、非对称设计。

（3）酒标材质及工艺　　常见材质多为纸质，制作不干胶滚筒形式，细分有书纸、铜版纸、白绵纸等，甚至还有木质和金属质酒标。此外，还可以根据客户需求加入压花、紫外线、烫金、击凸等多种工艺。因为干白、起泡酒和桃红要冰镇饮用，所以建议使用防水标。

（4）色彩　　人们观察事物都会从色彩先入为主。在我国，红色代表喜悦、蓝色代表忧郁、绿色代表希望、黄色代表高贵等。色彩在酒标的设计中不可忽视也是最重要的元素。色彩要有主体和对比，要更能突出产品特性。针对不同产品、不同目标消费人群，酒标主体色也应差异对待。

（5）艺术酒标　　自从 1945 年木桐酒庄采用与艺术家合作的方式设计酒标开始，其酒标也变成了艺术家表现的领域，无论写实、抽象、趣味各种画作被融入酒标之中。人们不仅可以收藏酒也可以收藏画。最后，真正的好酒标一定要跟消费者产生共鸣。

2. 酒瓶设计　　葡萄酒的酒瓶不像白酒那样丰富，按照品类可以分为波尔多瓶、勃艮第瓶、莱茵瓶、香槟瓶等几个大类。

按照容积有 187 mL、375 mL、750 mL、1.5 L、3 L、6 L 等。

酒瓶能设计的空间很小，通常是在瓶身上加上特色的标志（logo）（图 7-2），可以是动物、花卉、图腾等。例如，宁夏贺兰山东麓定制的酒瓶是一只羊的标记，教皇新堡会有教皇的图腾，安茹桃红会有一枝花，以此突出产区的特色。

图 7-2　葡萄酒瓶身上的特色标志（作者摄于宁夏）

在货架中异形瓶有更好的识别性，可以更好地吸引消费者眼球。最有名的是 J. P. CHENET（图 7-3）。由于开模费用高昂一般小酒庄很难做到，并且灌装线要配套合适的模组也会额外增加成本。

3. 包装箱设计　　产品包装箱（图 7-4）通常为纸质、木质或皮质。有竖放、卧放、飞机箱等形式。也可以放入单只或双只礼盒中。

包装箱设计与酒标设计类似，要包含产品信息，另外设计应与酒标对应，突出统一性。功能性上要便于生产、易于储存和搬运、有一定抗压和抗摔能力。

图 7-3　J. P. CHENET 异形瓶（作者摄于法国）　　　图 7-4　葡萄酒的外包装（作者摄于宁夏）

第四节　木桐酒庄案例分析

波尔多木桐酒庄是 1855 分级的列级庄酒庄之一，全称叫木桐·罗斯柴尔德酒庄（Château Mouton Rothschild）。在最开始的 1855 分级中木桐酒庄被列为二级酒庄，庄主一直认为自己的酒卖得价格与一级酒庄一个价格，却被分为二级是十分不公平的事，近百年来木桐酒庄一直为升级做着不懈的努力，直到 1973 年木桐酒庄得到了大部分列级酒庄的同意并且得到了法国农业部的认可，升级为一级酒庄。事实上，经过多年的努力，在 1973 年之前，它早已具备一级酒庄的实力。

木桐酒庄的伟大之处是在于他首次提出了酒庄灌装的概念，1924 年酒庄不再是像以往那样将酒以橡木桶整桶卖给酒商而是选择了自己在酒庄灌装，并标注上了"Mis en Bouteille au Château"（酒庄内灌装）的标示，对于消费者而言酒庄灌装代表了酒庄对于产品品质的追求，预示着更高的品质。庄内装瓶的决定，同时使得酒庄被迫扩充自己的储藏能力。所以在 1926 年，木桐堡修建了富丽堂皇的"大酒窖"，长 100 m，由建筑师查理·西克里设计。在那之后波尔多酒庄纷纷开始效仿，开始庄内装瓶，至此酒庄酒时代拉开帷幕并影响至今。

在外包装设计上木桐酒庄也开了先河，1945 年为了庆祝胜利及自己重返故乡，菲利普男爵（Baron Philippe de Rothschild）邀请艺术家菲利普·朱利安为木桐酒绘制酒标：象征胜利的"V"字成为酒标，并取得巨大成功。自 1945 年起，木桐酒庄每年都邀请一位当代艺术家，采用其原创艺术作品，专门为木桐酒绘制酒标。木桐酒庄的酒标汇聚了各个时期的诸多艺术大师的作品。因此不光是葡萄酒粉，很多艺术爱好者也会对木桐酒庄有所了解。1973 年为了纪念升级成功，他们使用了世界知名画家巴勃罗·毕加索（Pablo Picasso）的《祭酒神》当作当年的酒标。胡安·米罗（Joan Miró）、萨尔瓦多·达利（Salvador Dali）、乔治·布拉克（Georges Braque）、安迪·沃霍尔（Andy Warhol）、弗朗西斯·培根（Francis Bacon）和佛洛德（Lucien Freud）都曾为木桐酒庄设计过酒标。这些风格迥异的酒标成为木桐酒庄的标志之一，也是木桐精明营销的一种体现。其中甚至还包括英国查尔斯王子（Prince Charles）的作品，他绘制的 2004 年份酒标是用于纪念英法友好协约签订 100 周年。

而 1996 年木桐酒标则是由中国画家兼书法家古干创作。在此款酒标中，古干使用了流传千年的中国的书法元素，这款酒标对于中国消费者来说非常具有收藏价值。

木桐酒庄还积极加强自己的产品与艺术品之间的联系。从 1981 年开始，菲莉嫔罗斯米尔德女男爵（Baronness Philippine de Rothschild）推出巡回展《罗思柴尔德木桐堡，艺术与酒标》，向公众展示了这款一级酒庄所用酒标的原创艺术作品。从此以后，这一展览曾先后莅临世界各地的 40 多家博物馆，受到热烈欢迎。2016 年木桐酒庄第一次邀请一位来自非洲大陆的国际知名艺术家威廉·肯特里奇（William Kentridge）为其酒标进行创作。木桐酒庄经过多年的发展，已经将酒作为奢侈品进行营销活动，而奢侈品及投资类艺术品都拥有着相同的目标客户。木桐酒庄通过不断地与艺术品及艺术家互动，逐渐赢得了高端客户的青睐。

木桐酒庄的另一项创举是其独创品牌酒——木桐嘉丽（Mouton Cadet），1930 年因为酒品质达不到酒庄要求，为了保持酒庄的声誉和产品品质，酒庄决定这个年份不使用木桐酒庄（Château Mouton Rothschild）这个商标，而使用小木桐（cadet 法语有"小"的意思）这个品牌，产品一经上市受到了消费者的喜爱，因为木桐酒庄声名远播，而木桐嘉丽的售价又不那么高高在上，时至今日木桐嘉丽虽然已经不由木桐酒庄酿造，但是木桐嘉丽的品质及性价比依然优于其他波尔多大区酒，所以一直都深受广大消费者喜爱，被认为是品牌酒的先河。木桐酒庄与波尔多的很多酒庄一样一直保持着谨慎的态度推出副牌。1991 年，木桐堡正式推出"银翼"（Aile d'Argent）葡萄酒。产自木桐酒庄葡萄园内的一个 7 公顷地块。1993 年，菲莉嫔女男爵创建副牌酒——罗思柴尔德木桐小木桐（le Petit Mouton de Mouton Rothschild），该酒很快在市场上占据了一席之地。作为副牌酒，它产自相对年轻的葡萄树。目前，木桐酒庄只有木桐、小木桐和银翼这三款葡萄酒。相比一些年轻产区，木桐酒庄以较少的产品类别强化了核心产品，并不断加强着自身核心产品竞争力，避免产品过多而对品牌知名度和辨识度有所损害。

法国的众多酒庄只供法语或者英语版本，而木桐酒庄的官网还提供中文版本，以便中国消费者能够轻松读懂官方网站，这更加显示出木桐酒庄的国际化程度和对中国消费者的重视。

正是因为木桐酒庄不断扩大其影响力，根据 2015 年的统计，美国市场是木桐酒庄现今最大的出口市场之一，亚洲市场排在第二位，木桐酒庄在法国本地的销量仅占总产量的 25%。

木桐酒庄在生产上坚持采用传统的橡木桶发酵罐，并且配合地形于 2012 年在舞台置景师理查德·贝都西和波尔多建筑设计师贝尔纳·马杰尔的共同设计和建造下，修建了一座新的发酵车间。它融合了传统与现代科技，还特设了一间面向葡萄园的品酒厅。葡萄从二层入料直接通过重力落入一层的发酵罐中，整个过程中只利用了重力来完成液体的转移，整个酿酒过程更为柔和，有效地减少了剧烈的机械处理对葡萄果实、葡萄汁和葡萄酒液的摩擦与搅拌，避免可能因此发生的酒液成分和酒体结构的异常变化，最大限度地保留了葡萄酒的自然风味，使得酿出的葡萄酒愈发精致优雅。另外，木桐酒庄的车间也是车间设计的典范之作。

并且酒庄另一大特色是葡萄酒旅游，酒庄的参观共计 2 h，除了日常的葡萄园、车间、品尝等传统参观项目外，1962 年菲利普男爵及其第二任妻子包丽娜男爵夫人（Baronne Pauline）在木桐酒庄建立了葡萄酒艺术博物馆。博物馆位于大酒窖旁边，收集了各个历史时期与葡萄酒和葡萄种植有关的展品。安德列·马尔罗（Andre Malraux），当时的法国文化部长，还为木桐酒庄的葡萄酒艺术博物馆开张剪彩。博物馆陈列的众多藏品可以帮助游客更好地了解当地特色、历史、人文风貌等。在游客商店，酒庄还提供多种纪念商品，酒标明信片是最受大家欢迎的商品，在这里花很少的费用就可以集齐全套木桐酒标。

最后木桐酒庄还积极参与海外合作，先后与美国和智利合作建设了作品一号（Opus One）和活灵魂（Almaviva）酒庄。自 1984 年首次推出以来，作品一号红葡萄酒一直保持着极高的品质，也因此赢得了罗伯特·帕克（Robert Parker）、詹姆斯·萨克林（James Suckling）和李志延（Jeannie Cho Lee MW）等众多酒评家的高度评价。以最近的两个年份为例，2012 年该酒获得了帕克和李志延的 96 分及萨克林的 97 分，2013 年该酒更是获得了帕克的 97＋分和萨克林的 100 分评价，并在萨克林评选的 2016 年"百大名酒"榜单中荣登榜首。而活灵魂酒庄于 1998 年推出了第一款葡萄酒，该酒一经面世就获得了智利及国际葡萄酒界的高度赞扬，被誉为"智利酒王"。而作品一号酒庄和活灵魂酒庄的成功，同时又反过来不断增强着木桐酒庄的知名度。这种合作模式也被很多酒庄效仿，认为是成功打入市场的案例。

参 考 文 献

菲利普·科特勒. 1997. 市场营销管理亚洲版（上）[M]. 郭国庆，译. 北京：中国人民大学出版社.

菲利普·科特勒. 2006. 行销管理学. 12 版中译本 [M]. 楼永坚，方世荣，译. 台北：台湾东华书局股份有限公司.

加里·阿姆斯特郎. 2004. 科特勒市场营销教程 [M]. 北京：华夏出版社.

吴健安，郭国庆. 2004. 市场营销学 [M]. 北京：高等教育出版社.

Day G. 1980. Strategic Market Analysis: Top-down and Bottom-up Approaches [M]. Cambridge: Marketing Science Institute.

Konopa L J, McCarthy E J. 1969. Basic marketing: a managerial approach [J]. Journal of Marketing, 33(4): 103.

McDonald M, Dunbar I. 2004. Market Segmentation: How to Do It, How to Profit from It [M]. Amsterdam: Butterworth-Heinemann.

Needham D. 1996. Business for Higher Awards [M]. Oxford: Heinemann.

附 录

附录一 我国主要酿酒葡萄品种

扫码见附录彩图

一、白色品种

1. '雷司令'（图1） 果粒小，果串紧凑，萌芽早。具有新鲜果香、矿石、花香、柠檬及蜂蜜香气。在凉爽温度下成熟良好，如果气候太热，会失去芳香的水果味。

2. '长相思'（图2） 中等大小果粒，果串紧凑，高酸度，萌芽晚，早熟，生长势强。成熟度低的葡萄酿的酒散发着植物性风味，如青草、芦笋、青椒、青豆和豌豆罐头的味道。比较成熟的葡萄酿的酒不完全失去绿色植物的芬芳，但通常带有蜜瓜、葡萄柚、鹅莓、西番莲、猕猴桃、绿色无花果、柠檬或青柠皮的香气。

3. '霞多丽'（图3） 果粒大，呈黄色，边缘带棕色斑点，萌芽早，早熟，有高糖潜力（高酒度），容易种植，适应能力强，产量高。具有青苹果、梨、柠檬、芒果、坚果、黄油、奶油、蜂蜜等香气。

4. '赛美容' 具有无花果、柑橘香气，细腻嫩滑，酒体饱满，丰富。果粒表皮呈金黄色，可用于酿造干型与甜型白葡萄酒。

5. '白诗南'（图4） 具有蜂蜜、湿麦秆香气。'白诗南'酸度较高，可以用来酿造从静止酒到起泡酒、从干酒到甜酒等风格各异的葡萄酒。

6. '麝香' 古老品种，有很多亚种（'小颗粒白麝香葡萄''亚历山大麝香''奥托奈麝香'），白色、粉红色、黑色。具有浓郁芳香、花香、金银花、橘子、橘子花香气。

7. '维欧尼'（图5） 长势旺盛的品种，需要种植在贫瘠干燥多石的土壤里。酿造的葡萄酒颜色呈金黄色，芳香馥郁，带着浓郁的杏子、水蜜桃等果香，酒度高，酸度低，口感和谐、圆润。

8. '威代尔'（图6） 白色葡萄品种，是白玉霓的杂交后代，在加拿大与美国东部有大量种植，是酿造冰葡萄酒的主要原料品种之一。主要特点为产量高，抗病强，含糖量高。典型香气为菠萝、芒果、杏桃和蜂蜜等。

9. '白玉霓'（图7） 属欧亚种。该品种原产意大利，广泛种植于意大利和法国干邑地区及卢瓦尔河谷等地，为法国三个著名的用于酿制白兰地的品种之一。叶片较大，心脏形，五裂。果穗较大，平均重442.1 g，最大的达780 g，长圆锥形，无副穗或有大副穗。

10. '灰比诺'（图8） 被认为是'黑比诺'葡萄的变异品种，可呈灰蓝、淡粉和灰白等多样色泽，所以酿制的成品酒有时在酒杯边缘可略呈淡粉或橘色。优质的酒有着花和蜜的芳香，也常混有坚果或水果香，酒体适中或丰满，酸度较低，风格较独特。

11. '贵人香'（图9） 原产于格鲁吉亚，皮薄，与'雷司令'的区别是果脐明显。酿

造的白葡萄酒呈现禾秆黄色、酸度高，口感清爽，同时具有浓郁的花香。

12.'琼瑶浆'（图10） 它的葡萄皮为粉红色，带有独特的荔枝香味。用它做的酒，酒度很高，色泽金黄，香气甜美浓烈，有芒果、荔枝、玫瑰、肉桂、橙皮，甚至麝香的气味。它的酒体结构丰厚，口感圆润。'琼瑶浆'嫩梢红带绿色，果穗中等大，圆锥形。

二、红色品种

1.'黑比诺'（图11） 具有樱桃、覆盆子、紫罗兰、野味。果皮相对比较薄（淡红色），萌芽早，早熟，容易变异，中等产量。对风土条件比较敏感。

2.'西拉'（图12） 具有黑胡椒、黑巧克力香气，重单宁。萌芽晚，中熟，中等大小果粒，果串紧凑，中等产量。

3.'品丽珠'（图13） 嫩叶呈浅绿色、边缘呈铜色。成叶色深，有3～5个叶裂、深度中等呈U形。果实圆形粒小。所酿制的红葡萄酒柔顺易饮，口感细腻，单宁平衡，果香浓郁，具覆盆子、樱桃的果香，或黑醋栗、紫罗兰植物叶子的味道，有时会带有明显的削铅笔气味。

4.'增芳德'（图14） 具有煮过的浆果香，多酒精，口感甜润。果穗大，比较早熟，有产生高糖分的潜力，有高产量潜力，源自克罗地亚。

5.'赤霞珠'（图15） 果穗长且松散，果皮厚、颜色深，蓝黑小果粒，籽大，萌芽晚，晚熟。具有黑醋栗、雪松香气。

6.'马瑟兰'（图16） 酿酒葡萄的一种，与具有悠久历史的传统酿酒葡萄品种相比，'马瑟兰'的培育和栽培历史相当短暂，至今不过47年。经过近几年的推广，'马瑟兰'开始受到一些葡萄酒产区的重视，有望成为酿酒葡萄品种领域的一颗新星。酒颜色深，果香浓郁，具薄荷、荔枝、青椒香气，酒体轻盈，单宁细致，口感柔和。

7.'马尔贝克'（图17） 酿制的葡萄酒颜色深重，质地稠密且结构匀称，年轻时散发黑色水果的浓香，透出成熟李子和李子干的芬芳，并有少许涩味，适合陈酿。

8.'歌海娜'（图18） 皮薄色浅，其带有红色水果，如草莓、覆盆子香气，以及一点点白胡椒和草药的香气，陈年后会出现皮革、焦油和太妃糖的香气。口感圆润丰厚，酒度高，单宁较低。

9.'桑娇维塞' 强烈、活泼、多变。是意大利栽培第二多的红葡萄品种，仅次于'巴贝拉'。桑娇维赛红葡萄酒是典型的意大利风格，它的香料味中带有肉桂、黑胡椒、炖李子和黑樱桃的气息，以及新鲜饱满的泥土芬芳。较新的酒有时还展现一丝花的香气。

10.'梅鹿辄'（图19） 果穗中等大小，呈圆锥形，平均穗重240 g。紫黑色，果粉厚，果皮中厚，果肉多汁，味酸甜，所酿葡萄酒丰满、柔和，带有李子气息。

11.'蛇龙珠'（图20） 嫩梢底色黄绿，具暗紫红附加色，绒毛稀疏。果穗中等大，平均穗重232 g，圆锥形。由它酿成的酒为宝石红色，澄清发亮，柔和爽口，但必须要完全成熟才能够避免绿番茄叶子的味道。

12.'北玫' 华北地区不需埋土即可安全越冬，植株生长势强，北京地区5月中旬开花，9月下旬浆果成熟。种植后第2年枝蔓即可满架，第三年亩产可达400 kg，丰产期产量控制在800 kg/亩。果实可溶性固形物含量为20.4%～25.4%，可滴定酸含量为0.64%～0.89%，出汁率为65.0%。为鲜食酿酒兼用品种。

13.'添普兰尼洛' 是一种早熟、皮厚的红色葡萄品种，用其酿制的葡萄酒呈红宝石色，香气复杂，由新鲜的草莓果香到经橡木桶蕴藏而有的香草、甘草及烟叶香料味，富有层次，陈年后还会有少许皮革的味道。

14. '泰纳特'　　为抗病性强的中熟品种。果实紫黑色，所酿的酒为深浓的酒红色，带有蓝莓、新鲜李子和草莓果味，以及一点烟熏、薄荷与泥土香气，经过陈酿可以发展出甘草类的辛香味。

15. '慕合怀特'　　产量中等，生产出的葡萄酒浓度较高，单宁含量高。其香味主要是胡椒、野味、块菌状巧克力和黑色水果的味道。

16. '小味儿多'（**图 21**）　　比'赤霞珠'更晚熟的品种。果皮厚而颜色深，酿出的酒颜色深邃，所以常被作为染色品种和其他品种混酿，用以调配颜色。

图 1　'雷司令'（'Riesling'）　　图 2　'长相思'（'sauvignon blanc'）　　图 3　'霞多丽'（'Chardonnay'）

图 4　'白诗南'（'Chenin Blanc'）　　图 5　'维欧尼'（'Viognier'）　　图 6　'威代尔'（'Vidal'）

图 7　'白玉霓'（'Ugni blanc'）　　图 8　'灰比诺'（'Pinot Gris'）　　图 9　'贵人香'
（'Italian Riesling'）

图 10　'琼瑶浆'（'Gewurztraminer'）　　图 11　'黑比诺'（'Pinot Noir'）　　图 12　'西拉'（'Shiraz'）

图 13　'品丽珠'　　　　　　图 14　'增芳德'（'Zinfandel'）　　　　　图 15　'赤霞珠'
（'Cabernet Franc'）　　　　　　　　　　　　　　　　　　　　　　（'Cabernet Sauvignon'）

图 16　'马瑟兰'　　　图 17　'马尔贝克'（'Malbec'）　　图 18　'歌海娜'（'Grenache'）
（'Marselan'）

图 19 '梅鹿辄'（'Merlot'）

图 20 '蛇龙珠'
（'Cabernet Gernischet'）

图 21 '小味儿多'（'Petit Verdot'）

其他品种还有'小芒森''丹拿''佳利酿''佳美''内比奥罗''泰姆比罗''紫大夫''媚丽'，见图 22 至图 29，此处不再展开介绍。

图 22 '小芒森'
（'Petit Mangsen'）

图 23 '丹拿'（'Tannat'）

图 24 '佳利酿'
（'Carignan'）

图 25 '佳美'（'Gamay'）

图 26 '内比奥罗'（'Nebbiolo'）

图 27 '泰姆比罗'
（'Tempranillo'）

图 28 '紫大夫'（'Dunkelfelder T'）　　　图 29 '媚丽'

附录二　酒庄日常操作标准作业程序（SOP）

一、发酵罐清洗 SOP

1. 目的　　本操作规程用于规范本公司员工使用最少量的水清洗葡萄汁或葡萄酒储存罐，以达到使用卫生要求。

2. 适用范围　　本操作规程适用于酿酒车间员工及主管。

3. 操作规程

1）工作人员需穿戴好工作服，佩戴相关的劳保用品，如雨鞋、乳胶手套。

2）打开上盖与下人孔，自然通风至少 10 min，确保罐内氧气浓度安全。

3）入罐检查，用自来水冲洗；配制 1%～3% 的氢氧化钠（NaOH）溶液（视干净程度决定）。往水中慢慢加入需要氢氧化钠（NaOH）的量，同时不停地搅拌使之溶解（注意不要喷溅到身体上）。

4）关闭下人孔门，连接管道与泵，安装好喷淋头，从罐顶插入 20～50 cm 处，将罐盖微掩盖。

5）取样阀半开，清酒阀半开；开始循环 20～40 min；视干净程度而定，如果不干净继续清洗，可上下移动喷淋头位置，以获得更好的清洗效果。

6）用自来水冲洗 10 min。

7）配制 0.5% 柠檬酸溶液循环清洗 10 min；如果排出的水有些黏，继续冲洗至水不黏。

8）用纯净水冲洗。

9）需要无菌处理时，使用配制的 SO_2/ 柠檬酸消毒液（200 L 水＋400 g 偏钾＋800 g 柠檬酸）进行清洗杀菌循环 30 min，清洗清酒口、排污口、罐壁、下人孔垫的凹槽（根据工作单要求，可选）。

10）安装好所拆下的罐的附件，沥干残留水待用。

注意：碱液或柠檬酸喷溅到眼睛或身体请立即用紧急喷淋器清洗。

二、管道清洗 SOP

1. 目的 本操作规程用于本公司员工对输酒管道使用前或使用结束的清洗。

2. 适用范围 本操作规程适用于本公司酿酒车间员工及主管。

3. 操作规程

1）工作人员需穿戴好工作服，佩戴相关的劳保用品，如雨鞋、乳胶手套。

2）连接待洗输酒管道、泵及清洗槽，确定泵的正、反向。

3）配制 1%～3% 的 NaOH 溶液（视干净程度决定）。往水中慢慢加入需要的氢氧化钠（NaOH）的量，同时不停地搅拌使之溶解（注意不要喷溅到身体上）。

4）开始循环 20～40 min，视干净程度而定。

5）用自来水冲洗酒管，将 NaOH 溶液置换出来。

6）配制 0.5% 柠檬酸溶液循环清洗 10 min；如果排出的水有些黏，继续冲洗至水不黏。

7）用纯净水冲洗。

8）需要无菌处理时，使用配制的 SO_2/ 柠檬酸消毒液（200 L 水＋400 g 偏钾＋800 g 柠檬酸）进行清洗杀菌循环 20 min（根据工作单要求，可选）；或 80℃以上热水进行杀菌处理 10 min。

9）沥干残留水，并放回原处待用。

注意：碱液或柠檬酸喷溅到眼睛或身体请立即用紧急喷淋器清洗。

三、倒罐 SOP

1. 目的 本操作规程指导本公司员工正确将葡萄汁或葡萄酒从一个酒罐转移到另一个酒罐。

2. 适用范围 本操作规程适用于酿酒车间工作人员。

3. 操作规程

1）准备工作：请员工仔细阅读车间工作单内容中是否要求在转罐过程中添加物料，在转罐过程中确保转移的罐是干净的。

2）在转罐之前将要转入的酒罐内充入 CO_2 气体（根据罐体积确定充气时间）。

3）记录所有的酒罐开始深度，如果与工作单的数字不一致，应及时告知主管，将出酒罐盖子微开，入酒罐盖子轻轻盖在罐口。

4）使用已清洗的酒管与泵进行连接，选择合适长度的酒管（泵的进酒管选用短管）。

注意：选用蠕动泵对正在发酵汁或是酒泥进行转罐，如果不确定使用泵的类型，需请示主管。使用三通管件连接酒罐底阀或轴向阀（避免带走酒泥），如果酒需全部转移则将三通管件连接在底阀，如果去酒泥取清汁则将三通管件连接在轴向阀转酒。

5）转罐：打开转出酒罐的阀门，利用重力使酒穿过管路及酒泵到达入酒罐，同时检查管路是否有滴漏现象，利用酒的重力自流 2 min（防止空酒罐酒的喷溅），然后开启酒泵。

注意：如果入酒罐不是空罐，可以直接开泵而不需要自流 2 min。

6）检查转酒管线、泵及酒罐，当入罐酒的高度越过罐门，检查罐门密封情况。如果需要添加物料，在转罐过程中进行添加并充分混合。转罐快结束时，将出酒罐的底阀开小以控制泵的流量，防止泵空转或超过转酒的体积。

7）转罐结束，用纯净水顶掉管路内的余酒，或从出酒罐顶酒到入酒罐，或从转入罐顶酒到转出罐（当转出酒的体积到达所要求转酒体积时，结束转酒）。

四、酵母接种 SOP

1. 目的　　本操作规程适用于规范本公司员工对活性干酵母的接种。

2. 适用范围　　本操作规程适用于酿酒车间工作人员。

3. 操作规程

1）认真核实工作单中所用酵母菌种型号和使用数量。

2）使用洁净、干燥的容器准确称量。

3）用酵母数量的 10 倍体积的（38～40℃）纯净水进行活化酵母，如 1 kg 酵母在 10 L 水中活化，水必须是 38～40℃的纯净水。

4）酵母扩培容器体积至少是活化菌液体积的 3 倍。

5）把水搅动起来后，添加活性干酵母到移动的水中，不要搅拌，允许水表面漂浮干酵母。

6）静置 15 min 后，轻轻搅拌酵母液。

7）添加酵母液 1/2 体积的葡萄酒，并轻轻搅拌，静置 5 min。

8）确保酵母液与接种葡萄酒的温差小于 10℃，轻轻搅动菌液并加入接种酒液中。若温差大于 10℃，重复步骤 7），直到达到要求。

注意：优先使用已开封的活性干酵母；使用洁净的工具称量和活化酵母；工具使用后进行清洗和消毒处理。

五、橡木桶清洗 SOP

1. 目的　　本操作规程用于本公司员工对橡木桶的清洗和杀菌，避免橡木桶内酒的污染，产生酒蝇。

2. 适用范围　　本操作规程适用于本公司酿酒车间员工及主管。

3. 操作规程

（1）新橡木桶的处理

1）用生活水清洗掉桶内在制作过程中可能带来的木屑等杂物。

2）装满自来水浸泡 2 d 检查有无渗漏，没渗漏的桶放掉水，再装满纯净水继续泡 2 d 并检查有无漏点。

3）放掉浸泡的水，桶内装入 150 L 纯净水，通蒸汽使水沸腾，塞紧塞（塞使用前用水清洗并用 75% 乙醇消毒），晃（或滚）动橡木桶，使热水布满桶的内壁，然后将桶的两底分别落地站立 30 min，然后将热水倒掉，控净残水。

4）用酒精消毒的桶塞密封橡木桶。

5）2 d 内即可直接装入葡萄酒。超过 2 d 则重复上述 3）和 4）的工作。

（2）旧橡木桶的处理

1）健康的旧橡木桶用生活水清洗桶内酒泥及残留的酒渍，直至流出的水清澈。

2）用纯净水对橡木桶进行清洗 2 min。

3）用蒸汽对桶内消毒 15～20 min，并用熏硫圈对桶内熏蒸 30 min 以上。

4）对橡木桶及桶塞进行 75% 乙醇清洗消毒，完成后立即塞好塞。

5）消毒完成控净水后，3 d 内即可装入葡萄酒。

6）验收标准：①橡木桶内无碎木屑、无酒泥及酒石；②橡木桶内无异味（霉味、酸味等）；③橡木桶内无残留水；④橡木桶及桶盖清洗消毒干净。

六、蒸汽机使用

1. 目的　确保正确使用蒸汽机，避免人员伤害和延长设备使用寿命。

2. 适用范围　本操作规程适用于本公司酒厂工作人员。

3. 操作规程

1）设备进水口与纯净水管道连接，打开水管阀门至 1/5 处。

2）连接 380 V 电源，确保插头及插座是干燥的，打开电源开关，同时根据需要调节设备功率。

3）把蒸汽出口管道放到相应设备或容器内。

4. 整理

1）关闭电源开关，功率调节阀打至 "0"。

2）关闭水源开关，同时断开水源连接管道。

3）打开排水阀排空设备内存水。

4）规整电线及蒸汽输出管道（注意管道温度较高时使用手套）。

5）设备放回原位。

5. 注意事项　需要戴隔热手套操作蒸汽管道，防止烫伤。

附录三　中国酒庄审批建设流程

酒庄建设项目审批流程分为审批、建设、验收、生产许可证办理 4 个阶段。每个阶段都由牵头部门先受理审批业务，牵头部门受理完审批业务后会指引申办人到其他联办部门办理相关的审批手续，办理结果最后由牵头部门集中答复申报人。

一、审批阶段

（一）酒庄立项规划选址审批

1. 到地方住房和城乡建设（规划）局（牵头部门）窗口办理《酒庄建设项目选址意见书》的审批

1）提交办理《酒庄建设项目选址意见书》所需材料，并领取签收《审批跟踪监督卡》。

2）凭《审批跟踪监督卡》分别到地方发展和改革局、环境保护局、消防救援局、自然资源局等联办部门窗口提交相关审批材料，并在《审批跟踪监督卡》上签名确认。

3）将全部联办部门窗口已签收确认的《审批跟踪监督卡》送回地方住房和城乡建设（规划）局窗口。

4）到地方住房和城乡建设（规划）局窗口领取并签收《酒庄建设项目选址意见书》及

《审批跟踪监督卡》，要注意办理时限问题。

2. 到地方发展和改革局窗口办理《酒庄建设项目立项审批》

（1）以登记备案方式立项

1）提交《酒庄投资项目登记备案》所需材料，并领取《审批跟踪监督卡》。

2）到地方发展和改革局窗口领取审批结果，并在《审批跟踪监督卡》上签名确认，应注意办理承诺时限。

（2）以其他方式立项

1）提交《酒庄建设项目建议书》或《酒庄建设可行性研究报告》所需材料，并领取签收《审批跟踪监督卡》。

2）携带《审批跟踪监督卡》分别到地方环境保护局、自然资源局、住房和城乡建设（规划）局等部门窗口提交相关审批资料，并在《审批跟踪监督卡》上签名确认。

3）将全部联办部门窗口已经签收确认的《审批跟踪监督卡》送回地方发展和改革局及牵头部门窗口。

4）到地方发展和改革局及牵头部门窗口领取和签收《酒庄建设立项意见》，办理承诺时限一般为6个工作日。

（二）酒庄建设用地审批

酒庄建设用地审批需到地方住房和城乡建设（规划）局（牵头部门）窗口办理。

1）提交办理《酒庄建设用地规划许可证》所需材料，并在《审批跟踪监督卡》上签字。

2）到地方住房和城乡建设（规划）局窗口领取酒庄建设用地审批结果，在《审批跟踪监督卡》上签字，办理承诺时限一般为5个工作日。

3）凭《审批跟踪监督卡》到地方自然资源局窗口提交审批材料，并在《审批跟踪监督卡》上签字。

4）到地方自然资源局窗口领取酒庄建设用地审批结果，在《审批跟踪监督卡》上签字，办理承诺时限一般为16个工作日。

（三）酒庄规划设计审批即招标

1. 办理《酒庄规划、建筑设计条件》

1）到地方住房和城乡建设（规划）局窗口提交办理《酒庄规划、建筑设计条件》所需材料，并在《审批跟踪监督卡》上签字。

2）到地方住房和城乡建设（规划）局窗口领取《酒庄规划、建筑设计条件》审批结果，在《审批跟踪监督卡》上签字，办理承诺时限一般为6个工作日。

2. 办理《酒庄设计方案招标》

1）若需要进行设计方案招标，到地方发展和改革局或经济贸易局及牵头部门窗口办理酒庄设计方案招标审批：①到地方发展和改革局或经济贸易局窗口办理《酒庄招标核准意见》；②到地方发展和改革局或经济贸易局窗口领取《酒庄招标核准意见》及《审批跟踪监督卡》，办理承诺时限一般为3个工作日；③携带《审批跟踪监督卡》到地方建设工程交易中心办理委托招标相关手续，并在《审批跟踪监督卡》上签字，办理承诺时限一般为2个工作日；④到地方建设工程交易中心领取中标通知书。

2）若不需要进行设计方案招标，到地方住房和城乡建设（规划）局及牵头部门窗口办理《规划设计方案和审批》：①提交办理《酒庄规划设计方案和审批》所需材料，并领取签收《审批跟踪监督卡》；②携带《审批跟踪监督卡》分别到地方环境保护局、人民防空办公室等部门窗口提交相关材料，并在《审批跟踪监督卡》上签字；③将全部联办部门窗口已经签字确认的《审批跟踪监督卡》送回地方住房和城乡建设（规划）局窗口；④到地方住房和城乡建设（规划）局窗口领取《酒庄设计方案招标》审批结果，并在《审批跟踪监督卡》上签字，办理承诺时限一般为 5 个工作日。

3. 到地方住房和城乡建设（规划）局及牵头部门窗口办理《酒庄初步设计审批》

1）提交办理《酒庄初步设计审批》所需材料，并领取签收《审批跟踪监督卡》。

2）携带《审批跟踪监督卡》分别到地方环境保护局、人民防空办公室、气象局等联办部门窗口提交相关材料，并在《审批跟踪监督卡》上签字。

3）将全部联办部门窗口已经签收确认的《审批跟踪监督卡》送回地方住房和城乡建设（规划）局窗口。

4）到地方住房和城乡建设（规划）局窗口领取《酒庄初步设计审批》审批结果，并在《审批跟踪监督卡》上签字，办理承诺时限一般为 5 个工作日。

4. 到地方住房和城乡建设（规划）局及牵头部门窗口办理《酒庄建设工程规划许可证》的审批

1）提交办理《酒庄建设工程规划许可证》所需相关材料，并领取《审批跟踪监督卡》。

2）携带《审批跟踪监督卡》分别到地方气象局、人民防空办公室等联办部门窗口提交相关审批材料，并在《审批跟踪监督卡》上签字，承诺时限为一般 5 个工作日，凭《审批跟踪监督卡》领取办理结果。

3）到地方住房和城乡建设（规划）局窗口领取审批结果，并在《审批跟踪监督卡》上签字，办理承诺时限一般为 3 个工作日。

（四）酒庄监理、施工招标审批

到地方发展和改革局及牵头部门办理酒庄监理、施工招标审批。

1）提交办理酒庄监理、施工招标审批所需材料，并领取《审批跟踪监督卡》。

2）携带《审批跟踪监督卡》分别向地方财政局等部门提交相关审批材料，并在《审批跟踪监督卡》上签字。

3）将所有联办部门窗口签收确认的《审批跟踪监督卡》送回地方发展和改革局或经济贸易局窗口。

4）到地方发展和改革局或经济贸易局窗口领取《酒庄招标核准意见》及《审批跟踪监督卡》等材料，办理承诺时限一般为 3 个工作日。

5）携带《审批跟踪监督卡》到地方审图中心领取办理结果，办理承诺时限一般为 5 个工作日。

6）携带《审批跟踪监督卡》到地方财政局窗口领取办理结果，办理承诺时限一般为 8 个工作日。

7）携带《审批跟踪监督卡》到地方建设工程交易中心办理委托招标手续，办理承诺时限一般为 2 个工作日。

8）将《审批跟踪监督卡》送回地方发展和改革局或经济贸易局窗口。

9）到地方建设工程交易中心领取酒庄建设中标通知书，办理承诺时限一般为一个工作日。

（五）酒庄报建、施工审批

1. 到地方建设局及牵头部门窗口办理《酒庄建设施工报建》的审批

1）提交办理《酒庄建设施工报建》和《酒庄建设项目施工许可证》审批的所需材料，并领取签收《审批跟踪监督卡》。

2）携带《审批跟踪监督卡》分别到地方质量技术监督局、安全生产监督管理局、人民防空办公室等联办部门窗口提交相关材料，并在《审批跟踪监督卡》上签字。

3）将所有联办部门窗口签收确认的《审批跟踪监督卡》送回地方建设局窗口。

4）到地方建设局窗口领取审批结果，并在《审批跟踪监督卡》上签字，办理承诺时限一般为3个工作日。

2. 酒庄建设审批阶段注意事项

1）以上提及的部门一般在地方行政服务中心内设有受理窗口，申办者只需将相关材料按要求提交到各窗口即可办理。

2）申办人在各审批部门窗口受理事务时要将酒庄建设审批过程中应提交的材料等事项寻问清楚。

3）酒庄建设审批各阶段的办理时限从最后一个收到申办者交送材料的审批部门窗口签收次日开始计算。如酒庄建设申办者所提交的材料不符合相关部门的要求，则需要修改或补交，那么审批时限则从补交材料的次日开始计算。

4）酒庄建设审批的每一阶段都有一张《审批跟踪监督卡》，审批部门窗口和酒庄建设申办人需要按要求填写并提交《审批跟踪监督卡》，此可监督各审批部门窗口工作的时效，并作为受理酒庄建设申办者投诉的凭据。每一审批阶段结束后，《审批跟踪监督卡》将交由该阶段的发展和改革局及牵头部门窗口妥善保存。

二、建设阶段

该阶段的主要任务是将酒庄建设投入要素进行组合，形成酒庄建筑实物形态。在这一阶段中通过施工、采购等活动，在规定的范围、工期、费用、质量内，按设计要求高效率地实现酒庄建设工程目标。

因酒庄建筑工程规模较大、涉及内容较广，所以酒庄建设监理人员在酒庄建设过程中必须与酒庄建筑工程保持适应性，避免因某一环节出现问题而对酒庄建设整体工程的施工质量造成影响。同时因为酒庄建筑工程所涉及的主体较复杂，很容易导致主体之间产生矛盾而导致酒庄建设主体之间的配合程度较低，这对于酒庄建设过程中资源的利用率等都有着很大的影响。因此，酒庄建设监理人员应发挥出"纽带"的作用，要做好全面的、严格的、详细的酒庄建设监督管理工作。

想要提高酒庄建设阶段工作的质量并保证其能够顺利开展，就要保证监理在酒庄建设质量控制方面所产生的作用与工程质量控制的动态变化之间的协调性。这是因为实际的酒庄建筑工程施工工作不是一成不变的，很多因素都是随着酒庄的不断建设而具有实时性的变化。也正是因为这种原因，酒庄建筑工程监理工作具有一定的难度，稍有差池就会影响到酒庄工程建设质量。因此在酒庄监理工作的实际开展中，相关工作人员应该采用高实时性管理方式来对酒庄建筑工程进行管理，及时找出酒庄施工建设过程中所存在的安全隐患，避免安全事故的发生。

酒庄建设工作能否顺利开展并取得良好的效果与酒庄建设过程中的监理制度的好坏密不可分。完善的酒庄建设监理制度能够有效地对相关监理人员的工作行为进行约束，避免监理人员因自身的失误等原因而出现违规操作，让酒庄建设监理工作更好地落实在酒庄建筑工程建设的每一个环节当中，真正起到控制酒庄建设质量的作用。因此应根据酒庄建设过程中的实际需要不断地对酒庄建设监理制度进行完善。在完善的过程当中还应以国家相关法律法规为基础、以行业规范准则为遵循原则。一旦发现酒庄建设相关工作人员出现违规行为，必须根据相关制度规定对其进行处罚，提高酒庄建设监理人员的工作责任感。同时，在酒庄建设监理制度当中应该对酒庄建设相关工作人员所享有的权利和义务进行肯定，以提高其工作积极性并激发其责任感，以使其更好地完成自身的工作。若是在酒庄建设的实际工作当中酒庄建设主体之间产生了矛盾，酒庄建设监理人员应主动、及时地对主体之间的矛盾进行化解，找出矛盾产生的原因，并保证好所有酒庄参建方应有的权利。

施工材料是酒庄建筑工程施工建设过程当中不可缺少的组成部分，其质量的好坏会直接影响酒庄工程建设的质量。因此，为了更好地保证酒庄整体建设质量，酒庄建设监理人员应该对酒庄建设施工材料质量进行严格控制。同时，其他酒庄建设相关工作人员也要做好严格的把关，避免质量不达标的施工材料流入酒庄施工建设当中。同时，对于施工存储的施工材料，也要做好实时的监督管理工作。

此外，加强酒庄建设施工技术的监督管理对于酒庄建设阶段来说同样重要，要保证在酒庄建设的每一个工作环节当中所使用到的施工技术手段都能够落实到位。所以，酒庄建设监理人员要加强对于酒庄施工技术的控制，这样才能够更好地降低酒庄建设施工过程中问题的出现频率，从而真正地有利于酒庄建设施工质量的提高。同时，也要做好对于酒庄建设技术方法的建立，如在实际酒庄建设施工工作中要加强对于测量技术手段的监理，以保证能够得到更加准确的数据，避免因为数据精准度不够而造成酒庄建设质量问题的出现，从而为酒庄建筑工程建设打好牢固的基础。

三、验收阶段

1. 建筑工程综合验收程序

1）生产者自我对工程质量进行验收。

2）监理单位（建设单位）的检查验收。

3）程序及组织的验收。

4）验收评定。

5）（建设）单位进行验收记录。

6）单位出示检查评定结果。

7）监理（建设）单位总结验收结论。

8）各参加验收单位签名。

2. 在建设项目全部建成后，进行检测与验收　　常见的验收种类有如下几个方面。

1）防雷检测：在主体工程基本完工（门窗、栏杆安装完成并做好防雷接地工作后），所

有电气设备都已安装完成（需要电气检测报告与否视情况而定）后请气象局的工作人员进行现场验收。此项检测由总包单位负责，建设单位和监理单位配合完成。

2）节能验收：普通商品房住宅楼保温工程主要分为3项，即屋面保温工程、墙体保温工程和门窗保温工程，在施工过程中各工程应提前请节能办相关工作人员到现场进行验收并给予相关的验收意见，在各分项验收合格后进行总体节能验收。注意事项：屋面保温工程应在屋面保温材料施工完成后，但还没有进行刚性层施工时请节能办工作人员到现场验收，墙体保温工程应在砌体工程施工完成后，但还没有进行抹灰施工时请节能办工作人员到现场进行一次验收，在保温材料施工完成没有进行面层施工时请节能办工作人员到现场进行第二次验收，面层施工完成后进行第三次验收，门窗保温工程应在玻璃安装完成后请节能办工作人员到现场进行验收。其中影响验收时间的主要因素为塑钢门窗玻璃的安装。各项工程使用的保温材务必具有相关的出厂报告、合格证及复检报告。此项验收由总包单位、塑钢窗施工单位、保温施工单位三方配合共同完成。

3）人防验收：在人防地下室的相关设施、设备（防爆密闭门、防爆波地漏、人防封堵框、防排烟系统、正压送风系统等）施工完成后进行。本项目应分4次进行现场检查：①主体结构施工过程中的底板钢筋绑扎结束后；②主体结构施工过程中的剪力墙钢筋绑扎结束后；③主体结构施工过程中的顶板钢筋绑扎结束后；④消防项目施工结束后。

4）空气质量检测：室内墙地面工程施工完成、门窗工程施工完成（达到密闭条件）后进行检测验收。注意事项：在检测前附近楼层对空气质量产生影响的工种不能进行施工，如腻子工程、油漆工程、草酸清洗外墙等。此项检测由建设方联系，总包单位配合完成。

5）水质、水压检测：现场达到供水条件后进行检测验收。注意事项：水质检测前应进行室内外管道冲洗工作（可通过防水试水完成此项工作），水压检测前应将户内管道串联在一起。此项检测由建设方联系，总包单位配合完成。

6）消防验收：在消防设施、设备全部安装施工完成并调试合格后进行检测验收。注意事项：所有消防产品必须有中国消防产品信息网打印出的《消防产品供货证明》，消防验收还需要总包单位、防火门单位、弱电施工单位和电梯施工单位进行配合。此项验收由消防施工单位主导，防火门施工单位和总包单位配合完成。

7）通风单项验收备案：消防验收后将相关资料准备齐后报于质检站。注意事项：玻璃钢管材必须有复检报告。此项验收由消防施工单位主导，总包单位和其他地下室管线施工单位配合完成。

8）规划验收：主体工程和总平工程全部完成，相关配套设施完成后进行申报验收。注意事项：总平景观图纸应与规建局认可的总平图相符。

9）竣工验收：主体所有分项验收和备案全部完成，规划验收完成后进行申报验收。注意事项：此项验收为项目最终验收，前期所有资料和各项分项验收必须全面完成后方可进行。

最终的验收尤为重要，检查验收内容包括：①检查工程实体质量。②检查工程建设参与各方提供的竣工资料。③对建筑工程的使用功能进行抽查、试验，如卫生间、车间排水试验，通水、通电试验，排污主管通球试验及绝缘电阻、接地电阻、漏电跳闸测试等。④对竣工验收情况进行汇总讨论，并听取质量监督机构对该工程质量监督情况。⑤形成竣工验收意见，填写《建设工程竣工验收备案表》和《建设工程竣工验收报告》，验收小组人员分别签字、建设单位盖章。⑥当在验收过程中发现严重问题，达不到竣工验收标准时，验收小组应责成责任单位立即整改，并宣布本次验收无效，重新确定时间组织竣工验收。⑦当在竣工验收过程中发现一般需整改质量问题，验收小组可形成初步验收意见，填写有关表格，有关人员签字，但建设单位不加盖公章。验收小组责成有关责任单位整改，可委托建设单位项目负责人组织复查，整改完毕符合要求后，加盖建设单位公章。⑧当竣工验收小组各方不能形成一致竣工验收意见时，应当协商提出解决办法，待意见一致后，重新组织工程竣工验收。当协商不成时，应报建设行政主管部门或质量监督机构进行协调裁决。

四、生产许可证办理

根据《食品生产许可管理办法》，申请人需要递交以下材料方可申请食品生产许可证：①《食品生产许可申请书》；②营业执照复印件；③食品生产加工场所及其周围环境平面图；④食品生产加工场所各功能区间布局平面图；⑤工艺设备布局图；⑥食品生产工艺流程图；⑦食品生产主要设备、设施清单；⑧保证食品安全的规章制度清单；⑨其他材料。其中，①～⑧申请者一般可以提供，但⑨在不同省、市、县要求不一，申请人应根据所在地的相关要求进行准备。

食品生产许可现场核查前时，申请人应以2016年《食品生产许可申请书》、食品安全管理制度清单及现行审查细则为基础，建立并完善现场核查条件。生产场所、设备设施、设备布局和工艺流程、查验试制产品检验合格报告以现行审查细则为准。人员管理、管理制度以《食品生产许可申请书》、食品安全管理制度清单为准。检查核查项目是否具备完整性、规范性与符合性。①在生产场所方面：申请人提交的材料应与现场一致，其生产场所周边和厂区环境、布局和各功能区划分、厂房及生产车间相关材质等符合有关规定和要求。②设备设施方面：生产设备设施清单与现场一致，符合规定并满足生产需要，自行对原辅料及出厂产品进行检验的项目，需具备规定的检验设备设施，并满足检验需求。③在设备布局和工艺流程方面：符合规定要求，并能防止交叉污染。④人员管理方面：配备申请材料所列明的管理人员及专业技术人员；建立生产相关岗位的培训及从业人员健康管理制度；并取得健康证明。⑤管理制度方面：进货查验记录、生产过程控制、出厂检验记录、食品安全自查、不安全食品召回、不合格品管理、食品安全事故处置、审查细则规定的其他保证食品安全的管理制度。⑥在试制产品检验合格报告方面：根据食品、食品添加剂所执行的食品安全标准和产品标准及细则规定，试制食品检验项目和结果应符合标准及相关规定。

附录四 酒庄环境管理体系（EMS）

一、EHS管理内容

（一）什么是EHS

EHS是环境管理体系（EMS）和职业健康安全管理体系（OHSAS）两体系的整合，是environment（环境）、healthy（健康）和safety（安全）三个单词首字母的缩写。EHS管理体系是针对重要的环境因素、重大的危险因素或者需要控制的因素而制订的量化控制指标。以下列举了推行EHS管理体系的目的。

1）保护环境。

2）改进酒庄工作岗位及场所的健康性和安全性。

3）改善劳动条件，维护员工的合法利益。

4）增强酒庄的凝聚力，完善酒庄的内部管理。

5）提升酒庄形象，创造更好的社会效益和经济效益。

（二）EHS 政策

在酒庄及葡萄园，所有员工需要尽量实现零事故和 100% 执行 EHS 法规。所有员工都有责任遵循他们的 EHS 职责。所以，EHS 期望如下。

1）理解并遵守各岗位及设备的健康、安全措施和规则。

2）保持健康、安全设施的良好功能。

3）积极主动提出 EHS 改进建议。

4）主动参加 EHS 培训并在工作中展现出从培训中所学的知识与能力。

5）通过积极观察其他员工的安全工作行为及规范自身安全行为，使其他员工意识到健康与安全的重要性。

6）积极参与事故、损伤和疾病的预防活动：①进行工作安全性分析，做好安全工作措施；②找出并纠正危险和不安全因素；③对事故、虚惊事件或潜在危险的调查。

7）工厂运作不能触及的安全底线。酒庄管理者应承诺：尽企业使命与责任，在安全、环境可持续发展前提下开展业务，保护酒庄员工、合同承包商、访客和社区的健康和安全，竭力保护环境。并符合法规要求，遵守所有适用的关于环境、健康及安全方面的法律法规，同时遵守安全纪律。维护安全是每个员工的责任，全体人员都应遵守政府法规与公司各项规定，各阶主管尤应以身作则，并尽督导职责，降低风险，积极执行危害识别、风险评估及环境影响分析，采取有效措施有利于危害预防与风险控制，为所有的员工创造并保持一个安全、健康的工作场所。最后也不能忘记环境保护，从源头管理、减少资源浪费、降低污染。要做到以上部分，那么管理者要树立安全文化意识，鼓励、倡导以预防为主的安全文化，通过训练、宣导及鼓励，来提升所有的股东及员工的环境健康与安全意识。提供相应资源和支持发挥本政策效用。通过提升管理绩效，定期检讨与改善，持续提升环境健康安全绩效。

二、环境

（一）ISO 14001 介绍

ISO 14001 是国际标准化组织（ISO）第 207 技术委员会（TC207）从 1993 年开始制定的环境管理国际标准，其中环境管理体系（EMS）14004～14009 是系列标准的核心。ISO 14001 要求组织通过建立环境管理体系来达到环境保护、预防污染和持续改进的目标，并通过取得第三方认证机构认证的形式，向外界证明其管理水平符合环境管理体系。以下列举 ISO 14001 认证的优点。

1）节能降耗，节约能源，废弃物的再利用，降低经营成本。

2）加强企业环境管理，增强员工环保意识。

3）树立企业形象，增强企业竞争力。

4）使企业获得进入国际市场的"绿色通行证"。

5）促进节约和推动技术进步。

（二）环境因素识别

环境因素是指一个组织的活动、产品或服务中能与环境发生相互作用的要素，目的是通过识别、评估，掌握公司活动、产品对环境可能或已造成影响的环境因素，确定重要环境因素，作为持续改善及策划环境管理体系的依据。

1. 废弃物管理的层次体系　　废弃物管理的重点在于污染预防，所以应该根据以下的优先次序进行管理：①废弃物的减少（这是最优先的一级）；②废物重新利用；③废物再循环利用；④废物处理；⑤废物丢弃（绝对是最后的选择）。

2. 日常废弃物管理　　3R——reduce（减少）、reuse（再利用）、recycle（回收），在每天的工作中，需要培养 3R 的习惯来节省资源。例如，①易拉罐回收；②减少复印和双面复印；③电脑打印纸双面使用或用作起草纸；④尽可能使用电子邮件传送信；⑤回收报纸、废纸和纸箱子；⑥电池的回收再利用。

3. 日常废弃物处置

1）废弃物分类处置，危险废弃物要放置在危险废弃物容器内。

2）危险废弃物处置承包商应具有政府颁发的资质证书，并提供废弃物处置流程和废弃物最终去向。

4. 化学品或油泄漏的处理

1）当泄漏量超过 300 L 或超过在泄漏区域工作的人员所能处理的量时，或涉及危险化学品时，如果能保证安全，这一区域的人员应立即采取措施控制泄漏，如关闭泵、阀，扶正容器以阻止外溢，用吸收材料在溢出的液体四周构成围堵以防止泄漏扩散；如果外溢无法控制，要离开泄漏区域至少 20 m，打紧急求助电话并报告泄漏情况，遵从紧急事件指挥（厂长或 EHS 人员）的指导，随时准备给紧急事件指挥者报告需要的信息。

2）如外溢的物质没有危险，并且少于 300 L，泄漏区域人员可直接清理外溢。清理步骤是：对外溢的物质进行评估，查物质安全数据表以获得相应信息，确保了解其危险性；控制并中和外溢物质，物质安全数据表有用于外溢物质控制的合适材料和个人防护用品的信息；只有接受过关于泄漏物质处理培训人员才被允许处理泄漏，把清理过的物质正确地放入容器中并加上适当的标签，如果泄漏区域人员不清楚外溢物质的性质，联系 EHS 人员。

（三）健康

1. 职业危害预防　　认识职业病和职业健康体检。根据《中华人民共和国职业病防治法》，职业病是指企业、事业单位和个体经济组织（以下统称用人单位）的劳动者在职业活动中，因接触粉尘、放射性物质和其他有毒、有害物质等因素而引起的疾病。

职业病防治工作坚持预防为主、防治结合的方针，而职业病的发病过程，取决于三个主要条件：①有害因素的性质；②作用于人体的量；③人体的健康状况。

2. 了解职业病的特点

1）病因有特异性，在控制接触后可以控制和消除发病。

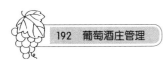

2）病因大多可以监测，一般和接触水平有直接关系。

3）在不同的接触人群中，常有个体的差异。

4）对于职业病的治疗，应做到早诊断、早处理。

5）大多数职业病具有不可逆性，应把重点放在预防上。

6）对从事接触职业病危害作业的劳动者，用人单位应当按照规定组织上岗前、在岗期间和离岗时的职业健康检查。

3. 认识职业危害因素

1）物理因素是环境的构成要素，如高温、噪声、激光（非电离辐射）。

2）化学因素即在生产中接触到的原料、中间产品、成品和生产过程中的废气、废水、废渣等可对健康产生危害的物质，如在酒庄现场有二氧化硫、氢氧化钠、二氧化碳、一氧化碳、粉尘（矽尘、电焊尘等）。

3）生物因素即在生产原料和作业环境中存在的致病微生物和寄生虫。其常见的侵入途径有呼吸吸入（是化学物质进入人体的主要途径）、皮肤接触、眼睛接触等。

4. 职业中毒预防须知

1）改进工艺，使用无毒或低毒物质代替有毒或高毒物质。

2）设法降低有毒物质的浓度。

3）定期监测作业场所空气中的毒物浓度，控制在最高容许浓度以下，如监测发酵期间二氧化碳的浓度。

4）作业前做好个人防护。

5）遵守操作规程，严格执行操作制度。

5. 工业噪声的预防

1）噪声定义：噪声属声音，凡不规则、不协调的音波在同一时间存在，使人感到厌烦者称为噪声。它是非常主观的。噪声除了损坏员工听力，令人厌烦外，它还影响工作效率，妨碍员工工作过程中的交流和掩蔽危险信号，可能引发意外事故。声音强度对耳蜗毛细胞的影响：40～60分贝为宁静或柔和的声音；70～80分贝为正常城市噪声；若长期暴露在85～90分贝的环境下可导致听力受损；140分贝以上可导致耳聋或死亡。

2）工业噪声对人的危害：噪声对人体健康的影响主要取决于噪声强度（声压）的大小、频率的高低和接触时间的长短。一般认为强度越大、频率越高、接触时间越长则危害越大。噪声会导致暂时性听力损失，有些可出现食欲不振、消化不良等症状，还会出现头晕、头痛等症状，严重甚至可导致永久性听力损伤。酒庄现场潜在的高噪声污染区域包括空压机、酒泵、温控机组等。

6. 用于职业危害预防的个人防护用品 　个人防护用品（personal protective equipment，PPE）是指生产和工作中防御物理、化学、生物等外界有害因素伤害人体而穿戴和配备的各种物品的总称。对员工个人来说，严重的伤害会影响终身，请根据工作现场安全标识及个人防护用品使用提示佩戴相应的个人防护用品。

1）个人防护用品的选用原则：根据国家和地方的有关规定配备个人防护用品；应选购有生产许可证、安全鉴定证的个人防护用品；根据工作环境和性质来确定作业类别，选用个人防护用品。

2）听力防护：正确使用护耳器（耳塞、耳罩）；在噪声环境中坚持佩戴；在无污染环境

中存放。

3）呼吸防护用品：包含防尘罩、防毒面具、空气呼吸器。呼吸防护用品选用要点：有害物质浓度达到威胁生命健康的浓度时，必须选择正压供气式呼吸防护用品，不能选择过滤式呼吸防护用品；与脸部紧密结合；方便作业；舒适性好。

4）眼、脸部防护：工作场所中常见眼睛易受的伤害——颗粒、金属碎屑的撞击，有害液体的飞溅及有害光的照射。酒庄作业现场眼睛及面部的防护用品有防冲击眼镜、防化眼镜；防护面屏；抗低温头罩、面罩（制取干冰时使用）。

5）头部防护：要求在工厂内有坠物危险的区域内必须佩戴常规性安全帽，在设备内部维修保养作业时必须佩戴轻便式安全帽。常规性安全帽的正确使用与保养方法：调校松紧保持帽衬与帽顶间隙为20～50 mm，四周空隙为5～20 cm；安全帽受到严重冲击后要更换；不要使用有损伤的安全帽；不能对帽体穿孔；定期用温和的肥皂水清洗（绝对不能使用溶剂清洁）。

6）手部防护：工作场所中暴露在如下危险中，须提供手部防护；如通过皮肤接触的有害物质，严重的割伤或严重的磨损、刺破、化学灼伤、热灼伤及极端的温度、电气作业等。手部防护基本要求：选择适合岗位工作要求的手套；应佩戴手套以防止手部被割伤、烧伤，腐蚀，避免手部直接接触溶剂、刺激性物质；根据材料安全数据表（MSDS）选择适合相应工作的手套（如乳胶、氯丁橡胶、棉、皮革等）；作业前后要洗手；除下已污染的手套时应避免污染物外露接触皮肤；当有可能卷入运动的机械时，不要戴手套；当手接触到刺激性物质后，应立即冲洗。

7）足部防护：工作场所中脚部可能受到的伤害通常为重物跌落或滚到脚上引起的砸伤，也不乏滑倒、绊倒、跌落、电击、冻伤、烧伤，化学品造成的烧伤（氢氧化钠）。除此之外，还有可能是尖锐物刺穿鞋底导致的穿刺伤。因此工厂作业现场必须穿戴安全鞋、靴，如一般性安全鞋（防砸、防滑、防刺穿、轻微酸碱防护），绝缘鞋、绝缘靴，耐酸碱防化靴。

8）防坠落防护：为减少跌落造成的伤害就必须重视安全带的使用，当坠落事故发生时，安全带可使作用于人体上的冲击力少于人体的承受极限，从而实现预防和减轻冲击对人体产生的伤害。安全带的使用注意事项：使用前检查；固定物坚固、可靠；高挂低用或水平悬挂；安全带及悬挂绳应避免火或其他热源、锋利边缘、腐蚀性物品和拖行悬挂绳；安全绳带保持清洁，金属部件加油防锈；避免存放在高温、潮湿、暴晒、肮脏及存在化学物品或化学气体的环境中。

9）身体躯干防护：工作场所中未正确使用防护服对身体可能受到的伤害包括化学品腐蚀、割伤、触电、烧伤等，因此必须正确使用防护服。防护服使用及保养应注意：什么时候穿合适的防护服；穿着防化保护服装（如防化围裙等）时，注意服装警告标签；褪色、起皱、膨胀都表明化学品对服装安全性产生了影响；与化学品接触后，遵照说明脱下、清洗。

10）人力搬运和抬举：人力搬运引起的伤害包括扭伤和拉伤，脖子和腰部扭伤可能引致长期疼痛，需要很长的康复时间，甚至导致永久残疾；还包括肩、股、膝盖、脊椎关节脱臼，以及职业性过度使用综合征等。

7. 办公室职业健康

1）电脑使用：尽量避免上肢长时间处于固定、机械且频繁的工作状态，使用鼠标或键盘打字时，每工作一小时就要起身活动，做一些握拳、捏指等放松手指的动作；使用电脑

时，电脑桌上的键盘和鼠标的高度最好低于坐着时的肘部高度，这样有利于减少操作电脑时对手腕的损伤；使用鼠标时，手臂不要悬空，以减轻手腕的压力，移动鼠标时不要用腕力而尽量靠臂力，以减少手腕受力；不要过于用力敲打键盘及鼠标的按键，用力轻松适中为好；鼠标最好选用弧度大、接触面宽的，有助于力的分散；鼠标尽可能放在靠近键盘的地方；鼠标要适合手的大小；鼠标应放在与肘一样高的的位置；设置一种合适的鼠标反应速度和双击的速度。

2）正确坐姿：适当调整办公桌椅和设备；显示器的高度宜低于使用者双眼高度；电脑和键盘应摆放在身体的正前方；工作中，头部稍前倾 10°～20°；保持背部的直立并完全倚靠在椅背上；肘部角度保持在 80°～100°，腕部和肘部放在舒适的地方；鼠标不宜离键盘过远；双眼与显示器保持一臂以上的距离；双腿宜自然平行放在地面上，不宜交叉、摇晃或颠腿；长时间注视电脑，应定时休息和活动以舒缓眼部和身体的疲劳。

3）进餐及吸烟：由于公司的化学、物理和其他操作有污染空气的可能，因此有必要执行以下有关进餐的规定。保持个人卫生，在进食前，必须确保双手干净；员工只能在工厂内指定的场所进食；休息场所必须保持干净并能够进餐；所有食物废物，包括包装物，须妥善地放到废弃食物收集桶内。酒庄为食品加工企业，车间内部严禁吸烟，如需吸烟必须在工厂区域内指定的吸烟点吸烟。

（四）安全

1. 安全事故调查与报告

1）所有员工都有责任迅速向其上级报告事故、伤害和虚惊事件。

2）事故发现人应及时向上级报告所有事件、事故；事故部门主管接报后应及时（2 h 内）向工厂 EHS 专员及厂长报告。

3）EHS 人员接到事故报告后，为了预防同类事故的再次发生，应及时做好调查。

2. 急救

急救的类型及相关操作可以参考专业书籍，切勿自行处理。

3. 化学品泄漏　　酒庄生产经常会使用氢氧化钠、浓硫酸等腐蚀化学品，安全注意事项不能少。使用上述化学试剂时要戴好恰当的个人防护用品，如发生泄漏应从上风向小心接近现场，并迅速将患者拖离至上风向有新鲜空气处。

（1）皮肤化学品接触　　用流动水持续冲洗至少 15 min，注意全身症状。眼睛化学品接触后，用流动水轻柔地从内侧向外持续冲洗至少 15 min，注意不可污染到健康侧眼。

（2）摄入化学品　　与毒物控制中心或 120 联系咨询有效的处理方法；对于腐蚀性化学品如强酸、汽油等，严禁使用催吐剂。

（3）危险化学品泄漏事故疏散　　发生泄漏，立即停止操作，迅速撤离；人员来不及撤离，发生爆炸时，应就地卧倒；撤离时弄清楚毒气的流向，不可顺着毒气流动的方向走；若没有穿戴防护服，决不能进入事故现场救人。

（4）受到危险化学品伤害后的处理　　化学物溅入眼中时，要及时充分地冲洗，冲洗时间不少于 10 min，忌用热水冲洗；从呼吸系统侵入时，应立即送到空气新鲜处，保持呼吸道通畅。

4. 紧急疏散

（1）火场逃生　　保持镇定，判断火势，决定逃生方法；从安全通道逃生或固守待援或从阳台、窗口自救逃生（平层或低楼层）。

（2）自然灾害逃生

1）地震逃生：如果在室内，快速逃到屋外空地，不要重返室内；如果来不及逃出，最好以比家具低的姿势趴在稳固的家具旁，或躲在室内角落、支撑良好的门廊处，注意保护好头部；如果在室外，不要奔跑，趴在地面上，远离高大建筑物；注意远离高压电线和玻璃门窗；如果在汽车内，尽可能迅速安全地把车停在较空旷的地方，注意避开破损的电线、路灯等，蹲伏于座位旁；如果在地下停车场，要立即下车，以较低姿势躲在汽车旁边或更安全的地方。

2）洪灾逃生：如果待在建筑物内，则要关闭总电源，堵住大门下所有空隙，防止洪水涌入室内；往高处转移，等候救援；如果水灾严重，水位不断上涨，就必须自制木筏逃生，任何能在水中浮起来的东西，如柜子、门板等，都可用来制作木筏。

5. 高风险作业许可　　在所有车间，高风险作业许可作为工厂强制性执行标准，作业前必须依照相应流程申请、审核后方可作业，作业许可范围包括动火作业、高空作业、密闭空间作业、临时用电作业、挖掘作业、吊装作业。

（1）动火作业　　为任何涉及开放式火焰或会产生高热或火花的临时性工序，这些工序包括，但不限于电焊、切割、管路加热、气焊喷枪等烧焊作业。动火工作许可的目的在于消除涉及动火工作的火灾隐患。由于在酒庄内部进行动火作业有可能点燃易燃可燃品，因此需要严格执行动火工作许可。

发布动火作业许可将遵循以下步骤：①EHS人员负责在动火作业开始前颁发动火作业许可；②动火作业许可只在许可证上标明的时间内有效；③现场作业条件符合安全要求；④工作者必须了解和遵守许可证内容条款；⑤动火作业的监督者有责任确保在工作中满足所有动火作业的规章要求。

（2）高空作业

1）作业人员：患有高血压、心脏病、贫血、癫痫等登高禁忌证者不得从事高空作业；许可证必须至少提前一个工作日填写及提交至相关部门审批；一次许可申请只在签发的有效期内有效，签发最长时间不能超过8 h，如工作无法在当班完成或交接班，应重新向EHS人员或授权人（如值班经理）申请办理。

2）作业条件认可：现场作业条件符合安全要求；高空作业人员必须详读、了解和遵守许可证的内容条款。

3）高空作业工作的监督者：有责任确保在工作中满足所有有关高空作业的规章、高风险作业许可。

（3）密闭空间作业　　典型的密闭空间有发酵罐、储酒罐、气囊压榨机内、泵站、锅炉、污水处理设施等。开工前必须提前申请密闭空间作业许可证；详读、了解和遵守许可证的内容条款；所有作业许可证须置于工作区域内；在密闭空间内从事其他危险工作还必须取得相应的作业许可证，如动火作业许可证等。

6. 消防安全　　安全出口及疏散通道应设置有效的防火门、消防安全疏散指示标志、应急照明、机械排烟送风等，并保证设施处于正常状态。

（1）四不准　　不准占用疏散通道；不准在安全出口或疏散通道上设置妨碍畅行的设施；不准将安全出口的门上锁、遮挡；不准将消防安全疏散指示标志遮挡、覆盖。

（2）灭火原理　　着火需要三种要素同时出现：可燃物或燃料；足够的氧气可让火持续燃烧；足够的热量使温度持续上升从而点燃物品（点火源）。

（3）灭火原则　　从本质上来说，灭火就是除去以上要素中的一个或多个以达到扑灭大火的目的，最基本的防火安全就是将燃料与可燃物品分隔开。

（4）不同种类的火灾应该用不同的灭火器

1）A类火灾：含碳固体可燃物，如木材、棉、毛、麻、纸张等燃烧的火灾（通常称为非金属可燃固体材料火灾）。

2）B类火灾：指甲、乙、丙类液体，如汽油、煤油、甲醇、乙醚、丙酮等燃烧的火灾（通常称为非金属可燃液体火灾）。

3）C类火灾：指可燃气体，如煤气、天然气、甲烷、乙炔、氢气等燃烧的火灾。

4）D类火灾：指可燃金属，如钾、钠、镁、钛、锆、锂、铝、镁合金等燃烧的火灾。

5）E类火灾：指带电物体燃烧的火灾。

（5）灭火器使用　　占领上（侧上）风；保持适当距离（2～3 m）；拔掉保险销、压下压把；忌颠倒使用；对准火焰根部（泡沫除外）；由远及近，水平扫射；火焰未灭，不轻易放松压把（一喷到底）；一经使用，须重新充装。

小诀窍：灭火器的使用方法可以通过记住PASS这个缩略词，它的意思是拔掉、对准、按压、喷洒，即pull, aim, squeeze and sweep。

（6）消防栓使用　　打开消防栓箱，如箱门是玻璃门，在紧急情况下可将其砸碎；取出水带，将水带向着火方向甩开，一头接消防栓，另一头接水枪；逆时针旋转消防栓手轮，用水枪对准着火点灭火。

（7）火灾扑救　　扑灭火灾的最佳时间是火灾处于初起阶段，这时救火的原则是：在不将自己置于险境的前提下，尽力救助有生命危险的人们；立即报警，启动报警系统、拨打119、向现场人员报警；在做完这两件事后，如火势不大，可以试图用灭火器灭火；如果是以下情况，不要去救火：①不知道起火原因且火势正在蔓延；②没有适当的装备；③可能会吸入毒烟；④没有接受过相关培训，不知道如何灭火。

7. 机械安全防护

1）机械设备操作人员要保证机械设备不发生工伤事故，不仅机械设备本身要符合安全要求，更重要的是操作者要严格遵守安全操作规程：正确穿戴好个人防护用品；机械安全装置必须按规定正确使用，严禁拆掉不使用；设备严禁带故障运行，以防出事故；作业前，应将工具、工件摆放整齐，清除任何妨碍设备运行和作业活动的杂物。机械设备运转时，严禁用手调整；也不得用手测量零件，或进行润滑、清扫杂物等。

2）机械防护装置的功能：防止人体任何部位进入机械设备的危险区，触及各种运动零部件；防止飞出物的打击、高压液体的意外喷射；阻挡可能由机械抛出、掉下的零件及其破坏后的碎片等。

3）机械安全防护的基本原则是：通过工程手段把工作中的危险降至最低程度；注意依然存在的潜在危险；培养并检验现场人员的安全操作行为；利用现有的安全设备。

4）机器安全防护组成：固定的防护罩、联动的防护装置、自动的保护设备。

8. 电气安全

1）一般电气安全：TNS 接地系统；必要的防水处理；金属外壳可靠接地；电气连接做到"双层绝缘"；设置漏电保护开关；安全电压（36 V 及以下）。

2）设立合适的电力设施标示（如高、低压标示，静电标示等）。

3）作业人员资质，如电工证（安监部门颁发）、进网电工作业证（供电部门颁发）。

4）电气作业防护用品及常用安全工具：绝缘手套、绝缘鞋、绝缘靴、安全帽；绝缘垫、验电工具、绝缘平台、接地线；所有防护用品及安全工具应定期做绝缘检测。

5）电流危害认识：电流通过人体而造成对身体的伤害被称为触电。电流强度越高，通过人体的电流强度越大，对人体的影响也越大。在相同的电流强度下，不同的电流频率对人体的影响程度不同，交流电比直流电对人体危害性更大；电击时，电流如果通过心脏、肺和中枢神经系统，则会对人体造成较大损害，后果严重；电流持续时间越长，对机体损伤就越大，危险性也越大，特别是电流通过心脏时。

9. 化学品安全

1）危化品概念：所谓危化品，是指那些正常使用条件下可能危害身体健康的化学品，或者向环境中释放出有毒物质的气体、液体、固体或粉料，包括生产过程中产生的任何物质，既包括中间体、副产品，也指产生的废物；可以是直接材料，也可以是间接材料。

2）化学品中具有易燃、易爆、有毒、有腐蚀性等特性，会对人（包括生物）、设备、环境造成伤害和侵害的化学品叫危险化学品。

3）了解化学品安全技术说明书（MSDS）及 MSDS 的重要性：化学品使用者应明确有关化学品危害信息和安全措施的来源；化学品供应商向用户传达必要的化学品危害信息；提供紧急响应的信息；收集好工作场所中化学品的参考资料；对化学品操作人员进行安全培训。

4）化学品进入人体的三大途径：通过呼吸吸入化学品的蒸气、粉尘；通过与皮肤或皮肤上的伤口接触进入人体；通过消化系统进入身体。

5）危险化学品危害预防：替代（用较安全的化学品取代危险化学品），如替换使用的化学品或改变化学品的形态。隔离（断开操作人员与危险化学品接触的途径），如外部控制（如通风系统、容器），以及使用个人防护用品。

6）危险化学品储存及处理操作：①化学品储存基本要求。存放点必须放置 MSDS；注意不兼容的物料、适当的贮存地点和气候条件；易燃易爆品应放入合适的化学防爆柜中；容器、包装要完整无损，如发现破损、渗漏必须立即进行安全处理；危险化学品储存场所必须配有灭火器材。②化学品处理操作安全基本要求。使用时必须严格遵守危险化学品的安全操作规程；使用前仔细阅读 MSDS；按要求穿戴好个人防护用品；使用时要精神集中，严禁打闹嬉戏；掌握必要的应急处理方法和自救措施；化学品处理使用后，注意卫生清洁。

10. 压缩气体安全

（1）气体安全　在酒庄常用的气体主要为液态二氧化碳（干冰）及氮气（N_2）等。可能造成的伤害有高压气体或液体打击，冻伤、烫伤、窒息（N_2、CO_2 引起），燃烧（H_2、CH_4、CO 引起），爆炸（O_2 或达到爆炸极限的混合气引起），CO、H_2S、Cl_2 引起的毒气反应，以及 H_2 和 Cl_2 光爆。

（2）干冰处理操作安全基本要求　使用时必须严格遵守安全操作规程；使用前仔细阅

读 MSDS；按要求穿戴个人防护用品，如防护面屏、干冰防护围裙、防护手套。

（3）气瓶安全　　只有那些对危险十分熟悉且受到过正确操作技术训练的人员才可以操作压缩气体钢瓶；装有压缩气体的钢瓶很重，难以移动，不正确的操作会导致人员扭伤、损伤、摔倒、擦伤或骨折。如果由于误操作使气体从钢瓶内逸出，会发生其他危险，如起火、爆炸、化学烧伤、中毒和冻伤。操作人员须提高警惕，以防止错误操作压缩气体钢瓶造成的伤害。在与气瓶相关的事故中，操作不当是造成事故的主要原因。

正确操作：垂直固定储存钢瓶，保持阀门排气口密封阀门保护帽在原位；储存、搬运或使用时固定钢瓶；在专用区域储存钢瓶；了解使用的气体和相关设备、参考供应商的MSDS，以确定正确的个人防护用品和对所使用气体的任何其他特殊要求。

11．叉车作业安全

（1）基本要求　　持证上岗；操作前要检查；盲点、交叉点要鸣笛；当有人行走时要格外小心；要能娴熟地操作叉车；正确停靠；要缓慢上、下坡；要保持高可见度。

（2）严禁事宜　　突然刹车；急转弯；超载（超高、超重）；单叉提升重物；载人；负重上升过程中行驶。注意：叉车作业一定要注意安全，招致事故的发生并非车辆，而是操作人员。

（3）作业前要求　　经培训、持有操作证者方可操作（含水厂租赁叉车操作人员）；叉车具备有效期内检验合格证；着装需符合作业要求；作业前检查叉车状况。特别提醒：为了安全，请不要穿宽松的衣服或高跟鞋等，当操作人员感到疲倦、思想不集中、用过麻醉剂或精神恍惚时，请勿驾驶叉车，此时驾驶操作极容易发生意外。

（4）作业中要求　　不要在门架和护顶架之间处理异常；注意高度限制；通过十字通道或其他视野不良路段减速慢行，注意观察；遵守速度限制规定，作业中系好安全带；不要在高速下转弯或者急转弯；货物均匀放置到两个货叉的中间，严禁超高超负荷作业。

（5）作业后要求　　作业完毕将叉车停放在指定的位置，货叉平放地面并对车辆进行必要的检查、整理、清洁；停放后将方向杆放在中央位置，拉好手刹，并关闭发动机及取下启动钥匙。

（6）上锁挂牌　　上锁挂牌装置基本要求是"一把钥匙一把锁"；锁具与标签必须是专用及持久耐用；标签警示牌必须是标准化的（颜色、形状和尺寸）；锁具和牌足够结实，如果不借助外力，不能被摘除；必须具备可确认性，能表明实施人员身份，每人有自己的锁和牌；标签警示牌必须包括以下信息，如禁止启动、禁止打开、禁止关闭、禁止操作等。

12．手动、电动工具安全

（1）工具使用的潜在危害　　被锋利部分分割伤；被尖锐部分刺伤；被工具夹伤；锤击时被砸伤；工作时被飞溅的碎片击伤；工作时被过高噪声影响；吸入工作时产生的粉尘；电动工具触电危害。

（2）手动工具使用方法及安全要求　　不要把螺丝刀当作凿子、楔子等；勿使用把手破裂、刀尖钝或扭曲的螺丝刀；螺丝刀尖应与螺钉匹配；按工作需要，选择适合的锤子；不要使用把手松动或损坏的锤子，丢弃有凹陷、裂缝、碎片、蘑菇头或过度磨损的锤子；保持刀刃锋利；切割动作应在远离身体的方向进行；工具不使用时，应放在架子上，防护刀刃；不要用刀嬉戏打闹；切勿使用没有绝缘的钳子；不要将钳子当扳手使用，剪线材时刀口应上下摆动，不要将线材来回弯折。

（3）动力工具使用方法及安全要求　　了解动力工具性能；保持工具安全，状况完好；不要提着工具的电线或软管；避免意外启动；保证使用合适的个人防护用品。

（4）应使用的配件和附件　　制造商推荐使用的；附件的性能符合动力工具的特殊要求；使用附件时不能拆除或破坏任何动力工具安全部件；在安装、调整或更换任何配、附件时一定将动力工具脱离能源。

13. 便携式梯子　　梯子使用的基本要求：①使用前请先检查；②检查其稳定性，清除油污，检查有无损伤及裂纹，是否有螺丝等紧固件，有无防滑垫；③把梯子放置在平整的地面；④工作时面向梯子的横档；⑤进行电气作业时必须使用绝缘工作梯；⑥在通道门使用时，应将门锁住或有人监护，防止突然开门撞到梯子；禁止将梯子用作支架、滑板、跳板及其他；⑦盘梯子最上两级踏步漆成警示色并禁止站人，标识"危险－禁止踩踏"字样；⑧妥善保管梯子。

14. 办公室安全

（1）办公室安全隐患　　办公室是一个工作的场所，室内的物品，如桌、椅、过道上摆放的不需要的材料，破损了的防滑毯，文件架和电器等都是很不确定的安全隐患，都有可能导致事故的发生。大多数办公室发生的事故可能在以下情况下发生：跌倒、滑倒；搬运材料或设备碰伤或压伤、行走时踩在物品上并与物品相撞；物品掉落砸伤；火灾；电器的不当使用；其他。

（2）办公室安全警示　　保持作业环境整洁，打开的抽屉应及时关闭，防止员工被绊倒或碰伤；高处拿取或存放物品，应使用梯子，不要站在木箱或纸箱、旋转椅等不稳固物体上；办公室内不要奔跑；严禁乱拉电线、超负荷使用插座及自行维修电器；电线应合理固定，远离过道；地板湿滑时应摆放警示、标识并及时给予清洁，防止滑倒摔伤。

（3）认识安全标志　　不同颜色和形状的安全标志表示不同的信息：红色表示禁止、停止、危险及消防设备的意思，如禁止标志、禁令标志、消防设备等；黄色表示注意、警告的意思，凡是警告人们注意的器件、设备及环境都应以黄色表示，如警告标志；蓝色表示指令，要求人们必须遵守的规定，如指令标志、必须佩戴个人防护用具、交通知识标志；绿色表示通行、安全和提供信息的意思。